岩 波 文 庫

33-479-1

日本滞在日記

——1804-1805——

レザーノフ著
大島幹雄訳

日本の警固船と砲台(テレジウス画)

訳者序

封印をとかれた日本滞在日記

本書の著者ニコライ・レザーノフ(一七六四―一八〇七)は、一八〇四年(文化元年)九月、皇帝アレクサンドル一世の命を受け、日本に通商を求めるため、長崎に来航したロシア全権大使であった。本書は一八〇四年八月十九日ペトロパブロフスク港を出航してから、翌一八〇五年四月五日長崎港を出航するまで、彼が書き残した日本滞在日記を翻訳したものである。

レザーノフは、戦艦「ナジェジダ号」と「ネヴァ号」を率い、ロシア初の世界周航の隊長として指揮をとり、一八〇三年六月二十日クロンシュタット港(首都ペテルブルグの西方二九キロフィンランド湾内コトリン島にある軍港)を出発、大西洋を横断し、ホーン岬を廻り、南太平洋に出たあと、ハワイに寄港、ここで北アメリカのカジヤク島に向かった「ネヴァ号」と別れ、一八〇四年七月三日カムチャツカ半島の港町ペトロパブロフスクに到着する。ここで一カ月近く逗留したのち、日本に向けて出帆し、九月二十六日に長崎に到着した。通商交渉のため、将軍との直接会談を求めたレザーノフであったが、江戸へ行くこともできず、幕府からの回答を待つために、およそ半年あまり長崎に足止めを余儀なくされた。幕府から派遣された目付遠山景晋《かげくに》との日露会談に臨んだものの、通商の申し出は拒否され、翌一八〇五年四月長崎をあとにする。

　レザーノフは、この世界周航の航海中、さらには日本滞在中に日記を書いていたが、これは、長い間、活字になることもなくロシアの古文書の中に埋もれたままになっていた。わずかにクロンシュタット港を出発してから、ペトロパブロフスク港に着くまでに書かれた日記だけは、一八二二年から二五年にかけて雑誌『祖国の記録《アテチエストヴエンヌイエザピースキ》』に発表されていたが、日本滞在中に書かれた日記は、これまで一度も公表されることなく、ペテルブルグ市立図書館に保管されたままになっていた。この日記の中に、日露関係の真相や最初の日本への使節派遣が失敗に終わったことが明らかにされることを理由にロシア・ソ連当局の検閲が印刷することを許可しなかったのである。（日本滞在日記については、ウォレンスキイという学者が一八九五年雑誌『ロシアの古代《ルースカヤスタリンナ》』に発表した論文「一九世紀初年日本に於けるロシア使節（一八〇三―五年レザーノフ日本派遣）」の中で一部引用していた）

一九九五年にレザーノフ終焉の地でもあるシベリアのクラスノヤールスクで、レザーノフの日記の他に彼の未発表の書簡、彼に関係する論文や書簡などを網羅的に収めた一巻本『コマンドール』が出版されたことにより、いままで一九〇年あまり人目に触れず、眠っていた日本滞在日記が初めて日の目を見ることになったのである。本書はこの『コマンドール』に所収された「皇帝侍従長レザーノフの一八〇四・五年カムチャツカ―日本往復旅行日記」を全文翻訳したものである。

本文に入る前に、レザーノフの略歴、そして当時のロシアが日本との通商交渉を求める背景などを簡単に記しておきたい。

レザーノフと日本進出の野望

一七六四年三月二十八日ペテルブルグの貧しい士族の家庭に生まれたレザーノフは、十四歳で砲兵学校を卒業後、近衛連隊に配属され、ここに四年間勤めたあと退役、五年間地方裁判所の陪審判事をする。その後ペテルブルグ裁判所で勤務したあと、海軍省次官チェルヌィシェフ伯爵の秘書官の仕事をしていた。地道に官僚の道を歩んでいたレザーノフの前に道がひらけるのは、宮廷詩人として知られるデルジャーヴィンの後ろ楯を得たことが大きい。レザーノフ一家と家族ぐるみの付き合いをする中、四カ国語を自在に操るレザーノフの語学力を高く評価したデルジャーヴィンは、自分が元老院秘書官に就任したのにともない、彼を官房長に抜擢する。一七九一年、レザーノフ二十七歳の時であった。

レザーノフは、官房長としてその実力を遺憾なく発揮し、エカテリーナ二世から特別な仕事を依頼されるまでになる。宮廷とのパイプができるのは、この頃からであった。

一七九四年、ロシア領アメリカ住民をロシア正教に改宗させる目的でオホーツクに派遣されたロシア正教布教団を送り届ける途中、レザーノフはイルクーツクに滞在した。このイルクーツク滞在中に、毛皮王と呼ばれたシェリホフ(一七四七—一七九五)と出会ったことで、彼の運命が大きく変わる。毛皮を求め、オホーツク海から、さらに北太平洋アラスカまで足を伸ばしながら、アレウト列島(アリューシャン列島)に次々とロシア植民地を建設し、アメリカへ進出しようというシェリホフの壮大な夢に共感したレザーノフは、さらに彼の娘アンナと恋におち、一七九五年一月結婚、正式にシェリホフ家の一員となる。当時シェリホフにとって大きな懸案事項は、極限の地アレウト列島に植民していた人々が陥っていた慢性的な食料難を解決することであった。彼は極東の島国日本に目をつける。日本から米や塩などの食料品を買い入れ、さらには毛皮を売り込むことができれば、まさに一石二鳥となるはずだった。このため日本へ代表団を派遣するよう政府に働きかけていた矢先、一七九五年七月シェリホフが死去、未完に終わったアレウト列島の植民地の独占的経営と日本との通商という彼の夢は、婿のレザーノフに託されることになったのだ。

レザーノフはペテルブルグで得た社交界での幅広い人脈を駆使し、義父の遺志を継ぐかたちで、植民会社露米会社を設立する。一七九八年に認可されたレザーノフの露米会社は、本社をペテルブルグに移転した一八〇〇年十月以降、首都での勢力をさらに拡大する。一八〇一年にエカテリーナ二世の孫アレクサンドル一世が皇帝に即位してからもこの勢いはとどまることを知らなかった。皇帝と家族も株主となり、一八〇二年末には株主は十七名から四百人へと飛躍的な伸びをみせる。またレザーノフは一八〇二年にロシア政府の商務大臣に就任したルミャンツェフに接近し、北太平洋での利益を増すために、日本との通商交渉が必要であることを熱心に説いていた。

これを受けてルミャンツェフは、アレクサンドル一世に「日本との貿易について」「広東との貿易について」という二つの上申書を提出、中国との海上貿易を実現することの重要性と、日本との通商関係樹立の必要性を訴えた(一八〇四年四月)。

ルミャンツェフは、「日本との貿易について」の中で、具体的な貿易品目をあげ、日本との貿易がいかに国益にかなうものであるかを説明している。

「日本人たちが食料としている魚や脂は、わが国では、アメリカ領だけでなく、千島列島やオホーツク海であり余るほど獲れるし、さまざまな獣の毛皮、せいうちや象の骨、羅紗などは日本にもっていけば、贅沢品に加工できるだろう。その交換品として、コメ(これはアメリカ領の住民だけでなく、シベリア北部の辺境にも必要なものである)、銅の延べ棒、絹織物、銀、漆などを日本から受け取るのだ」

レザーノフはナジェジダ号の艦長となったクルーゼンシュテルンがすすめていた世界一周就航計画と、日本との通商交渉を結びつけることに成功、自らがこの遠征隊の隊長として指揮をとることになる。レザーノフの計画を後押ししたルミャンツェフは、鎖国を祖法とする日本と交渉するにあたって、出発前にレザーノフに対して、細かい指示を与えている(付録一参照)。

レザーノフの長崎来航に関して、ロシアに漂着した二隻の日本の廻船とその乗組員が深く関係していたことはよく知られていることである。

寛政四年(一七九二)、大黒屋光太夫をはじめ三人の日本人を乗せた、ロシア船エカテリーナ二世号が根室に来航した。この時の使節アダム・ラクスマンは、天明二年(一七八二)アレウト列島に漂着した伊勢神昌丸の乗組員を日本に送り届けると同時に、日本との通商を求める。幕府は、根室に宣諭使として石川将監《しょうげん》、村上大学を派遣、交渉にあたらせたが、ここで光太夫らの引き取りに応じたものの、鎖国を理由に、通商の申し出を拒否し、その代わりに長崎への入港証である信牌を渡すことで決着をみた。レザーノフは長崎来航の際、この時渡された信牌を持参している。

さらにレザーノフは、大黒屋光太夫らが日本側に引き渡された翌年一七九四年ロシア領アレウト列島アンドレヤノフスキエ諸島の一小島に漂着した、仙台藩石巻の廻船若宮丸乗組員のうち四名を、ナジェジダ号に乗船させていた。日本との通商交渉で有力な取引材料となると考えてのことであった。若宮丸漂流民一六名のうち二名は、一七九六年イルクーツクに移される前に死亡し、さらに一名がイルクーツク滞在中に病死していた。

残り一三名のうち日本への帰国を願い出た四名、津太夫、儀平、左平、太十郎が、帰国を認められたのだ。この四名は、レザーノフが帰国する前に、日本側に引き渡され、故郷石巻に帰還することになる。彼らは途中、江戸で蘭学者大槻玄沢からロシアでの生活や航海の模様を尋ねられることになり、この記録はのちに『環海異聞』としてまとめられることになった。

検閲でロシアで長年出版が禁じられていたというこのレザーノフの日本滞在日記には、興味深い事実が数多く記されている。レザーノフの長崎来航、さらには日露会談については、『通航一覧』(巻二七五から巻二八三)や、『続長崎実録大成(長崎志続編)』など日本側にもいくつか史料が残っているが、このレザーノフの日記と併せ読むことによって、日本とロシアの交流史の一頁をかざるレザーノフの長崎来航事件の実態が明らかになるはずである。本書は、この点を考慮に入れ、『環海異聞』や『通航一覧』などの日本側の資料を本文中、もしくは巻末に注としてとり入れている。

なお本書は、十二章の構成になっているが、これは訳者の判断で章わけしたものである。また日付についても、レザーノフのもちいるロシア暦(ユリウス暦)の記述と、日本側に残っている史料(『通航一覧』『長崎志続編』など)の記述を参照しながら、旧暦を併記した。十九世紀のロシア暦から新暦(グレゴリオ暦)への換算には、十二日加えることをひとつの目安にしていただきたい。

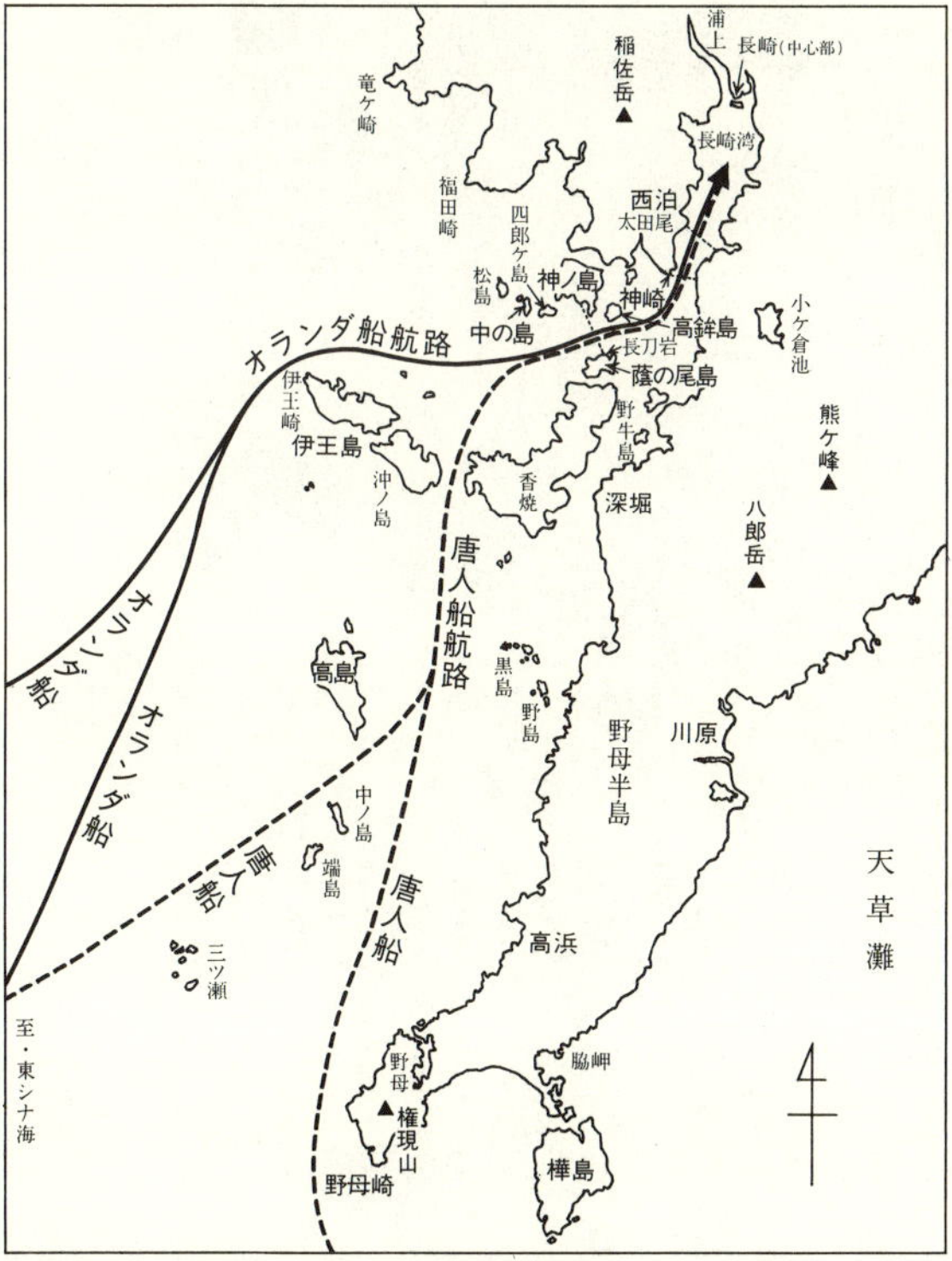

長崎港に至る船舶航行図(------は防衛線)

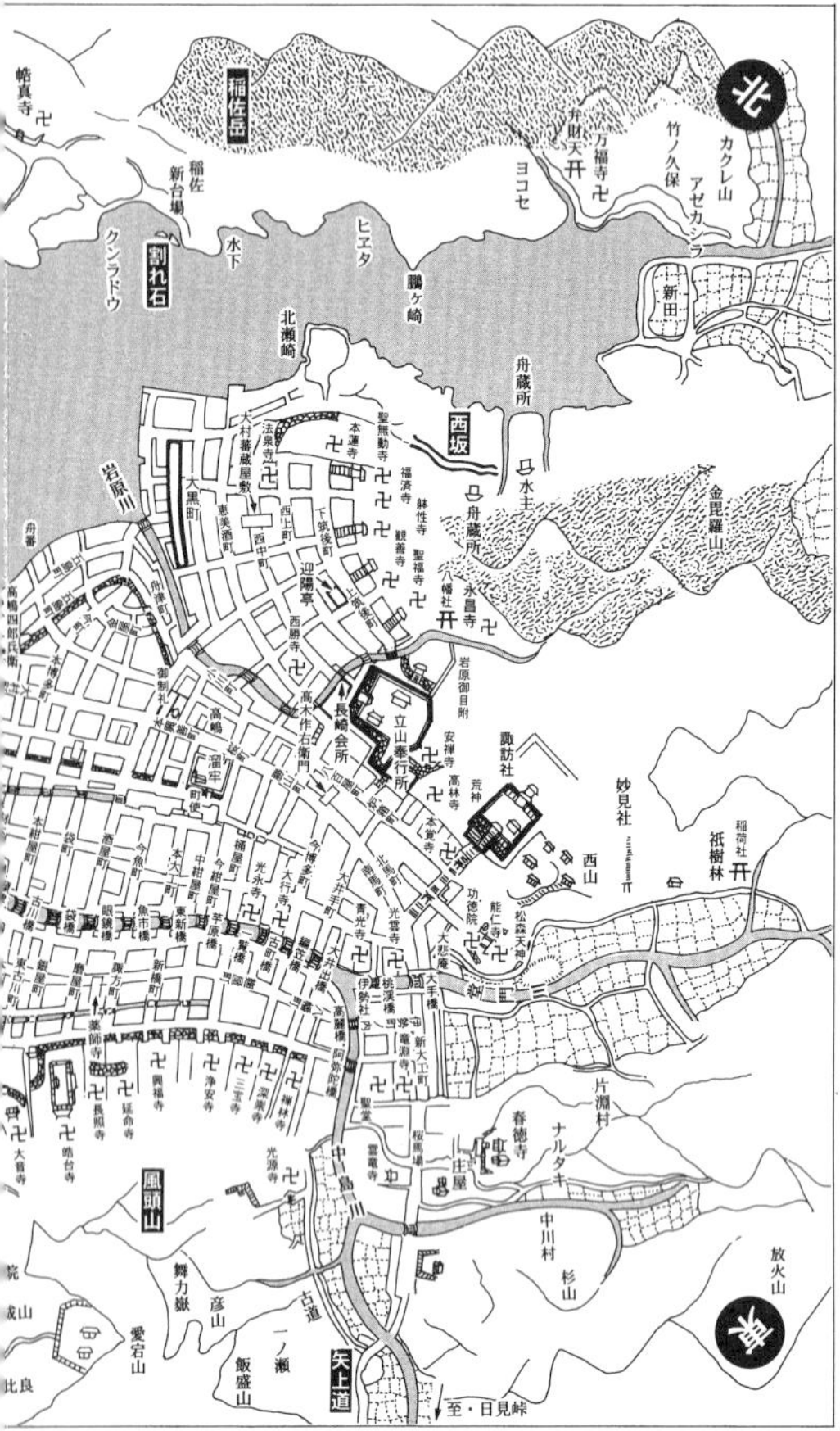
北
稲佐岳
帖真寺
稲佐
新台場
割れ石
クンラドウ
水下
ヒエタ
鵬ケ崎
ヨコセ
弁財天
万福寺
竹ノ久保
カクレ山
アゼカシラ
新田
北瀬崎
舟蔵所
西坂
水主
金毘羅山
大村蕃蔵屋敷
法泉寺
本蓮寺
聖無動寺
福済寺
岩原川
大黒町
恵美酒町
西上町
西中町
下筑後町
迎陽亭
観善寺
聖福寺
八幡社
永昌寺
舟蔵所
舟番
高橋西郎兵衛
舟津町
西勝寺
岩原御目附
御制札
高木作右衛門
長崎会所
立山奉行所
安禅寺
高林寺
荒神
諏訪社
妙見社
稲荷社
祇樹林
高嶋
溜牢
町使
本紺屋町
袋町
酒屋町
今魚町
本大工町
中紺屋町
今紺屋町
桶屋町
光永寺
大行寺
今博多町
大井手町
本覚寺
西山
功徳院
能仁寺
松森天神
青光寺
光雲寺
大悲庵
古川橋
袋橋
眼鏡橋
魚市橋
東新橋
芋原橋
編笠橋
大井出橋
大手橋
東古川町
銀屋町
新橋町
桃渓橋
伊勢社
高麗橋
阿弥陀橋
薬師寺
興福寺
浄安寺
三宝寺
深崇寺
禅林寺
長照寺
延命寺
皓台寺
大音寺
聖堂
竜渕寺
新大工町
片淵村
春徳寺
ナルタキ
庄屋
桜馬場
霊雲寺
光源寺
中島
風頭山
舞力嶽
彦山
古道
一ノ瀬
飯盛山
矢上道
至・日見峠
中川村
杉山
放火山
東
愛宕山
比良

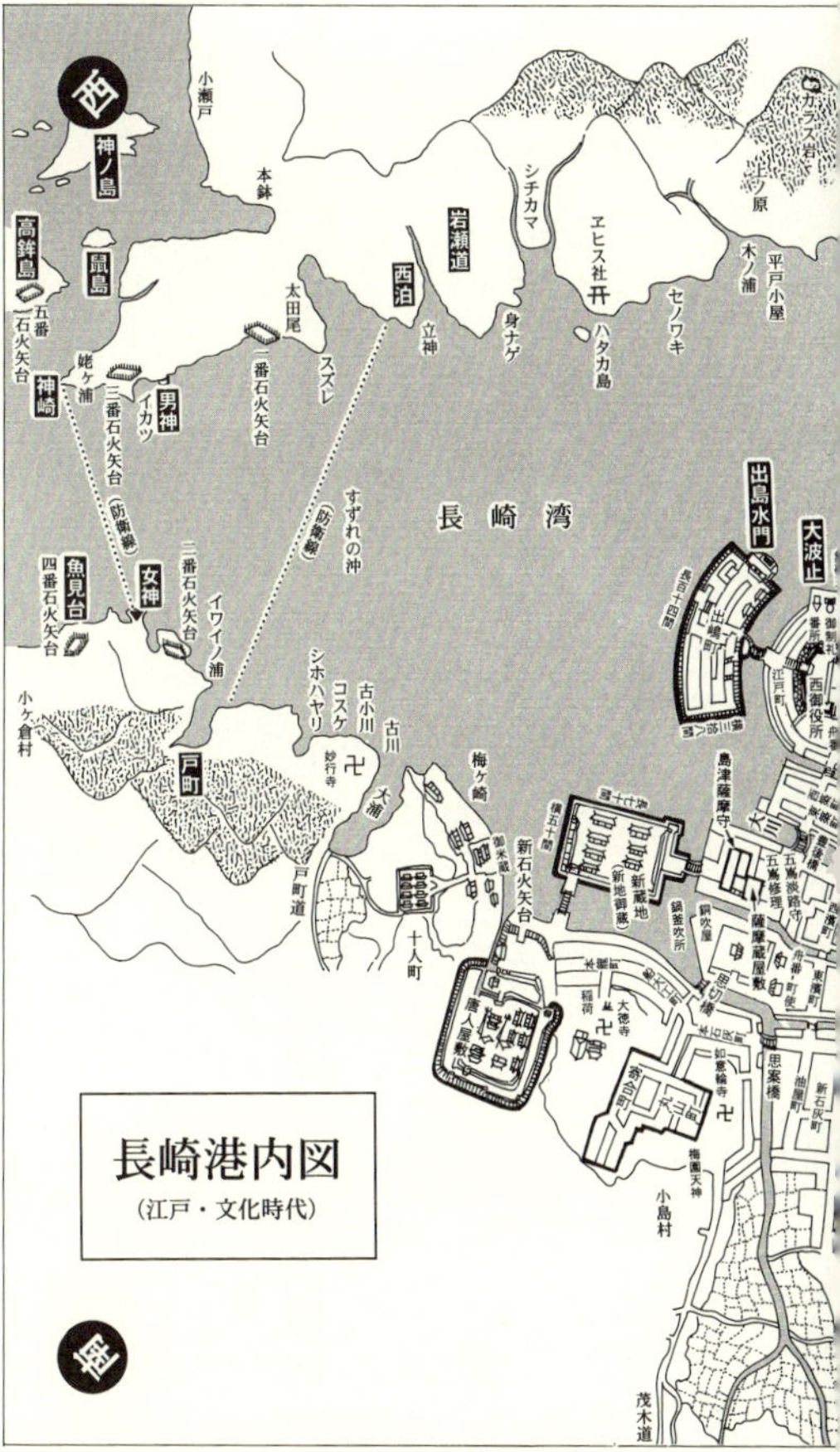

『夢暦　長崎奉行』（市川森一著、光文社刊）より転載

目　次

図版一覧

日本滞在日記

——一八〇四—一八〇五——

一　カムチャツカから長崎まで

一八〇四年八月

エカテリーナ諸島からカムチャツカまでの航海で、乗組員たちは、どれだけ疲労を強いられたことか、全行程のうち、マルケサス諸島で一回だけ十日間寄港できただけだった[1]。このマルケサスで我々は武装した部隊の援護によって原住民たちから水を満タンにすることはできたが、新鮮な食料を得ることはできなかった。

ホーン岬を迂回する時、三週間にわたる嵐で乗組員たちがどれだけ消耗させられたことか、新鮮な食料が何もなかったのだ。さらにカムチャツカに着いてからも、昼も夜も、索具や荷物の積み込みや、航海中に判明したひどい漏水のための修理、底荷《バラスト》積みなど作業の連続だった。艦長[2]や上官たちの機敏な働き、乗組員たちの忠実な働きぶりは、私を十分に満足させるものだった。そしてそれらがなし遂げられ、夏日本に向かうことが可能になった。

艦長は私にすべて航海の準備が整ったことを報告し、水兵たちも口を揃えて、我々の遠征続行のため、喜んで骨身を惜しまず、働く覚悟であると申し出てくれた。

我が皇帝の意思を達成するため、全員の気持ちが高揚していることは実に望ましいことであった。ここで長居をせずに、すぐに航海につく決断を下す。仕事をすべて終了させるため、さらに作業に拍車がかかり、八月十八日には碇泊地で出帆を待つばかりとなった。この日、私は艦に向かい、日本に向けて以下の者たちを同行することを伝えた。それはカムチャツカ大隊のフョードロフ大尉とコシェレフ中尉(カムチャツカ長官コシェレフの弟)、私の警固のために彼らと共に大隊から選抜された六名の儀仗兵と下士官一名、鼓手一名である。彼らは親衛隊の帽子を被り、使節の威厳をつくりだしてくれた。

八月十九日

艦に六頭の牛と魚、焼いたパンが積み込まれた。

八月二十日

私も艦に到着、風を待つ。

八月二十一日

カムチャツカ大隊長官パベル・コシェレフ（長官の役所はここから七百キロ離れたニジニ・カムチャツクにあった。コシェレフはレザーノフの日本遠征のために最大限の協力をする）来訪。待ち望む風向きにならず。

八月二十六日

朝、コシェレフ少将が、部下たちを連れて来訪。牧師が来て祈禱をする。私たちは賓客たちと別れを告げ、錨を上げた。九時北北西の風を受け、帆を張った。ペトロパブロフスク大隊が十三発の祝砲。私たちもこれに応じて同数の号砲を鳴らした。風が弱まってきて、十二時には無風状態になってしまった。アワチャ湾を出ることが出来ず、投錨（図1）。

八月二十七日

夜八時に再び帆走をはじめ、アワチャ湾から外洋に出る。

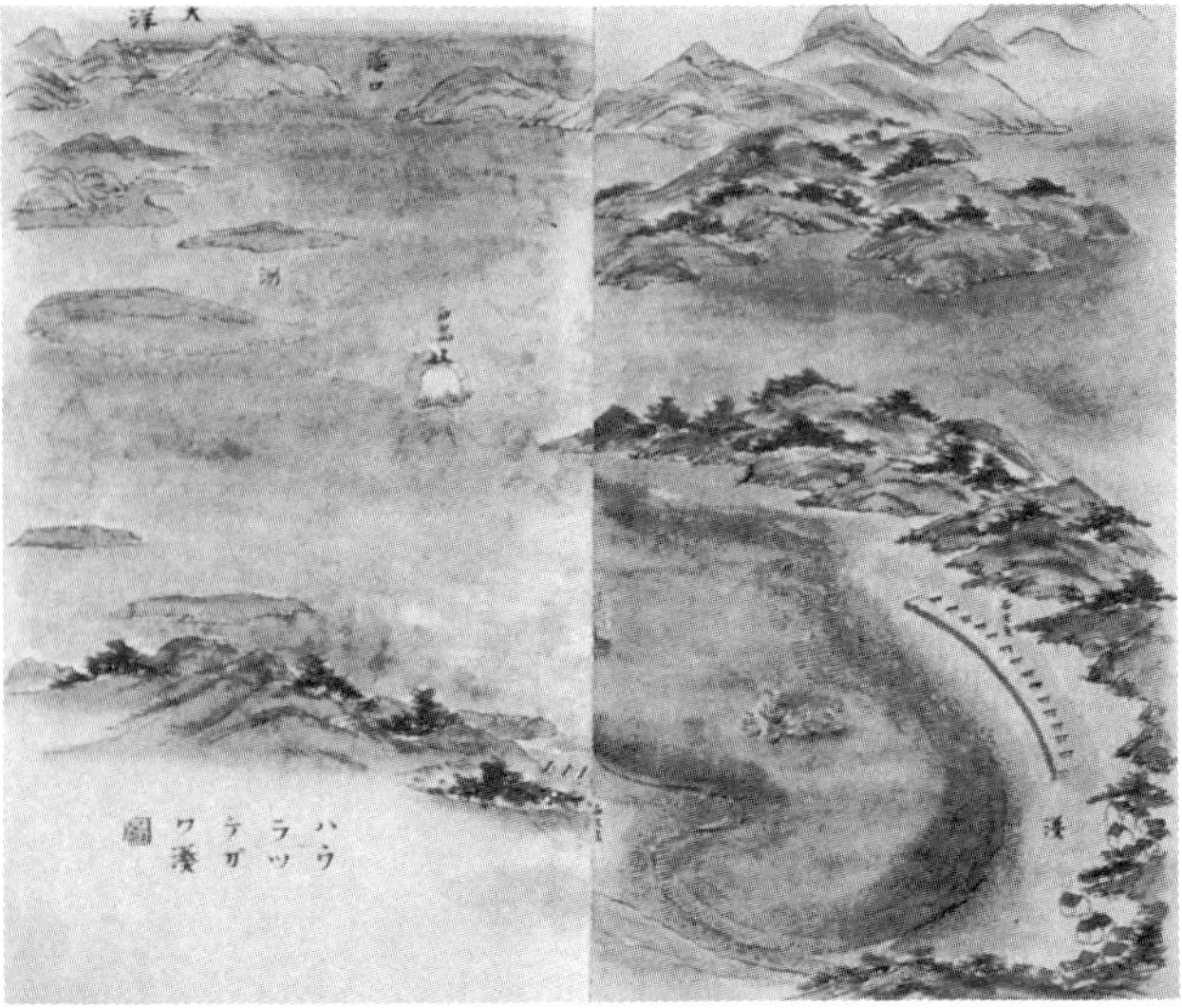

図1　ペトロパブロフスク港(『環海異聞』巻十三)

八月三十日

この日第二接檣帆《トップヤード》をはれるだけの風が吹く。我が偉大なる皇帝の名の日のお祝い（クリスチャンネームのもととなった聖人の祝日を祝う習慣があった）をする。クリール（千島）列島と平行するように航行した。航海中に漏水が発覚。しかも水漏れ箇所はますます広がっていく。一日中霧や雨まじりのどんよりとした曇り空。

八月三十一日

この日の夜中にかけて南西の風。冷えはじめ、徐々に風も強まる。縮帆開始。しかし昼過ぎには激しい嵐。帆をしっかりと固定し、時化《しけ》用の支索帆《ステースル》を上げたが、激しい突風のため帆脚索《ほあしづな》が引きちぎられてしまった。艦は強い波を受けて、高いところから放り落とされる。艦のなかでは仕切りがもとあった場所から飛び出てしまい、船室でも壁が落ちてしまった。仕切りや暖房具が落ちてきて、部下たちは危うく命を落とすところだった。

夕方六時から真夜中まで三回にわたって、十九インチ（約四十八センチ）から二十九インチ(約七十四センチ)まで水が溢れ出た。夜中の二時、縮帆していた大檣第二接檣帆《メインマストトップスル》をもとに戻すぐらい風が少しずつおさまってきて、この三十分後には縮帆していた大檣《メインスル》と前檣帆《フォースル》ももとに戻すことができた。この後風はおさまる。しかし乗組員たちはこの間も休みをとるどころの騒ぎではなかった。一晩に六回も水が流れ込んできて、三十分ごとに四インチ(約十センチ)ずつ水かさが増していったのだ。

天体観測によるとこの日の緯度は四十五度四十六、経度は二百三度五十二。九月十五日までは北東と南東からの強い風を受け、五から八ノット(一ノットは時速約一・八五キロ)で進む。

九月十五日

皇帝の戴冠記念日。美しい朝は好天を約束していた。私たちはこの日、日本の海岸を見られるだろうという期待を抱いていた。何故ならば北緯四十度、経度二百九度にいたからである。乗組員の消耗した様子、艦のひどい状態、いまこそ平静をとりもどさなくてはならないと考え、戴冠記念日に私が受けたメダルを隊員に勲功として授与することで、乗組員たちの気持ちを鼓舞しようと思い立った。さらにこのことを通じ、日本で慎重な行動をとるように促したいとも思った。初めて訪れる日本に、ロシア人に対するいい印象を長く記憶に留めるようにしなければならなかった。朝、全乗組員に、祝典を行なうので九時に上官も下士官も全員儀礼用の服を着て、後甲板に集まるように命令した。

九時私はそこに行き、この祝典の意義をさらに高めるため、テーブルを出して、その上に金モールで縁取りされたメダルを置くために大きな皿を置いた。そして私は次のような内容の演説をした。

諸君

世界一周をなし遂げ、いま我らは日本の領海に入ることになった。祖国への愛、技能、危険をも省みない勇気、上官への服従、相互尊重、これらはロシア海軍を特色づける本質であり、高潔なる品行は、全ロシア人に共通する本質である。海事の経験に富んだ諸君こそ、いま祖国の同胞より感謝されるべきである。いま諸君は諸君の勲功をうらやみ、ねたむ人々でさえも奪うことができない名誉を手にすることになった。私の同行者としてふさわしい諸君は、称賛に値すべき、もうひとつの偉業をいまなし遂げ、新たな富の源泉を発見することになったのだ。恐れを知らない海軍の強者である諸君、熱意をもって行なった君たちの行為が成功を導いたことに感嘆すべきである。我々を慈しみ、また我々が崇める我が君主の意思を実現するために、いまこそ魂と肉体を一体にしようではないか。いやすでに我々はこの一体化をなし遂げていた。偉大なる皇帝陛下への感謝の心は、我々の精神をさらに鼓舞する。我が同胞よ、今日は祖国では記念日を祝っているが、この日はさらに記念すべき日となったのである。陛下の臣下が、初めて日本の領域に到達し、勝ち誇るロシア国旗が、長崎の海洋に相まみえんとしているのである。皇帝陛下から全権を委ねられ、諸君の偉業の目撃者となった私は、諸君と労苦を共にし、また危険をわかちあったことをどれだけ喜ばしく思い、また祖国の同胞が我々が帰還したときに、本来であれば表明すべき感謝の気持ちをいまここに披瀝《ひれき》することをどれだけ嬉しく思っているか。日本海上において、今日皇帝陛下の戴冠記念日を祝するに際し、諸君の労苦に報いるため、記念になることをしたい。皇帝陛下の肖像を見たまえ！　これを目の前にし、日頃の辛労と苦労をかさねて得たこの勲功が、いかに光栄なことであるかをわかってもらいたい。勲功を得ることは、諸君の祖先が、祖国に対して尽くした報国の心を追想しながら、ますます皇帝の名を高めることを期し、我ら下賤な臣民がいまは世界の涯《はて》にいるとはいっても、こうして皇帝の偉業を讃えんとしていることを決して忘れないでもらいたい。

こう訓示したあと、私は艦長にすべての下士官たちに分け与えるようにウラジーミルリボン(おもに文官や功績ある私人に授与される聖ウラジーミル勲章を肩からかけるためのリボン、レザーノフはロシアをでるときに、このリボンを百メートル積んでいた)がついたメダルを授与した。隊員は我を忘れんばかりに喜んだ。すべての悲しみを忘れ去り、メダルが手渡されるたびに、与えられた者に敬意を表して、絶え間なく「ウラー」の声が心の底から発せられた。

食事のテーブルで乾杯の際に、皇帝の健康を祝して十三発、隊員の健康を祝して九発祝砲が鳴らされた。作業員たちにはべつの小さなグラスでワインが与えられた。夕方になると上官たちは船室で皇帝の頭文字をイルミネーションで飾りつけ、今日のお祝いにふさわしい守護者の絵が描かれた。水兵たちは後甲板で歌をうたい、ついには船首甲板ではダンスが始まった。帆走もうまくいって、こちらのほうもすべて順調、楽しい一日であった。

昼過ぎには風がおさまったが、五時になると風が強くなった。私たちは五から五・五ノットで航行していた。真夜中また風がおさまった。

九月十六日

最上帆《トゲルンマストスル》をあげる。水漏れがかなりひどくなる。北緯三十二度五、経度二百二十六度十六、一から四分の三ノットで航行。真夜中にほとんど凪《なぎ》になった。四分の三ノット以下で進む。正午近く北西の方向二十マイル(約三十四キロ)の距離に日本の海岸が見えた。(大隅半島沖を航行していた)

九月十七日

朝方風が強くなった。速度が四から七・四ノットに早まった。縮帆することにしたが、夜中風は強まり、とうとう嵐になった。雨が時折降る曇りの天候。主帆《メーンスル》と前檣第二接檣帆《スル》をしっかりと固定して、浮遊したまま同じ場所にとどまった。

九月十八日

風は少しおさまったが、雨、雷鳴、稲妻をともなった突風のため、きつく縮帆。夕方主帆をつける。

九月十九日

朝方また風が強くなってきたので、きつく縮帆。気圧計はおどろくほど下がる。昼にすべての帆をしっかりと固定し、支索帆《ステースル》をつけた。午後一時に激しい嵐になった。しかも気圧計はさらに下がり、嵐がいっそうひどくなる前兆をしめしていた。

三時半全部の帆足索と揚げ綱《ハリヤード》が根元から引き裂かれてしまった。四時帆を張っていないのに、岸辺まで運ばれる。波も見えなくなり、波の飛沫だけしか見えなくなるほど風は激しさを増した。メインマストさえ見ることができなくなった。右舷から予備用の第二接檣桁《トップマストヤード》が、引きちぎられ、海中に消えた。そしてしっかりと固定されていた後檣に張られた縦帆《ミズン》も引き裂かれてしまった。中甲板ではすべてのものがへし折られ、帆や艦の下の方に置かれていた他のものも引っ張りだされてしまうような状態だった。要するに助かる見込みはひとつもなかったのである。暴風は弱まることなく引き続き、船尾にしっかりとむすびつけられていた銃やサーベルをしまっていた大きな箱が、あれだけ重いのにもかかわらず、後甲板のところまで投げ飛ばされてしまうほどだった。

午後五時、気圧計の目盛りは最低のところまで下がっていた。こんなことはいかなる航海でも起こったことがない。八時前に私たちは水銀の目盛りを見ることさえできなくなっていた。助かる見込みが絶望的なことを意味していた。

八時暴風は突然南西から北西へと向きを変えた。大波は艦が木っ端みじんに壊れてしまうのではないかと思えるような勢いで、船尾の船室まで押し寄せた。これに引き続いてもうひとつの大波が艦を呑み込み、水は天窓にまで流れ込んできた。船尾にあった夕ラップも引きちぎられ、窓も壊され、一瞬私たちは腰まで水浸しの状態になった。しかし波によって打撃を受けた艦が横揺れし、後甲板から水を押し出してくれた。この間私たちは水が入ってくるのを防ぐために窓に板を嵌《は》め込んでいた。この苦行は真夜中まで続いた。（この台風については『環海異聞』巻十三の中で次のように語られている。「薩摩潟近く船をよせるが、この節大時化《おおしけ》にて、地方ぇ向ふに随ひ、波浪至って荒く、船ぇ波を打込み、使節の部屋ぇも汐入りて、腰きりになりたり、上棚に置きたる荷物も、ことごとくぬれ損するほど故、船もよほどいたみたり……」）

九月二十日

風はおさまりはじめた。朝方疲労困憊《こんぱい》した全員が、後甲板に出て、すべてへし折られ、ものや索具が乱雑に飛び散ったままで、やっとそばを通りぬけることができるような状態の我が「ナジェジダ号」を目撃することになった。船室も同じようにすべてが散乱した状態になっていた。好都合なことに逆風が、波を落ちつかせてくれた。これで私たちは片づけ、帆を張ることができた。天気が良くなり、損傷の激しい品物や衣服を乾かすことができた。

やっと昼頃には平穏になり、真夜中近くには風もほとんどなくなった。そのため二分の一ノットの速度で進んだ。

この日晴れてわかったことなのだが、我々はこのめったに経験できない大嵐を、海岸からかなり近いところで、こうむっていたのだ、すさまじい逆風で、こんなところまで流されてきていたのだ。（大隅半島沖で台風と遭遇していたと思われる）

北緯三十一度十七、経度二百二十七度六。

九月二十一日

中檣帆《トップスル》を張る。午後六時オスト海岸(大隅半島のこと)が見えた。火山(桜島のこと)が北西に見えた。北緯三十一度四十二、経度二百二十七度二十一。

九月二十二日

島々の間を最上帆《トゲルンマストスル》をあげて進む。北緯三十一度四十二・六十三、経度二百二十七度十九。

九月二十三日

琉球諸島(大隅諸島のこと)を左に見て、種子島を通過。北緯三十一度九・三十一、経度二百二十九度十三。

九月二十四日

測量によれば深さは六十から六十五サージン(約一二八メートルから一三九メートル)。北緯三十一度四十八、経度二百二十九度三十九。

九月二十五日

五島列島を通過、九州の島に近づいた。長崎はこの島にある。北緯三十二度二十一・四十五、経度二百三十度二十八。

二　長崎来航

九月二十六日(文化元年九月六日)

明け方九州の海岸が見えてきた。右前方に、大きな山が望まれた。航海は順調に進み、八時には九人の乗組員を乗せた小舟を発見。漁船だった。彼らは興味津々なのだが、自分たちから敢えて近づこうとはしなかった。しかし私たちの日本人(漂流民たちのこと)が話しかけたのにはかなり驚いた様子だった。そして近づいてきて、艦に乗り込んできた。彼らの話では、四日前三本マストの船が島の近くを航行しているのを発見したことは、夜間の火の信号で知らされており、いたるところに警備兵が配置されているという。また彼らは長崎湾に入るのはとても難しいというので、水先案内をしてもらえないかと頼んだが、いかに望まれようともこれは法律で禁じられているし、自分たちの命にかかわることだと断られた。しかし近くまで行けば、日本船が来てくれるだろうという。ウォッカをご馳走したところ、大満足で自分たちの小舟に引き返し、漁を続けた(図2)。

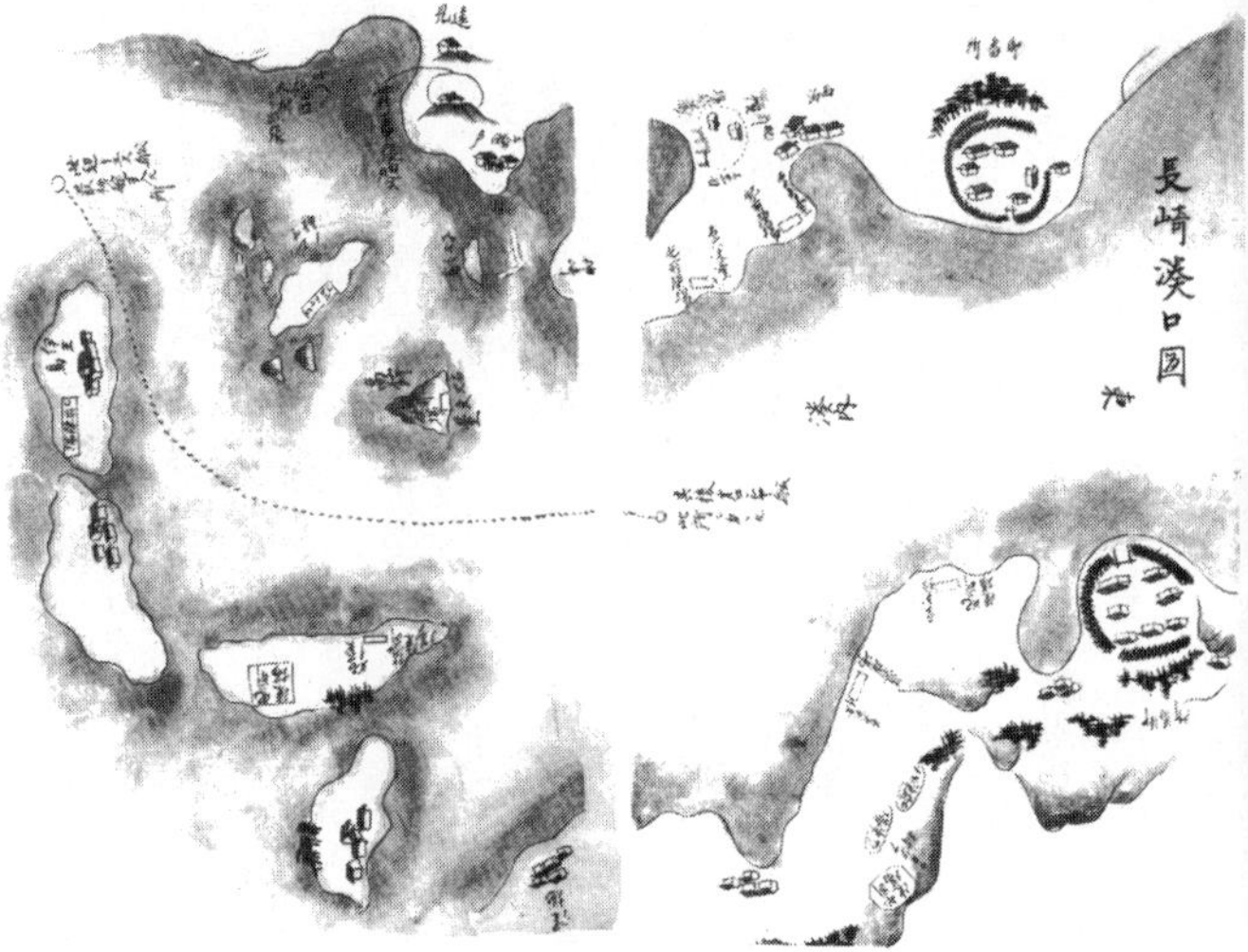

図2　長崎湊(『環海異聞』巻十四)

十二時、山に接近したので、大砲でこれを知らせた。やがて一艘の小舟がやって来たが、艦には乗り込もうとはせずに、私たちや漂流民たちに質問をし、その答えを書き留めた。結局どこから、いつ、何のために来たのかを文書でもらいたいと言ってきたので、私は彼らに書き付けを渡した(レザーノフはこの時「信牌」——長崎入港許可証——の写しも見せていた。この「信牌」は、一七九二年大黒屋光太夫らを護送し、根室に来航したロシア使節ラクスマンに、渡されたものである)(1)。この小舟はこれを持って奉行所《グベルナートル》に向かった。また役人たちを乗せたもう一艘の舟が来て、同じ質問を繰り返した。そして再び文書(信牌)を読み、写しをとり、そしてこう言った。

「文書を渡してから四年間、ロシア船の来航を待っていた、さらにもう八年。そしてロシア人と会えないと諦《あきら》めていた。何故この間来られなかったのか」

「ヨーロッパが戦争状態(ヨーロッパはフランス革命戦争(一七九二年~九九年)についでナポレオン戦争(一七九九年~一八一四年)の渦中にあった)にあったことが原因だ」と答えた。

彼らはいま港にはオランダ船二艘が投錨していること、大砲を射たないでもらいたいと言ってきたので、そのとおりにすることを約束した。

日本人たちは、投錨する場所に案内するために同船し、長崎湾が見えるところまできたところで、四十サージン(約八五メートル)の深さに投錨するよう命じた(伊王島沖に碇泊)。午後七時のことだった。測量道具を海に投げ入れたところ、何のためにそんなことをするのか、投錨する場所は彼らが教えるので、そんなことをする必要がないと言ってきた。ここで彼らは、我々が投錨し碇泊することを許可する奉行所《グベルナートル》に宛てた信書(信牌)を見せてくれという。

しばらくしてたくさんの船を目にした。暗くなってきて、灯をともしたたくさんの船が、岸から海上をうめつくしている。我々は岸から十マイル(約一六キロ)のところにいた。何隻かの船が近づいてきて、警固するため艦の周りを取り囲んだ(図3)。しかし日本人たちはだれひとりとして艦に乗り込んでこようとはしなかった。

十時、大きな船が近づいてくるのが見えた。奉行が乗っているといわれたので、船が到着するまでに、おおいそぎで着替えをすませた。しかしこれに乗っていたのは、二人の役人、ひとりの検使(オッペルバンジョースト)とその副官(バンジョースト)であった(手付行方覚左衛門と菊沢左兵衛のこと)[2]。彼らはたくさんの通訳たちと一緒に艦に乗り込んできた。船室に入るよう促すと、ずいぶんともったいをつけて、部屋に入ってきた。彼らの周りには紙のランプ(提灯)が置かれていた。私が指示した場所に着いたあと、通訳

図3　ナジェジダ号とそれを囲む日本の警固船(『環海異聞』巻十四)

を通じてオランダ語で、来航の目的、私の官位、乗組員の数、衛兵の数、これが蒸気船なのかどうか、その他細かいことを尋ねてきた。（ロシア側の通訳にあたったのは、オランダ語が良くできた同乗していた博物学者ラングスドルフであった）

これに対して、私が隣国ロシア帝国から天神公方《テンジンクボウ》（将軍のこと）の元に派遣された使節であり、我が皇帝が、貴国の陛下と友好関係を結ぶことを喜ばしく思っていることを証明するため、ロシア領の海岸で救出された貴国の臣下たちを返還しに来航し、さらに隣接する偉大な両国間に、永遠の友好関係を結ぶための公式手続きをし、互いの利益のため通商関係を確立することを私に委任したのだと、答えた。さらに貴国の陛下に対する献上品以外は一切商品を持ってきていないこと、船が戦艦であること、そして上官と乗組員の数を告げた。(3)

役人たちは漂流民たちを呼び、彼らのリストを作成し、さまざまな質問をして、その答えを書き留めた。(4)

そのあと彼らは、オランダ人をここに連れてきてもいいか尋ねてきた。彼らを受け入れることにした。一時間後オランダ人たちが番船（海上警備船）から招き寄せられた。この番船は役人たちが乗っていたもので、ここでオランダ人たちは待っていなければならなかった。そして通訳の責任者(大通詞石橋助左衛門のこと)が彼らのもとに行って、呼び出さないうちは、中に入ることができなかったのだ。

やっと私たちは長崎商館長《オッペルホーフト》ドゥーフ(5)(図4)と彼の秘書たち、ムスケチールという船長と会うことができた。私たちのところに入ってきて、挨拶の言葉を交わそうとした時に、突然通訳の責任者が、ドゥーフに儀礼の詞を大声で伝えた。通訳は膝をつき、お辞儀をした。オランダ人たちも同じことをしなければならなかった。検使の前で彼らは腰を曲げ、手を膝にあてながら、首を横向きにし、通訳の長い演説が終わったかどうか、そしていつ立ち上がることを許してくれるかどうかをじっと見守っていた。役人たちと話す時はいつも同じことが繰り返された。オランダ人たちは、こうした自分たちの卑下した態度を私たちに見られてしまったことをひどく恥ずかしがっていた(6)。

私は役人たちの反対側に置かれた椅子に座り、衛兵たちはうしろに立っていた。商館長に座るように言い、挨拶を交わし、彼らの生活ぶりについて尋ねた。彼の話では、オランダ人は出島に閉じ込められ、なんの説明もなく厳しい監視下におかれ、外国船が来たときだけは、いつも呼び出されるということだ。奉行たちは、二百年以上日本に忠義を尽くしている国家として、オランダ人たちの助言なしにはなにも出来ない、他の国の

図4　ドゥーフ像　川原慶賀筆　享和3年(1803)銘
神戸市立博物館所蔵

船はいつもはるか遠く碇泊させられているのに、私たちは非常に近いところに投錨させられていると語った。

彼から、昨年二艘の船が来航したことを知らされた（一八〇三年七月）。一艘は、イギリスの、そしてもう一艘はアメリカのものだったが、この時オランダ人たちはたいへんな苦労を強いられたという。艦長のスチュワルトはかつてバタヴィアの会社に勤めたことがあり、日本にも滞在したことがあった（一七九七年〔寛政九年〕にオランダの傭船の船長として来日していた）。彼はイギリスの東インド会社に冒険することをそそのかし、英国旗を掲げた一艘の船に乗ってカルカッタから来航した。彼は、失敗した場合のことを考えて、彼の出発後、少し経ってからこんどは米国旗を掲げたもう一艘を派遣するように命じていた。バタヴィア政庁はその時イギリスと友好関係にあったので、ドゥーフはなんとか保護しようと努力したのだが、三日後には日本の領海からイギリス船は追い出されてしまった。結局はアメリカ船も同じ目に遇ったという。このことから彼は、日本人がどんな国にも来航を許さないことを納得させようとした。彼は私たちが、通商許可書（信牌のこと）をもらえたことに驚いていた。

彼の話ぶりから、私たちの来訪を快く思っていないような感じがした。こんな辺境の地で仲間たちは資金援助を受けているのか質問した。これに対しては、自分たちはとてもひどい状況にあり、だれも援助をしてくれないと答えた。私は政府からの紹介状(ペテルブルグ駐在のオランダ公使から東インド—オランダ官憲宛の紹介状のこと)、東インド会社からインド総督および顧問官に宛てた訓令、ドゥーフ商館長への紹介状(ペテルブルグ駐在オランダ公使からのもの)を持っていると彼に告げ、その書状を読み、役人たちが見ている前で、彼に対して我々を援助するようにという命令書を手渡した。彼は丁寧にそれを受け取り、インド総督に従属する身分であり、この命令に従わなければならない、できるだけお役に立つよう努力したいと答えた。[7]〔原注——この後数行インキがこぼれて判読不能〕

ドゥーフとの話し合いのなかで私は、我々が通商の対象として考えているものが、まったく(オランダ人とは)ちがう品目であり、オランダ人たちの利益を損なうものではない、魚、脂、なめし革、古着や私たちがもってこれるような他の食料品であることを強調した。

ドゥーフはこれに対して、魚の取引はうまくいかないだろう、たとえ私たちが北に港をもっていたとしても、ここで脂はあり余っており、去年もここからバタヴィアに五千フント(約二〇四五キロ)の鯨油が運び出されている。なめし革もここではまったく使われていないし、古着も日本人は必要としない、麻布ぐらいだったらいまは必要とされるかもしれないが、莫大な利益は得られない、何故ならば日本人たちは木綿に慣れ親しんでおり、その生活を変えることはないだろうと言う。羅紗についても、一アルシン(〇・七一メートル)の良質のイギリス製のものに対して、日本人は二ターラ(ドイツの通貨単位、一ターラは約三マルク、一分金が二・五ターラにあたる)以上は払わないと言う。要するに彼の言いたいことは、日本にはすべてのものが豊富にあり、オランダとの通商も必要ないということだった。最後に彼は、もし実りある成功をおさめようと思うのなら、どんなに奇妙に思っても、すぐに日本人の習慣に従うことだと、助言してくれた。

この会話が終わるのを見て、検使たちは私が彼らの習慣に従うかどうかを尋ねてきた。

「もしもわが皇帝の利益に反するのでなければ、喜んで従いましょう」

「あなた方は火薬を渡さなくてはなりません」

「同意しましょう」

「銃やサーベル、剣などすべての武器も渡して下さい。あなたの剣だけはそのままでもいいでしょう」

これに対しては、毅然とした調子で次のように答えた。

「日本に対する私の敬意は、大砲を射たないことで証明されたはずです。これは私にはなくてはならないもののひとつでした。武器をお渡しすることもやぶさかではありません。しかし皇帝の臣下である上官と、私の衛兵たちを拘引しようなどという試みには同意しかねます。日本の役人の方々が良識をもち、よもや我が皇帝の名誉を傷つけるようなことはしないと信じています。上官全員に剣を、衛兵たちに銃を持たせることだけは認めてください。他の武器については喜んでお渡ししましょう」

私への説得は、通訳を通じドゥーフに委任された。彼自身共和国を代表する人間であるが、彼だけが帯刀を許され、船長たちは剣を所持していないと、私に同意を迫った。そして我を張ることは不幸な結果をもたらすというのだ。(「使節は弾薬を差出すことは承諾せしも、銃器を渡すことを拒みしかば、日本人は之を訝しく思へり。されど使節は頑として之を聴かず。通詞の更に要求せる日本式の敬礼を同じく、之を肯んぜりき。斯くて銃器は船中に保管され、士官は帯刀を手離さず、只弾薬のみは船より日本の弾薬庫に移されたり。」『ヅーフ日本回想録』より)

それは彼の意思であるかもしれないが、私は決してこれについては同意できない、彼の船長は船の責任者なのであろうが、私は偉大な帝国の、かりにも使節なのである。上官から私への敬意、そして衛兵を奪うことは、私から剣を奪うのと同じことなのだ。正当な要求を断念させようなどという目論見は、無駄なことだと応じた。

日本人たちは長い間これに同意せず、オランダ人たちはまた同じ話をぶり返し、それにすっかりうんざりした私は、かなり厳しい調子で、これが可能なのかだめなのか、問いただした(このやりとりについて『通航一覧』には、ドゥーフとレザーノフが互いに礼を尽くし相対したとある。巻二七五)。これを聞いた役人たちは、奉行に報告したうえ、三日後には返事すると答えた。(日本側の記録では、武器を渡すことについては、ロシア側がすぐに納得したとある。『通航一覧』巻二七五)

私は猶予を認めたうえで、明日には結論を出してほしいと言った。

この間彼らは援助を申し出て、なにか必要なものがないか尋ねてきた。新鮮な食料を届けて欲しいこと、一刻も早く長崎湾に入る許可が欲しいと答えた。日本人たちはラクスマンに渡された信牌を読み上げ、これを渡してもらえないだろうかと言ってきたが、直接奉行に渡すべきものであると答えた。

このあとテネリフェ島(アフリカ・カナリア諸島の島で、ナジェジダ号はこの島のサンタ・

クルス港に寄港した）に何時到着したのか、どこに寄港したのかなどさまざまな質問が浴びせられた。通訳のひとりが「カナリア！」と声をあげた。艦長が寄港地やサンタ・カタリナ島について説明を続けた。そのうち通訳の責任者が質問した。

「それは南アメリカのどこにあるのですか？　えっ！　ブラジル！」

「まさにその通りです」と私が言うと、彼らはその情報にすっかり驚いてしまった。検使とオランダ人は自分たちの番船に乗り、帰っていった。警固のため、灯をつけた八隻の船が残った。岸辺にもたくさんの番船が群らがっていた。

穏やかな夜だった。

九月二十七日（文化元年九月七日）

朝から返事を待つも来ず。オランダ国旗を掲げた船が碇泊していることに気づき、不安になる。

五時に食料が運びこまれた。奉行から魚百フント（約四〇・九キロ）、卵六百個、小麦粉、鶏七羽、大根が届けられた。

ようやくたくさんの番船とさまざまな色の旗や幟《のぼり》を飾りつけた大きな船（御用船のこと、

幕府の正式な行事に使用される)一艘が近づいてくるのが目に入った。この大きな船が私たちの艦に近づき、通訳がやって来て、奉行の名代で派遣された秘書と会計係(奉行家老平尾文十郎と支配勘定村田林右衛門のこと)への表敬のため、自分たちの船にきてもらいたいと言ってきた。彼らはここの筆頭役人であるという。私は使節という称号をもっており、奉行以外に、誰も訪問することはできないので、船にはいけないこと、これを行なうときは、将軍へ敬意を表するときだけであると答えた。

この役人たちは、将軍から与えられた地方を統治しており、どうしても表敬のため来船してもらいたいという主張を繰り返したが、私のねばり強さが彼らの習慣にうち勝った。結局、四人の上官を挨拶のために送りだすことで同意が得られた。

宮中顧問フォッセ、艦長のクルーゼンシュテルン中尉、フリードリッヒ少佐、コシェレフ中尉が、御用船に乗り込んだ。彼らは御用船から手すりのついたタラップを艦に投げ込んだ。四人は階段をのぼって御用船の甲板に連れていかれた。そこにはたくさんの役人に囲まれた高官がいた。私の部下たちは彼らに通常のお辞儀をして戻ってきた。

前に私のところに来たひとりの役人(手付矢部次郎太夫)が、私の船室に入ってきて、奉行の代理として長崎の一番偉い役人が私にお目にかかりたいと申し上げていますが、と告げた。大変光栄なことですと答えると、彼は通訳たちに命じて、椅子を所定の位置に並べさせ、私の場所を決めた。しかし国書のそばに座っていた私は、自分の椅子は誰にもお渡しすることができないと言った。

役人は奉行の代理として奉行家老一行を出迎えてもらえないかと願い出てきたので、それには喜んで応じた。奉行家老一行が後甲板に着いた時に、衛兵たちに命じて、太鼓をたたかせ、階段の扉のところで彼らを出迎え、船室まで案内し、彼らに場所を示してから、自分の椅子に座った。

通訳たちは膝をついて、家老の命令を卑屈なまでに畏《かしこ》まって聞いたあと、私の方を振り向いて、奉行が上官たちの帯刀と衛兵たちの帯銃を許可したと告げた。このように常識をわきまえた家老から、これ以上なにも望むことはないと言い、お礼を述べた。役人たちの威厳のある態度、礼儀正しさ、謙虚さは、日本人が非常によく教育されていることを示していた。このあとオランダ人の入室を告げ、彼らを連れてきた。

商館長が、この前にはつけていなかった剣を身につけていたのに気づいた。オランダ商船の船長ムスケチールとベルマーと旅行家アンジー・グロチンゲルン男爵が、ドゥーフのあとに従い、ケースに入った剣を持ってきたのだ。彼らが船室に入り、私に挨拶しかけた時に、突然通訳が彼らをおしとどめ、アンジー・グロチンゲルンに儀礼の詞《ことば》を言うと、彼らはしばらくの間腰をかがめたまま立っていた。そのあと家老の許可を得て、通訳は彼らに場所を示した。そしてさらに脇に座っている家老にまた儀礼の詞を言うよう命じた。

このあと家老は漂流民たちを呼んだ。彼らは、漂流民たちに対して好意的な感じで、さまざまな質問をし、答えを書き留めた。最後に彼らは引き取りたいと尋ねてきたが、私は直接奉行に引き渡すと答えた。

「国書の写しをいただけないだろうか」と要求してきたが、これも奉行にお目にかかって渡したいと拒否した。次いで彼らはラクスマンの信牌を要求してきた、これはいつも彼らに渡すことになっているという。同意し、それを渡した。このあと外洋に碇泊させられているが、風が吹けば、事故を招きかねないので、なによりもまず湾内に入れてもらいたいと要求した。今晩高鉾湾《パペンベルグ》に曳航し、三日後には湾に引き入れるという返事だった。これには従うが、オランダ船がすでに湾内に入港しているのに、高鉾湾を碇泊地として定められるのは遺憾であると述べた。彼らは、この件については別な理由があり、何故かはしばらくすればわかることだと答えた。オランダ人たちもそれを請け合った。

こうして帰途につく家老たちと別れを告げた。役人たちとオランダ人たちは艦に残った。夕方七十艘ちかくの挽船が、我々を高鉾湾まで曳航した。

ひとりの役人(矢部次郎太夫)が私の船室に残っていたが、もう夜半もすぎたので、私のところでお休みになりませんかと聞いてみた。彼はすでに私が就寝する時間をとっくに過ぎてしまい、私に詫びを言わなければならないことを感じた様子だった。私は具合も悪く、疲れていたので彼のことをそのままにしておいた。真夜中になるのに、私たちは一日中なにも食べていなかった。ここで私たちと一緒に夕食をしましょうと誘ってみたが、彼は遠慮した。すでに夕食を食べており、どうぞ食事するように、そして私たちの様子を見に行くこともあるのでその時はお許し下さいと答えた。私たちは食事の席に着いた。彼は自分のために艦長が居残ったのを見て、すぐに食事に行くようにと促すぐらいの礼儀をわきまえていた。彼自身も艦長の船室にやって来て、食卓についた。砂糖で煮たメギの木の実を御馳走した。これは気に入ったようだが、ただスペインのワインには少ししか口をつけなかった。見たところ日本人は甘いものが好きなようだ。

オランダ人たちは食事をしたあと、別れを告げた(この日の会談を最後に、レザーノフはドゥーフたちと相見えることは二度となかった)。通訳の責任者は商館長に再び儀礼の詞を叫んだ。オランダ人たちは五分ぐらい腰をかがめたまま立っていたが、旅行家だけはこの侮辱を逃れようとした。しかし通訳は彼にも儀礼の詞を発し、彼も船室に入り、命令されたように腰をかがめることになった。

役人は私がまどろんでいるのに気がつき、通訳に、ほんとうは投錨地まで私たちを案内するまで彼はここを引きあげることはできないのだが、どうぞお休み下さい、自分も番船にもどります、もし何か必要があればすぐにお役にたつよう準備はしていますと、言うように命じた。彼に礼を述べ、この賓客を見送り、別れを告げた。彼は番船に戻った。曳航はずいぶん早く進み、四時には高鉾湾に投錨することができた。ここからは、町を見ることはできなかった。高鉾の背後に、中国のジャンク船が二艘だけ見えた。彼らの碇泊地はいつもそこに定められていた。私たちを取り囲む山々は、見たところ石山だったが、いたるところ、段々に畑が作られており、この耕作地は、美しい半円形劇場のように見えた。海岸沿いのところどころに、青の縞模様が入った白い幟で囲まれた砲台のようなものも見えた。

九月二十八日(文化元年九月八日)

私たちは首を長くして日本の役人たちの到着を待っていた。五時、幟を立てたかなり大きな船が、七艘の挽船に曳航されてくるのが見えた。彼らの来訪を告げるために、ドンドンと太鼓が叩かれた。御用船は私たちの艦に接近してきた。奉行の検使として、将軍から遣わされた筆頭役人(行方覚左衛門と後藤儀助)が、他の役人たちを従えて、私たちの船に乗り込んできた。太鼓が打ち鳴らされ、衛兵たちが、役人たちに捧げ銃をした。役人たちが船室に案内され入ってきた時、私は肘掛椅子《ひじかけ》に腰掛けていた。部下たちは、並んで左右に分かれて立っていた。日本の役人と通訳たちも左右に分かれ、ひざまずいた。長く重い沈黙が続いた。ついに通訳の一人が、役人たちから指図を受けて、私の方に顔を向け、お辞儀をした。そして威厳をこめてオランダ語で、次のように述べた。

奉行が私のことを気にかけ返書を遣わした。それによると、遺憾であるが、彼の一存では、私たちを入港させる許可を出せない、まもなく江戸から到着する彼の交替の奉行(肥田豊後守のこと、九月十日に長崎に着く。長崎奉行は正徳四年〔一七一四〕年以降、二名制をとっており、一名ずつ一年交代で江戸に戻っていた)を待たずに、私と会見できないこと、あと七日ほど辛抱してもらいたいということであった。

「これについては同意してもいいが、嵐のため船が損傷し、漏水がひどい、水に浸かっているロシア皇帝からの献上品がだめにならなくするためにも、どこかに一刻も早く案内してもらいたい」と告げると、謁見の延期に同意してもよいと報告しますと答えた。「それで結構です。ただ献上品だけはなるだけ早く下ろしたい」と答えると、彼らは「私たちは献上品を倉庫で受け取るようになるでしょう」と言った。「違う、私が言っているのは、献上品を安全に置ける家がどうしても必要だということで、たとえ倉庫で大事に保管されるにしても、それには同意しかねます。なぜならこれは私に授けられた称号に反するからです」と答えた。

役人は、私の要求についてはすべて奉行に分かるように説明します、奉行も明日、江戸に手紙を書くでしょう(8)、と言った。また明日は祭日なので、皆休みになることを了解してもらいたい、明後日、次の奉行がくれば、一刻も早く入港できるように努力したいし、おそらく私が満足するようにすべてがうまくいくはずだとも言った。

彼らに感謝の意を述べ、そして感謝のしるしに、彼らが満足するように、皇帝からの国書の写しを奉行に渡すよう頼んだ。

これを尊敬のあかしとして受け取ってもらいたいと述べて、彼らに金モールで包まれた国書の写しを手渡した。彼らは非常に喜び、一番偉い役人が立ち上がり、私からそれを受け取り、頭のところまでいったん持ち上げてから、下ろした。そして通訳を通して、これが間違いなく国書の写しであるかどうかを尋ねてきた、もし将軍を裏切ることにでもなれば、掟で大変厳しく罰せられるだろうとも言ったので、次のように答えた。

「ご承知下さい。ロシア人は、裏切りはしません、偉大なるロシア帝国ではそれは悪徳とみなされ、決して許されないことなのです」

彼らはこの答えに大変満足し、国書の内容を尋ね、それを書き留めた。そのあと役人たちは、おそらくは二日もすれば入港できるのではないかと約束してくれた。そんなことをしているうちに通訳たちは、ロシア語を書き留め始め、他の者たちも乗組員の船室で、士官たちにロシア語で何というかを質問しては、それを書き留めていた。

大事な儀式が終わって、役人たちはずいぶんとくつろいできた。彼らに日本語でお礼を言うと、彼らもいままでのやり方に反して、日本語で私の質問に答えてきた。私が正しく発音できないのを笑い、通訳たちがそのまちがいを直してくれた。

そのあと役人たちは質問が書き留められた冊子を取り出し、通訳たちを通して、私たちが送り込もうとしているのは何隻の船なのかを聞いてきた。それで「あなた方はどのくらい必要なのですか」と聞いてみた。

「どのくらい可能なのですか?」

「どれほどお望みですか?」

「どのような品物を持ってくることができますか?」

「あなた方がお望みの品はどんなものでも」

「一体何があるのですか?」

「すべてあります。何が欲しいのですか?」

「隣人としての友情です」

「品物は?」

「この件については、あとで話しましょう」

「砂糖は持ってこられますか?」

「前にも申し上げたように、私は皇帝よりあなた方の政府高官と交渉するよう全権を委任されております。江戸に行けないうちに、これについて話をすることは適当ではないと思います。しかしながら皇帝の名のもとで、確信をもって申し上げられることは、私たちの貿易の土台となるのは、両国の偉大な皇帝が互いに利益を分け合うことにあります」

通訳たちが、あざらしやおっとせいの皮があるかどうかを聞いてきた。

「とてもたくさんあります」

今度は艦長が、どんな時期に航海できるかという質問を受けた。

「いつでもできるが、一番いいのは夏です」

「ペテルブルグからはどのくらい時間がかかるのですか」

「七、八カ月です。カムチャツカからも、アメリカからも一カ月ぐらいです」

「どこのアメリカですか」と彼らは訊ねてきた。

「ロシアのアメリカです(北アメリカ〔アラスカ〕は一八六八年までロシア領であった)」

「そこには、ほんとうにあなたたちの領土があるのですか？」

「とても広大な領土です」

彼らは、ロシア帝国が広いということは知っていたが、ロシア領アメリカについては知らなかったと言い、それが載っている地図を見せてくれるように頼んできた。役人たちは地図をヨーロッパの言葉で読んでいた。一番上の役人が、通訳のひとりに眼鏡を貸してくれないかと頼んでいた。私は自分の眼鏡を渡してやった。彼はこの眼鏡が気に入ったようだった。同じように眼鏡を欲しがっていたもうひとりにも眼鏡を渡してあげた。

幸運なことにふたつとも彼らの目に合っていた。友情の証として、それを受け取ってもらいたいと言った。彼らはこの申し出を断った。これは贈り物ではない、贈り物は他に準備してあると言ったのだが、彼らは、これに対して感謝のことばを言いながらも、法の定めで何かをもらうことは禁じられているので、あとで奉行にお許しを戴くようお願いするつもりだと答えた。

この後、彼らに小さな地球儀を贈ったが、とても気に入ったようだった。

自分たちの船に専用の通訳をおいてもらえないだろうかと頼んだ。彼らは、すぐに誰かを派遣し、私のために、役人たちの中から一人選んで付き人にすると答えた。

私は自分が連れてきた日本人たち(漂流民)を通訳とすることもできるので、彼らに命令を下してもらいたいと頼んでみた。何故ならば、彼らは幕府の怒りを恐れているのか、ここへ着いてからというもの、一言も喋ろうとはしないのだ。これに驚いた役人たちは彼らをここに呼んでもらいたいと言いだした。日本人たちは呼ばれたが、行方が、かなりきつい口調で彼らと話しはじめた。彼らの命を救い、食料や必要なものすべてを与え、面倒をみてくれたばかりか、危険をも省みず、祖国へ送り届けてくれた国に対して、彼らがどれだけ感謝をしなくてはならないか、彼らに命じられて当然の義務をどうして断るのか、船のなかで命令を遵守《じゅんしゅ》するためにどれだけたくさんの決まり事があるか知っているのか。さらに彼らの沈黙は、幕府に対して機嫌をとるどころか、反対に侮辱することになる、ロシア人に日本について誤った考えを与えてしまうのだ。そして最後に彼らが、少なくともロシア使節に対して不満を与えたということだけでも、厳しく処罰されるだろうとも言った。彼の言っていることが少しはわかった私は、通訳たちに質問をした。行方は、私が関心をもったことにすぐに気づいて、通訳に内容をあとでもう一度説明するからと言うように命じていた。そして行方は、自分たちの同国人たちがしたことについて許しを請い、彼らの過ちを正し、彼らに対してはかりしれない慈悲を寄せてくれた偉大なるロシア皇帝に感謝していると言い、彼らへの人間的な配慮に対して私に感謝すると言ってきた。

これに対して、すべては我が皇帝の意思であり、忠実なしもべとして、私はそれを正しく遂行しただけのことだと答えた。

数時間が経って、彼らは、長い間あなた方の苦労に対して、いま一番必要とされる休息を一刻も早く実現できるように、ここで別れを告げたいとていねいに申し出てきた。

彼らに礼を述べ、私たちは別れた。この時通訳たち(中山作三郎、名村多吉郎、本木庄左衛門の三人が同席していた）は、さまざまな発音で「プラシャーイ《さようなら》」とロシア語で話し、私を驚かせた。

私は彼らに「いまや私もあなたたちに日本語で質問することができるようになりましたね」と言った。

夜の十時、私たちは仲良く別れを告げた。

夕方には私たちの船の周りには、五十艘ほどの船があった。岸の要塞が、松明の明かりでくっきりと浮かび上がった。

この日オランダ商館の使いの者が、手紙をつけて新鮮な食料を送り届けてきた。食料は豚肉五十フント、粟十 枡《メールカ》、パン四十本、黄梨二十五個であった。オランダ人たちにすれば、彼らがいないのにもかかわらず、私たちが日本人たちと会って交渉したことは、思いもかけないことだったようだ。

オランダ人にとって少しでも移動することは、それはすべてお金がかかることを意味していた。何故ならば彼らの舟は自分のものなのだが、それを動かすときに、漕手やお供として付いてくる通訳、警固兵にお金を支払わなければならないのだ。ドゥーフの話では、出島から出ること自体は許されているのだが、届けが必要で、それ以外にも、毎日町を散歩するときには、一人の見張りが夜まで付いて、一人に対して十六ターラ払うということだし、最近彼が船長たちと町を散歩したときは、一日四百ターラ払ったということだ。

ここで役人たちや通訳たちが、命令に従うときの儀礼について、一言言っておかねばならない。彼らはまず跪《ひざまず》き、頭を垂れ、高官が命令を言うときには、絶え間なく「エ、エ、エ、エ、」と声を出している。そして辞去する時は、深くお辞儀をして、何度か卑屈なばかりにすすり泣いている。

この日の朝、中国の三本マストの大きなジャンク船が出航したが、昼過ぎに逆風のため、再び戻らなければならなかった。

九月二十九日(文化元年九月九日)

日本の祝日だった(長崎最大の諏訪社祭礼「おくんち」九月八日から三日間おこなわれる)。日本人たちは誰ひとり訪ねてこなかった。私たちのまわりを女性を乗せた小舟が航行していた。夕方になって食料が運びこまれた。豚、魚、野菜のほかに、木の株に似たゴボウという根があった。食用であることを教えられ、食べてみたがたいへんにおいしいものだった。通訳は丁重に、お気に召したら、また命じてくださいと言った。

九月三十日(文化元年九月十日)

十一時、御用船が私たちのところに曳航されてきた。太鼓が鳴る音で、日本の役人が到着したことが前もって知らされた。奉行の代理としての二人の役人(手付出役松崎仲助と手付出役上川伝右衛門)が到着した。衛兵たちが太鼓を叩いて、彼らを護衛し、船室に案内した。

所定の場所についたあとに、たくさんの通訳たちが正座し、検使たちに座ったままお辞儀をした。検使たちから命令を受けて、通訳は私のほうを振り返り、長崎奉行が受け取った国書の写しの内容について説明してもらいたいと言ってきた。とてもひどい日本語で書かれており、意味を判読できないということであった(国書は、ロシア語、日本語、満州語で書かれたものが三通あった。日本語については、大黒屋光太夫とともに漂流し、ロシアに残った新蔵と若宮丸漂流民のひとりで、ロシアに帰化した善六が協力して訳したものであった。付録二参照)。喜んで説明しましょうと答えた。検使は国書を手渡し、通訳はなにが実際に理解できなかったのかを訳してくれた。その内容の説明をしたのだが、彼らはこれに満足しなかった。そして一語一語オランダ語に訳すよう要求してきた。ロシア皇帝の意向のすべてを詳細に知らないかぎりは、江戸に送ることができないというのだ。オランダ語を知っていたラングスドルフ(医師、博物学者〔一七七四～一八五二〕コペンハーゲンからナジェジダ号に乗り組む。航海中は魚類と鉱物の観察および標本採集をまかされていた。彼もまた『一八〇三～一八〇七年間の世界周航記』を出版しているが、日本訳はない)が、私の助手となり、私たちは一項目ずつそれを訳していった。通訳たちはそれをオランダ語で書き留めていくのだが、驚いたのは、その綴りが実にきれいでそして正確であったことだった。彼らの政府の構成に言及したとき(国書の中に「世界の他地域の政府の状態を知りたいと思い」という一文があった。ロシア語からの国書の翻訳は付録三参照)、通訳たちは驚き、顔色が変わってしまった。そしてこの将軍に関する一語は気にいらないし、すべての事をだめにしてしまうと言ってきた。私自身彼ら以上にこの正当な指摘に驚いたのであるが、極力平静を保ち、微笑みをまじえながら、「我が皇帝が政府の構成を知りたいと書いているのは他意があってのことではない、ただ臣下である我々が、将軍《テンジンクボウ》にさらに謙譲の意を表すために、そして正しく祖法に従うことを目途としたものだ」と説明した。しばらく問答が続いたが、私の落ちついた表情を見て、彼らは私の主張を信用するようになった。彼らはさらに先を通訳するように求めてきた。すべての民族は、意味をもった自分たちの言語をもっている。この意味は他の言語にする時、正確に移しかえなければならない。「政府」という言葉を、私たちは政府に関係する儀礼というように理解している、例えば長崎到着の際、政府によって定められた儀礼に従わなくてはならないというように、と説明したあと、ロシア人はあけっぴろげに振るまう民族なのです、皇帝が他意を持っているのなら、わざわざ国書にこの言葉を入れるわけはないし、私だってこんなことは言わないはずだと主張した。

国書の中の、皇帝が日本人のために領土内にあるすべての港を開放するという件りは、検使たちを満足させた。さらにこれはただ書かれているだけでなく、すでに全国で実行されており、いかなるところでも日本人たちを受け入れ、必要なものをすべて与えるように命令が下されていると述べた。

漂流民たちに賞賜された服を着せて、連れてくるように命じ、彼らがロシアでこうした恰好《かっこう》をしていたことを示した。漂流民たちもこのことを認め、皇帝からこのように着るよう命じられたとつけ加えた。漂流民たちは跪《ひざまず》き、ロシア皇帝から賞賜された時計を見せ、さらに自分たちの金貨を並べてみせた。検使たちは再び感謝の意を表明した。

このあと皇帝の称号を翻訳するよう求めてきたので、それを教えてやると、今度は領地がどこまであるのか、ロシア皇帝はタタールも治めているのかと質問してきた。「そのとおりです。その他にもカザンとアストラハン皇国を治めています」と答えた。(『通航一覧』巻二七七に、ロシアの支配下にある都市が列挙されている)

「我々は、それらの国がかつては独立していて、ロシアに年貢を納めたことを知っている」と言ってきたので、地図を持ってこさせた。彼ら自身も私にロシアの広大さを示してみせた。

検使たちは漂流民の着ている服の縞模様(『通航一覧』に、「白木綿島木綿の服也」とある)が気に入ったようだ。彼らは、これがなんの材料から出来ているのか質問してきたので、モスクワの工場でつくられたものだと答えた。彼らがそれを褒《ほ》めるので、もしもこのようなものがないのなら持ってこられますよと言った。

「いいえその必要はありません。中国人たちがたまに持ってきます」

最後に通訳たちは私と一緒にオランダ語に訳した国書をもう一度読み上げ、これを確認するように言ってきた。私は彼らの正確さを讃え、確認した。

国書から判断すると私が、ラクスマン同様、位の低い役人なのではないかと言ってきた。彼らの誤解をとくために、私が引率してきた士官たちが、それぞれ百人の家来をもっていること、しかも彼らは帝国の最も上の方に属する領主出身であること、こうしたことで私の地位について判断できるのではないかと答えた。

日本人たちは侍従長がなにを意味するのか聞いてきた。鍵を見せて、私が皇帝と非常に近しい関係にあり、皇帝の宮殿に自由に出入りすることを許されていると説明した。彼らは私のリボンと聖アンナ勲章(一七九七年に制定された勲章、一等から四等まであった。レザーノフは、世界周航の旅に出発する一カ月前に、皇帝よりこの勲章の一等を授与されていた)とマルタ十字架章(マルタ騎士団の象徴)について「これが侍従長の章ですか」と訊ねてきた(図5)。

「いいえ、これは君主に対する功績や恩恵を意味する勲功章です」

「それは誰に与えられるのですか」

「位の高い高官に与えられます」

「皇帝自身は青いリボンを身に着けています。これはヨーロッパの王様たちに与えられるものでもあり、王たちはこうした皇帝の恩恵をたいへんな名誉と考えています」

「外国の偉い人たちには緋色のリボンが与えられるのですか」

図5　レザーノフの公式礼服(『環海異聞』巻十四)

「めったにはないが、毎年何回かはあります」

「どんなときですか」

「皇帝の意思を素早く実行した功績に対してです」

「私たちの奉行もこの勲功を受けることができますか」

「もちろんできます。皇帝が奉行の行ないに満足すれば、もちろん恩恵を与えないわけにはいきません。しかしこれについては将軍の許可が必要になるのではないですか。皇帝の恩恵をあなた方は十分期待していいでしょう。何故ならば我が皇帝は人類の幸せに心を配る人たちになによりも優先して勲功を授けているからです」

彼らは私の目をじっと見つめた、私も同じように絶えず彼らの目を見ていた。おそらく私たちはお互いに理解していたと思われる。彼らがいかにも私の下僕のような印象を与える繊細さには目を見張った。このあと再び会話が続く。

「私たちの奉行は、善良な心をお持ちです。すべての人々と本当の友情をわかちあえます。ですからきっとあなた方も友人にもなれるでしょう。ところで三角形の勲章はリボンと一緒に与えられるのですか」

「これは着ている服の一番上に、リボンをしないままつけます」

「ロシア皇帝は左の肩から青いリボンを着けられるのですか」

「いいえ、右の肩からです」

「それは本当ですか」

「本当です。漂流民たちが皇帝と謁見しています。私以上に彼らがこのことが正しいことを証明してくれるでしょう」

漂流民に彼らが買ってきた皇帝の肖像画（図6）を検使たちに渡すように命じた。検使たちはそれを褒めたたえ、丁重にそれ受け取り、その美しさに目を奪われた。そして漂流民たちも私の言葉が正しいことを認め、さらに実物のほうがそれに勝って美しいと言った。

通訳の助左衛門《サキザィマ》（大通詞石橋助左衛門〔一七五七～一八三七〕、寛政三年〔一七九一〕より大通詞、日本側の通訳の窓口としてレザーノフとの交渉にあたることになる）は、オランダ人を通じて求めた青いリボンをつけたエカテリーナ女王の肖像画を持っていると言った。検使たちは、私の勲章を見せてほしいと頼んできた。彼らはダイヤの十字架を手にとって、口々に褒めたたえたあと、マルタ騎士団章を見て、そこに武器や甲冑《かっちゅう》があるのを見て（図7）、これが何のためなのかを質問してきた。

図6　アレクサンドル皇帝肖像(『環海異聞』巻十)

「何故ならば、わが戦艦と私への敬意を表するために衛兵をもっているからです」

役人の一人が、星型をしたアレクサンドロフスキイ徽章を見つけ、「これがあなたの皇帝のお名前ですか」と尋ねた。

「そうです。これはこの鍵にもあります。これが皇帝の部屋のものです」

彼らは鷲を見て「あなたの帝国の紋章ですか」と聞いてきたので「そのとおりです」と答えた。

通訳たちや検使の家来たちが、ロシア語を書き留めはじめた。後甲板で「これは《カクェー》なんというのですか《タナズイヴァーエッア》」という声が、あちこちから聞こえてきた。この言葉をつかって、彼らはロシア語を覚えようとしていたのだ。わたしもできるかぎり常套句は日本語で話した。

「マンナナ　ヨイノ　ニポノ　ファトノ」、つまり日本人は皆良い人だと、言ってみた。すると通訳の一人が、「ミンナ」はロシア語でなんというか聞いてきた。私は「フセェ」と答えた。彼は突然「フセェ　ラシア　ドゥブリー　リュージ（ロシア人はみんないい人だ）」と答えた。彼にお礼を言った。私たちは旧知の友だちのように親しくなっていた。

彼らは刀を鞘《さや》から抜いて見せてくれた。それは精巧に細工されたものだった。

図7　勲章をつけたレザーノフと勲章

こうして彼らは部下たちと友人のようにふるまいはじめた。ここで私は早く入港させてもらいたいと申し出た。彼らは今日新しい奉行が江戸から到着(この日交替の長崎奉行肥田豊後守が長崎に到着している。本来であれば江戸へ戻るはずの成瀬奉行も残り、この事態の処理にあたった)した。おそらく三日後くらいには返事がもらえるのではないかと答えた。これに不満を示し、長旅で身体の具合が非常に悪いので、明日結論をだしてもらいたいと頼んだ。彼らはとても丁重に、明日は祭日なので何もできないこと、明後日報告するので、それまでもう少し辛抱してもらいたいと答え、すべては国書が理解できなかったため遅れてしまったと弁解した。

このあとで彼らは、本物の国書を見せてもらえないだろうかと頼んできた。いつもの几帳面《きちょうめん》さで、国書の言葉が本当かどうかを知りたいというのだ。

「どこにあるか、お見せするのにはやぶさかではありません」と、箱を開いてみせた。役人たちが近づいてきて、カバーに包まれた国書を引き出してもらえないかと言ってきたが、「これはご容赦いただきたい」とこの申し出を断った。

「印はどのようなものですか、さきほど見た鍵にあった双頭の鷲ですか」

士官が持っている委任証明書《パテント》を取って、小さく押されている印を見せた。彼らは礼を述べ、すべての文書に皇帝の署名がついているか尋ねてきた。

「いいえ、ロシア語の一通だけに皇帝は署名しています」

「なぜ他のに署名なさらないのですか」

「皇帝は日本語を知らないからです。皇帝の意思が正しくここに書かれているかどうか確信がもてないので、ロシア語以外の書面には署名なさらなかったのです」

彼らはたいへん満足げに、皇帝は真実をお好みなのですねと語った。

通訳たちは、私の船室にある品々を非常に正確にロシア語で呼んでみせた。彼らのロシア語のボキャブラリーに驚いた。そして大変満足した。彼らはロシア語を学ぶためにさかんに言葉を尋ねてきた。もし手助けしてもらえば、三カ月すればロシア語を話せるようになるだろうと言った。彼らは私が辞書を持ってこなかったことを残念がっていた。

彼らに書いてあげよう、そのかわり三カ月間日本語を教えて欲しいと言うと「もちろん喜んで」と言い、みんな手を叩きあった。さらに私が文法的に間違った日本語で話をしたら、検使たちがどっと笑いだした。彼らは最後にロシア人は人付き合いにおいてたいへん誠意があって、ほんとうに気持ちがよいと締めくくった。

このあと互いに礼をして、賓客たちに別れを告げた。

十月一日(文化元年九月十一日)

日本の祭日。特別変わったことはなかった。夕方食料が運ばれてきた。

十月二日(文化元年九月十二日)

日本の役人たちが来訪すると約束していた日だったが、強風のために来なかった。警固についていた番船は高鉾湾を離れ、岸の方に遠ざかった。夕方風がおさまり、天候のせいで食料が運べなかったことを謝罪するため、通訳を乗せた一艘の番船が到着。病気だと言うように命じた。

通訳は役人たちが、天候のために来訪できないと謝罪していること、必要があれば、旗を揚げてくれ、その時はすぐにやってくると告げた。夕暮れ時に旗を揚げさせると、すぐに役人と通訳がやってきた。私が病気に罹《かか》り、食料もないまま何もしないでいると言うように命じた。たぶん夜には食料を運んでくるだろうという答えだった。

十月三日(文化元年九月十三日)

朝、新鮮な食料と野菜が届けられ、奉行からの遣いの役人が来訪するという報告。

十時に役人たち(家老西尾儀左衛門、御勘定松田伊左衛門、行方覚左衛門)来訪。悪天候のため私と面会できなかったことを非常に丁重に謝罪してきた。はっきりと不満を表明し、これだけ早く入港させて欲しいと強く要求しているのにもかかわらず、すでに八日間も外洋におかれたままなのは、どう考えても友好的とはいいがたい、私は健康を害し、しかも昨日は食料もなかった、強風のため食料を届けることができないと番船を出し、わざわざ報告しにきてくれたが、その時に食料を運ぶことも可能だったはずだと言った。さらに私が皇帝の使節であり、皇帝は漂流民たちを我が国でもてなしたのと同じように受け入れられると確信し、使節を派遣したのだと付け加えた。

彼らはこれに対して次のように答えた。私の言うことはもっともなことであるが、彼らも精一杯努力したことをご理解してもらえれば、彼らに非がないことが分かってもらえるはずだ。二回強風をついて、食料を積んだ船を出したのだが、戻ってきてしまった。この船があまりにも遠く離れてしまったので、家来を派遣し、食料を届けられないという報告をさせたのだという。

彼らがロシアを尊敬し、そのためにやるだけのことはやったと判断した。再度いつ湾に入れるのか質問した。

彼らは、すみやかにおこないます、奉行が交代したので、三日もすればここを離れ、港に案内できると答えた。ロシア人としてあけっぴろげにふるまわせてもらうことを、あえて表明したうえ、意を決した調子で次のように申し渡した。

十分に彼らの習慣を遵守してきた、しかしそれにもかかわらずまやかしの儀礼以外に、なんら見当たるものがない、私は死にたくない、明日入港できなければ、銃や火薬をそのまま置いたまま、錨をあげることになるだろう。

この決意は役人たちをあわてさせた。さらに続けて、ロシアを友人と考えるなら、私たちを侮辱するようなことは避けるべきではないか。偉大なる将軍にとっても非難を免れないことになる。日本人たちは艦のまわりに五十艘の番船を取り巻かせていた（この日まで警固のために派遣された兵は、大村藩七百人、佐賀藩二万五千人、福岡黒田藩四千人など計三万五千人にのぼった）、これは無駄なことであると申し渡した。

これに対しては私たちを警戒していると受け取らないで下さい、これは敬意を表してのことであり、長崎港に行くときには、私の称号に応じて、さらに多くの船がつくことになるでしょうと答えた。

結局役人たちは、自分たちに決定権はないので、私が落ちつけるように奉行に報告するが、明日にはきっと返事がもらえるはずであり、私に満足してもらえるように努力すると答えた。(この時日本側は、通商を結びたいという諸外国の申し出については、すべて断ってきたが、今回は信牌を持参しているので、どうしたらいいかいま江戸にその沙汰を聞いているので、しばらく待ってもらいたい、この間食料や必要な品々はこちらで用意するので、なんなりと言ってもらいたい。入港については明日返事すると答えていた。『通航一覧』巻二七六)

こうしたずるがしこい輩の言葉には、慇懃《いんぎん》さがみちあふれていた。

十月四日(文化元年九月十四日)

朝十時、豪華に飾りつけをした大きな御用船が我々の艦に近づいてきた。厚い靴下を履き、靴下留めをつけて、艦長を通じて、私が病気であると言うよう命じた。通訳が船からおりて、新たに赴任した奉行が、秘書と、検使と副官を派遣した、彼は奉行所で奉行の次に偉い高官だと告げた。艦長は、私が病気なので、艦長が取り次ぎをすると告げた。そして艦長に、大事な賓客とお目にかかれないと謝るように命じ、もう少し時間をかしてもらいたいと頼んだ。

このあと通訳たちはいったん呼ばれたのちに、また姿を現した。私は椅子から起き上がり、彼らに自分の場所につくように言った。通訳たちはいつものように高官たちに膝をついてお辞儀をしたのちに、新しい奉行が、私の到着を祝うために一番偉い自分の部下を派遣したこと、国書の邦訳を受け取ったので、これを江戸の将軍に送ったこと、私に満足してもらうように高鉾湾を離れて風を防げる安全な場所に曳航するよう命令を出したこと、いつも私に対して友好的に思っていることを信じてもらいたいこと、ロシア人に礼節を尽くすよう命じ、もしどんなわずかなことでもロシア人に不満を抱かせた場合には罰するというお触れをだしていること、最後に江戸から返事がこない限り、私とは会うことはできないと話を締めくくった。

この丁重な言葉に礼を述べたあと、高鉾湾を離れたところではなく、入港できるよう要求した。高官たちは、偉大な帝国の使節を受け入れるのにふさわしい施設を準備するには、少なくとも五日はかかるので、いましばらくお待ちいただきたいと謝罪した。通訳たちは、町全体の清掃がおこなわれ、長崎のすべての役人たちに、謁見のため集まるよう命じられていることを明らかにした。

あえてこの好意を断らず、礼を述べた。彼らは私の体の具合を尋ね、彼らが同情していると述べた。医者は私にホフマン点滴剤を与え、一時間ごとに脈をとった。

漂流民たちに正装させ、連れてくるよう命じた。検使たちはじゅうぶん満足していた。そして検使たちは漂流民たちが私の負担になることを望んでおらず、早く良くなられることを望んでいると、丁重に述べるよう命じていた。

そのあと、私たちは互いに満足して別れた。

この日、五十艘の帆船が北の方から長崎に航行していった。あとでこれが領主筑前黒《チクゴディ》田さま《ノキノサマ》の船であることを知った。

夕方八時にまた御用船が接近。検使から送られた通訳が、彼らが私を煩《わずら》わせることを望んでいないこと、病気であることを知らなかった奉行が、私の健康状態を尋ねるために使者としてきたことを報じたうえ、次のような奉行の言葉を伝えた。

たくさんの番船が不快であるとのことだが、明朝高鉾湾から曳航する指令がこれらの船に下されていること、さらに役人たちには、できるだけ早く、私が安心できるため行動するよう命じてあること、一刻も早く快癒することを願っていること、そして自分たちの友好的な気持ちを信じてもらいたいということだった。外交辞令で感謝の言葉を述べ、私の方からも相互信頼を確信していること、奉行の好意がなによりもの良薬だと答えた。なにか必要なものがないかという問い合わせには、礼を述べたあと、いまはなにも必要がないと答えた。

三　神崎沖にて

十月五日(文化元年九月十五日)

朝八時肥前《ヒゼン》藩の旗を掲げたたくさんの小さな番船が、大きな船のまわりに集まってきた。私たちの艦はこれらの番船に取り囲まれた。一艘に四人から六人の青い横縞の白い上着を着た兵たちが乗り込んでいた。十一時太鼓が打ち鳴らされ、艦に一艘の大きな船が近づいてきた。家来を従え、行方覚左衛門《ナヌカタカナサイモン》と小倉源之進《オカエラゲノジンサマ》(手付出役)来訪。衛兵たちが護衛して、私の船室に案内した。

彼らは新しい奉行肥田豊後守《ヒダボエンゴノカミサ》の名代として、病気の見舞いと、艦を嵐や強風から守るため、ただちに高鉾湾から安全な場所に案内する命を受け、来訪したと告げた。また奉行からの命令で、高島四郎兵衛《タカシマシロベエサマ》(町年寄、わが国近代砲術の祖として知られる高島秋帆の父親)を紹介したいという。彼は三十歳ぐらいの男で、丁寧に自己紹介したあと、自分を下僕として使ってもらいたいこと、奉行からはロシア人を友人とみなすように命じられていると語った。礼儀正しいふるまいに感謝しながら、艦が湾内に入港できない不満を再び表明した。

検使たちは、奉行が五日ほど辛抱してほしいと申し上げていると言っていたが、最後にはそこに中国船が繫留《けいりゅう》しており、商船と偉大なロシア帝国の戦艦を同じ場所に留められないこと、同じ理由によって、オランダ船が港から外洋に出ない限りは、我々を港に案内できないと言い出した。これはひとつの言い逃れであった。

私と話をしていた通訳のひとり多吉郎《タキチロウ》(大通詞名村多吉郎)が、来るはずのもうひとりの領主を待っているのだともらした時、年上の通訳助左衛門が、多吉郎の袖を引っ張ったので、この話は中断された。

検使たちは、奉行が私の具合が良くなることを望んでおり、彼の侍医全員を私のために派遣する用意があると申し上げていると付け加えた。丁重に謝辞を述べて、この申し出を辞退した。なによりも入港できれば、私の具合も良くなるでしょうし、必要になれば、奉行の好意に甘え、喜んで侍医たちの派遣をお願いしますと答えた。

新鮮な食料を送ってもらった感謝の意を表すために、オランダ商館に手紙を出せるかどうか尋ねた。慣例に従い、書面はすべて、奉行を通じて届けられるという答えだったので、書簡を開封したまま彼らに渡した（この書簡の内容については、『長崎志続編』に「甲必丹ヨリ食物類差送候謝礼竝ニ使節ノ者病気ノ趣相知ラセ遣シ候旨」とある）。ついでに皇帝への報告書を、バタヴィアに向かうオランダ船に預けられないか聞いてみた。検使は、まず奉行に送った方がいいであろう、そうすれば奉行はオランダ商館長に特別に計らい、自分の紋章をつけて送るよう手配するだろうと答えた。

さらにすでにオランダ人たちは二度私を表敬訪問しているので、ヨーロッパの儀礼にしたがい、その返礼に私どもの艦長をオランダ船に行かせる必要がある、これが可能かどうか尋ねた。これについてはオランダ人たちに聞いてみるか、奉行に報告することになると思うが、ただオランダ船が出航する時に、日本の役人たちと一緒に訪ねるのがより礼儀に適っているのではないかという返事だった。

最後に話題になったのは、鏡の話だった。町役人が、長さ二アルシン（約一四二センチ）、幅〇・五アルシン（約三五・五センチ）の一枚ガラスでできた鏡を持っているが、それは五年前にオランダ人たちからもらったものだという。そのあと将軍への献上品[1]のひとつ、顕微鏡を見せた。彼らは、すでにオランダ人からもらっていると語った。

検使たちは艦を曳航するよう命じた。兵を乗せた八十二艘の挽船が、ロープをかけ、三列になりながら、我々の艦を三ノットの速さで曳航していった。警固兵を乗せた大小さまざまな番船が我々の艦がいる場所から等距離に、円をつくって伴走した。さらに町から見物にやってきたたくさんの小舟が、我々が碇泊する場所を埋めつくしていた。投錨すると、役人たちは何か必要なものがあるか尋ね、報告書をもって帰っていった。果物と干菓子を頼んだが、果物の時期は終わっているが、要望については奉行に報告すると答えた。

一度前にも来たことがある通訳の一人に名前を尋ねた。彼は為八郎《タメハチロウ》（後の小通詞馬場為八郎[2]）と名乗った（図8）。名前を書くように頼むと、ロシア語でそれを書いたのには驚いた。褒めると為八郎はとても喜んでいた。他の通訳たちもすぐにロシア語で書けるようになるはずだと言った。アルファベットの辞書をつくってあげようと約束した。こうして友人たちと別れた。

実際のところ私たちが連れてこられたのは美しい場所だった。大きな湾は、八マイル（十二・八キロ）にも及び山々や美しい村落に囲まれていた。要塞には、青い横縞の幟が立てられ、旗も飾られていた。山々はすべて麓から山頂までテラスのようなものがつくられており、その上に畑があるのが見えた。テラスは崩れ落ちないように石の壁に囲まれ

図８　馬場為八郎の肖像

ており、ところどころに小さな林が残されていた。山腹に石で造られた大きな寺院があった。町はここから四マイル(六・四キロ)のところにある。海上もすべて見渡すことができた。海上は旗を飾ったたくさんの小舟でおおい尽くされていた。それは壮大でとても美しい眺《なが》めで、文章に表すことができないほどだった。そのうえ素晴らしい天気だった。

絶えず私たちの艦は町からやって来た小舟に取り囲まれていた、湾全体が人々でおおわれ、まるでアリの群れのようだった。

夕方になると要塞や兵舎にかがり火が灯された、私たちの艦を警固する船でも同じようにかがり火が焚かれた。これは一晩中続いた。十時に一艘の大きな船が通過していった。そこでは歌や太鼓が演奏されていた。謁見にきた役人が乗っているのが見えた。(ナジェジダ号の神崎沖への繋ぎ替えについて、日本側の史料では、前日の文化元年九月十四日に行なわれたことになっている)

十月六日(文化元年九月十六日)

朝九時奉行からの使いで、ひとりの通訳が飴一箱を持参する。私の身体の具合を聞き、検使たちの訪問を明日まで延期してもらいたいと告げた。

十一時艦の前を一艘のおおきな船が曳航されていくのが見えた。この船にはさまざまな旗が立てられ、白とオレンジ色の布が吊るされてあったが、端は青く縁取られ、船体に掛けられていた。船の中では太鼓が鳴らされていた。同じようなつくりの三艘の船が、この船につれ添うように走っていた。これらもおなじように飾りたてられていた(図9)。この船は筑前守《チンゴデインカミサマ》さま(黒田藩)のものだった。船は私たちのところからやっと見えるぐらい、かなり遠くを航行していた。この船が航行するのを見るのは初めてだった。岸づたいを走っており、おそらくは砲台の警固(長崎湾には石火矢台が五つ設置されていた)を巡察するためなのだろう。すべての巡察を終え、町に戻っていった。肥前と筑前はカミサマ、すなわち領主であり、このふたりの領主が交代で、海上と陸上の警固にあたっていた。(肥前佐賀の鍋島藩と筑前福岡の黒田藩が、交替で長崎の海上警備にあたっていた。この年は佐賀藩が担当していた) 筑前は、成瀬因幡守《ナルサイナバヌカミサマ》さまが江戸に出発後ただちに、この島の警固につくことになっていた。長崎奉行も領主の称号を持ち、将軍の第一番目の高官のひとりであった。(長崎奉行は老中直属の遠国《おんごく》奉行の一つで、江戸以外の幕府直轄地の支配にあたる)

図 9　警固する各藩の船　魯西亜船入津図　上 薩摩(島津藩)/筑前(黒田藩)　下 長崎勝山町今見屋長崎座船/御用船/同/肥後(細川藩)

長崎の住民たちは一日中私たちをほってはおかなかった。絶え間なく艦の後ろや前を取り囲むようにして航行していた。このため一日退屈することがなかった。

夕方ドゥーフが砂糖五百フント(約二〇五キロ)を届けてくれた。奉行から許可を得、我々が必要な他のものも彼らが与えることになった、と一緒に届けられた手紙に書かれてあった。

十月七日(文化元年九月十七日)

我々が碇泊しているところから三マイル(約四・八キロ)後方にある神の島《クヤクシマ》の丘の頂上に、旗が立てられ、幟が吊るされ、兵舎のようになった(白崎、長刀岩、陰の尾、高鉾島の四か所の台場に警固小屋を立てる指令がだされていた)。他の兵舎と同じように、夜にかがり火が灯された。この日別に変わったことは起こらなかった。食料が運ばれてきた。その中には、大きなカニのようなもの、さつまいも、豚、野菜があった。

十月八日(文化元年九月十八日)

夕方ちかく風が強くなる。まだ食料が運ばれてこない。近くで警固にあたっていた一艘の番船の役人に、食料を持ってくるよう命じた。彼はひとりの役人を乗せた小舟を出した。しかしこの舟は私たちのところを通り過ぎ、艦の前に碇泊していた別の船のところにいった。さらにここからまた同じように、我々の背後にいた船のところに小舟を出して、やっとこの船から命令を聞くために何艘かの船がやって来た。なんという猜疑心《さいぎしん》の強さだろう。こうしてやっと食料が届けられた。夕方同じようにかがり火が灯される。

十月九日(文化元年九月十九日)

午後五時、通訳たちと食料を載せた船と、もう一艘これより大きな船がやって来た。通訳は艦には上がらず、ラングスドルフを呼ぶよう要求してきた。ラングスドルフが姿を現すと、船にいた役人が、奉行から遣わされた者で、次のことを伝えるために来訪したと告げた。

一、明日オランダ商船が長崎港を出帆し、その際町に向けて礼砲を射つことを前もって伝えたいこと、二、この船は二週間ほどこの近くの外洋に碇泊し、最後の荷積みをする予定であること、三、この時オランダ船と連絡をとらないでもらいたいこと、これについてはオランダ人たちにもきつくお達しがでていること、四、奉行が、江戸からの急使《クーリエ》がまだ到着しておらず、私の申し出を叶えることができないことをお詫びしていること、五、ここでは何も購入できないことになっているが幕府からの指令で、すべて無償で提供され、食料や必要な人間を毎日送り届けられる。以上だった。

皇帝に報告書を送る件について尋ねると、役人は奉行に報告することを約束した。ドゥーフ宛てに開封のまま書簡を渡した。砂糖を届けてくれたことへの謝辞だった。

運び込まれた食料は、豚、野菜、とても大きな、日本語で「エビ」と呼ばれていたもの(これはとても美味しかった)、じゃがいも(かたちは我々のものとはちがっていたが、味は同じ)、白パン二十本。このパンは実によく焼かれていた。皮はとても上手に焼かれていたが、中身は、なまやけになっていて、少し固かった。しかし十分においしいものだったし、重さも十分にあった。またピスタチオのようなものも届けられたが、これは食べられなかった。カシの実のように固かった。ラングスドルフは役人たちとの会話で、二十五日もここに繋留《けいりゅう》することは、自分にとっては喜ばしいことだと言っていた。

十月十日(文化元年九月二十日)

長崎港からオランダ船が出航し、一艘が七発ずつ礼砲を鳴らした。湾を囲むところ二カ所にあった兵営や警固所に対しても同じように礼砲を放った。日中や夕方にもオランダ船から礼砲が射たれた、おそらくは役人たちや、以前来訪した奉行の名代への表敬のためだったのだろう。

オランダ船は我々のところから半マイルはなれた所に碇泊した。私の要求に対して、回答はなかった。運ばれてきた食料の量も少なかった。明朝持ってくるとのことだった。

十月十一日(文化元年九月二十一日)

朝十時、町から大きな日本の軍艦が、たくさんの番船をしたがえ、我々の艦の周囲を航行して、また町に戻っていった。番船では太鼓が鳴らされていた。

昼食後オレンジ色の旗を掲げたたくさんの番船が神の島のそばを航行し、湾に入り、我々の艦の前を通り過ぎ、長崎港に向かっていった。食料は運ばれなかった。

オランダ人たちは、朝と夕、日の出、日の入りの時に号砲を放った。

回答はまだない。一艘の番船に警固兵を呼ぶよう命じ、町にいる役人と会って話さなければならない、通訳を伴い来訪するよう頼んだ。警固兵は直ちに艀《はしけ》を出した。

十月十二日(文化元年九月二十二日)

昼食後、通訳の助左衛門と作三郎《サクサブロウ》(大通詞中山作三郎)来訪。食料が運ばれず、購入もできない、空腹で困っていると不満を表明。

奉行は食料を届け、そして金を受け取らないこと、漂流民たちがロシアで受けたように私たちに手厚いもてなしをするように命じたという返答だったが、食料が届けられていないことには驚きを禁じえず、この件に関しては厳しく命令を履行させると答えた。我々はまだ長く外洋にいなくてはならないのかと尋ねると、二十七日か二十九日と答えたので、接岸できるよう再度善処を求めた。しかし彼らは、日本の法ではそれが許されないという。これは手厚いもてなしではない、捕虜のような状態に留めておく非人間的な行為であり、ロシア皇帝がしたこととは全く逆のことで、最初からこんなことだとわかっていれば私は派遣されなかったはずだ、実際に私は病気であり、乗組員の多くも疲労困憊《こんぱい》している、長い航海のあとに、食料と同じように乾いた空気と気晴らしがどれだけ必要かを訴えた。

助左衛門の回答。

「奉行に耳がないと思ってらっしゃるかもしれません。しかし彼はすべてを承知し、あなたのことも大変よく理解しています。しかし日本の法律は、そんな彼でもどうしても犯せないぐらい厳しいものなのです。江戸からの急使《クーリエ》をお待ち下さい。そうすればあなたはすべてを許されることになるのです」

彼らは奉行にすべてを報告することを約束した。

もうひとつ正当な請求をした。湾に入ったとき最初に接触した日本の役人は、日本の法律により、大砲を射ってはならないと言ってきた。我々はこれに従った。また火薬と銃を取り上げたいといわれたときも応じている。しかしオランダ商船が日の出、日の入りに号砲を射っているという事実からみて、当然私に属する権利を奪われ、ロシアの旗と私に対しての侮辱であると思う。毎日少なくても二度号砲を射つことを認めるよう、奉行に申し伝えてもらいたい。認められないのであれば、これを我々に対する敵意と見なすと。

通訳たちの返答。

「もしオランダ人たちが号砲をうたなければいかがでしょうか?」

「そうなればまた別のこと。要求をとり下げる準備がある」

「奉行に報告申し上げます」

バタヴィアを通じて、皇帝への報告とヨーロッパへ手紙を送ることを依頼する。彼らは同様にオランダ人の船長にこれらの書簡を預けることについても奉行に申し伝えると約束した。

バタヴィアへ送る文書を読むように求めてきたが、それは出来ないと答えた。彼らは奉行が、カムチャツカと繫《つな》がる日本の隣国ロシアに大きな敬意を払っていることを信じてもらいたいと述べた。

「いいえ、我々が隣合わしているのは、カムチャツカではなく千島列島です。そこから松前まではたった半日の航海で行けるのです」

話はまだいろいろな話題をめぐって続いた。日本人たちは、私たちがいろいろしゃべりはするが、肝心なことはあまり話してくれないと、繰り返した。もう一度多くの点で不満があると言明した。彼らは食料が運ばれなかったことを再度謝罪した。我々は友好的に別れた(『通航一覧』巻二七七によると、この日レザーノフから、一、病気療養のための上陸、二、まもなく出航するオランダ船でアレクサンドル皇帝への報告書送付、三、ナジェジダ号修理と献上品荷揚げのための上陸、四、オランダ船同様朝夕二度の号砲発砲の申し出があった報告が提出されている)。日の出時に、オランダ船が大砲を射った。

夕方わずか二十フント(約八・二キロ)の豚肉が運ばれたが、明日もっとたくさんの量を持ってくると約束していった。

十月十三日(文化元年九月二十三日)

三時、艦のそばを大きな軍艦に乗った筑前守が長崎に向かって航行していった。たくさんの人を乗せた、たくさんの挽船が曳航していった。挽船以外のほかの船は、縁を白くぬいとったオレンジ色の旗を掲げていた。二艘の大きな船は、両脇に二十本のオールがついており、筑前の船にさらに近いところでもう一艘の大きな船を曳航していた。この大きな船は青い布でおおわれ、両脇からは白とオレンジ色の布が垂れさがっていた。船の中では太鼓がたたかれていた。これが将軍の甥にあたる、筑前のかみさまであることと(福岡黒田藩十代目藩主斉清《なりきよ》、九代目の父斉隆《なりたか》は一橋治斉《はるさだ》の五男)を知った。

食料が運ばれてこない。夕方近く警固船に、町に使いの船を出し、使節が役人と通訳を要求していると伝えるよう命じた。

夕方七時に沢山の食料が運びこまれた。そしてもっと早くに届けられなくて申し訳ないと謝った。町中、日本の偉い人が来訪したことで、てんてこまいだという。

夕方オランダ人は大砲を射った。

十月十四日(文化元年九月二十四日)

通訳の助左衛門と作三郎来訪、奉行から私の健康の具合を尋ねるように命じられてきたという。正当な私の要求に対する回答を持ってきたかどうか、質問した。彼らはすべてのことを奉行に報告し、私の要求に対する回答をもってきたという。彼らの習慣に従い、順番に話し合った。

第一、号砲について。

「三、四日後に回答します」

「屈辱のため、一分たりともロシア軍旗を見られないでいるのだ。回答の遅延は、敵意と見なす」

「オランダ人が発砲しなければいかがでしょう?」

「彼らは何のため発砲するのか」

「彼らが将軍から許可を得ているからです」

「ロシア帝国とオランダの違いをほんとうに知っているのか」

「当然知っています」

「それならば何故こんなにまで酷《ひど》く我々を遇し、捕虜のように扱うのか」

「そんなことは決してありません。オランダ人はもう二百年以上も日本に年貢を納めているのです。昔からの特権を行使することができます。しかしあなたの他の要求については、きっとご満足いただける回答ができます」

「いいや、これが解決されないうちは、いかなることにも応じられない。一日に二度だけでいいのだ。号砲を要求する」

「急使《クーリエ》が到着するまでは許されないのです。オランダ人たちにやめさせるのがいいでしょう」

「それはできない。オランダ人は友人である。彼らの特権を奪い、彼らに不満を抱かせることは望まない」

「いかにも、そのとおりなのです。しかし我々の法律で、これは許されないことなのです。すべては厳しく監視されています。どうやってあなたは彼らの特権を犯せるのですか？　さきほども申し上げたように、彼らは私たちに年貢を払っているのです。我々でしたら彼らに命令を下すことができるのです。しかも彼らは商人です。これ以外に解決する方法はありません。そして彼らは侮辱されたとは考えないでしょう。あなたに対してドゥーフは敬意を抱いていますから」

「そのためにも彼を傷つけたくはない」

「これに同意いただけなければ、他に如何ともできません」

「いつ回答が得られるのか」

「号砲については今晩にでも」

第二、入港について
「接岸についての申し出ですが、我々の法律ではこれは認められません」

「いいえ、将軍の善意を信じています。将軍と同等の立場で、ロシア皇帝から派遣された使節一行を自らの領地で殺そうなどと思ってらっしゃらないはずです。きっと敬意を示してくれると思っています。我々には食料と同じように、空気が必要なのです」

「奉行はあなたがたの立場をよくわきまえておいでです。実際空気なしでは生きていけません。そのため奉行はあえて危険を冒して、あなたがたに二つの島を提供しようと考えています。どの島を選びますか」

彼らは二つの地図を取り出し、船室でそれを広げた。私は村落のある大きい島を選択した。

「いつ出発できるのか」

「二、三日お待ち下さい。そこには小さな家がありますが、掃除する必要があります。何故ならば奉行は、いまのままではあなたのような地位ある方を受け入れることはできません。塀をつくる必要もあります」

「こんな形式ばったことはたくさんだ。そんなことは滑稽なことです」

彼らは実際に笑いだした。そのあと、三人だけ、最大でも五人だけしか連れていけないという。

「ニエート《いいえ》、衛兵の半分だけでしたら、行きません」

「何人必要ですか」

「十人」

彼らは書き留めて、奉行に報告するといった。

第三、書簡について
「何通バタヴィアに出すつもりですか」

「皇帝への私の報告と、部下全員が家族に宛てた手紙だ」

「それはできません。皇帝への一通と、もうひとつは全員で一通です」

「できない相談であり、我が領土は広大なのだ、みんな同じところに住んでいるわけではない」

「日本ではそれは許されていないのです」

誰も手紙を書かず、私だけが皇帝に一通書簡を書くことに決定した。通訳たちは満足していた。さらに日本では法律を決して変えることができないこと、手紙は開封のまま最初に奉行に送られること、皇帝へ報告を準備してもらえば、明日来たときに、それを受け取り、奉行に届け、明後日、役人たちがやって来て、彼らの前で私が署名し、それから彼らが発送を委任することになるだろう。その間翻訳を準備してもらいたいという。

「前にも言ったように、皇帝に書いた書簡を誰のためにも翻訳するつもりはない。そのまま発送してください。奉行がロシア語を知らないことぐらいあなたたちも知っているではないか」

「そのとおりです。ただ法律の定めに従うためです」

「承知した」

第四、艦長のオランダ船訪問について

「艦長がオランダ船に行くことはできません」

「どうして」

「いかなる国も交流できないという法律があるのです」

「何故オランダ船の船長は私たちを訪問できたのか」

「通訳するために派遣されてきたのです。彼らがいなくてもあなたとオランダ語で話せることがあの時はわからなかったのです」

ラクスマンに証書を与えた将軍は、まだいるのか尋ねた。

「まだいます。もう二十年支配しています」

「奉行もそんなに長く支配するのか」

「いいえ、いまは別の人たちです。肥田豊後守は七年(一七九九―一八〇五まで在任)、成瀬(因幡守、一八〇一―一八〇七まで在任)は五年勤めています」

もうひとつ昨日航行していたのは筑前守だったのかを尋ねると、そうではなく彼の秘書ということだった。この後私たちは別れた。果物を運んでほしいと頼むと、彼らは届けることを約束。夕方オランダ船は号砲は射たなかった。(番所が近くにあり屋根に火花が落ちると危険なので中止するよう、奉行からオランダに対して要請があった。『ヅーフ日本回想録』)

十月十五日(文化元年九月二十五日)

昼食後、昨日来た通訳たちが来訪。為八郎も一緒だった。そして二人の役人が、奉行が身体の具合を尋ねていること、私が一刻も早く安心できるよう、すぐに準備にかかるよう命じられていると伝えた。

「向こうでなにか竹竿のようなものを見かけた。人間を隠すためのものではないか」

「掃除しているだけです」

「いいえ、彼らは長い竹で塀《へい》をつくろうとしている。恥ずかしくないのですか、あなたたちは十分に教養ある人間なはずです。隣国からやって来た人々をそんな風に理解し、わずか一握りの人間を警戒していることを恥ずかしいとは思わないのか」

彼らは笑いだし、こう言った。

「我々が非文明人であるとか、外国人を見たことがないというのは全くの誤解です」

「いいえ、私のために何もしてないではないか、あなたたちに対して不満しか抱いていません」

「もし何か起これば、あなたの皇帝にお答えしましょう」

「どうぞそうなさって下さい」

彼らは笑った。

彼らに皇帝への報告書二通[3]を開封したまま手渡した、それに奉行が手元に残すために一緒に写しも添えた。そしてすべてを封筒に入れた。彼らは信頼に対して感謝を述べたあと、こう言った。

「これは単なる手続きにしかすぎないのです。しかしこれは法律で定められたことであり、この手続きを省略するわけにはいかないのです。明日高官が再びこれを持ってきます。その時あなたは彼らの前で署名し、封印することになります」

お茶をごちそうした。日本のお茶は、中国のと同じかどうか尋ねると、日本茶の方が上等だと答えた。試してみたいので一フント(約四一〇グラム)もってくるように依頼、彼は持ってくることを約束した。角砂糖が気に入ったようだ。彼らが言うには、たまにオランダ人が持ってくることもあるという。号砲の件を聞くと、彼らは沈黙し、オランダ人の方を指さし、ニヤニヤ笑った。そのあと別れた。

食料が届けられる。その中にカリ(かりん)、オレンジにかたちが似ているのだが、ちょっと細長く、リンゴのような味がする果物だった。

夜風が強まる。しかし岸辺では火が灯されていた。多くの作業員がわたしの気晴らしのための場所を作っていた。

十月十六日(文化元年九月二十六日)

ふたりの検使松崎仲助《マトソエサキナカシサマ》(手付出役)と、菊沢左兵衛《キエコサワサフエイサマ》到着。衛兵たちに儀仗し敬礼を命じ、一番偉い役人と同じように出迎えた。通訳たちはいつものように検使たちの前で膝をつき、命令を受け、そのあと奉行から健康の具合をたずねるように言われていることと、信頼に対する感謝を述べて、ロシア皇帝への私の報告書を封印するためにここに持ち帰ったと告げた。そしてこのためにわざわざ新しく作られた小箱に、その書簡を入れて返してよこした。この小箱には、非常に巧みにつくられた緑色の絹のあみ紐《モール》が結わえられ、奉行の印が捺印《なついん》されていた。小箱の封を切ると、報告書は、印が捺された紙にくるまれていた。確かに受領したという証をつけて、奉行に返却するため、封筒に印を押した。検使の前で最初に報告書の封をし、そのあと封筒にサインをして、奉行に届けるためにそれを渡した。ふたりは敬意を表しながら小箱にそれを入れ、私の健康を祈願し、戻っていった。

商館長がお茶二箱と煙草一箱を送ってきた。なにか彼にも送りたいのでその許可を求めると、検使は奉行に報告することを約束しながら、深々とお辞儀をしていった。

四　木鉢にて

十月十七日(文化元年九月二十七日)

午後三時検使が来訪(手付出役上川伝右衛門)、奉行が私の健康を気にかけ、一刻も早く私に陸の上で空気が吸え、落ちついてもらうよう事を急がせ(上陸したいというレザーノフの申し出に対して、江戸からの沙汰がない限り認めないと再三答えてきたが、彼は病気の症状が思わしくなく、一刻も早く上陸しないと死ぬかもしれないと懇願してきたので、木鉢《きばち》浦の三百坪ほどの人家のない平地に腰掛場(休憩所)をつくり、上陸してもらうようにしたという報告書が江戸に送られている。『通航一覧』巻二七七より)、やっと本日ご案内できる栄誉に与り、派遣されてきたと告げた。謝辞を述べ、彼らの遅延について非難することなく、ただちに出発いたしましょうと言った。艀《はしけ》は私たちのものと、彼らのものどちらを使いたいかと聞いてきたので、自分たちのを使うと返答した。彼らの艀をつかうよう進言があったが、彼らのあとを追って出発する準備ができているといった。実際艦長が船室に来て、すべて準備が整っていると報告したときには、彼は驚きの表情をしめした。我々が日本式に行動しないことに気がついたようだ。

私が後甲板に出たとき、衛兵たちは儀礼行進をした。軍旗を持った部下たちも帽子を被り、私と共に艀に乗り込んだ。艀に乗り移るや否や、水兵たちが全員同じ服を着て、隊列をつくった。艀が艦を離れると、艦から三度「ウラー」の声が鳴り響いた。艀をいったん留めそれに返礼すると、また同じように「ウラー」の声があがった。

高官たちを乗せた大きな御用船と兵士を乗せた十五艘の番船が我々の後を追って出発した。しかし彼らの船の両脇にはオールがついておらず、六人の漕手がいる我々の艀は彼らの船を遠く置き去りにすることになった。岸に着いて、上陸して彼らを待った。

岸に沿って十サージン（約二十一・三メートル）と奥行きがわずかしかないところに、仕切られた場所があるのが目に入った。[1] そこに一軒の古びた家があった。そこを通り過ぎると、岸から二十サージン（四十二・六メートル）ほど奥に入ったところに、なんとも不思議な空間があった。狭く、行き止まりになっているのだ。そこの三サージン（六・四メートル）の広さのところに無理やり建てられた家があった。家のなかには、壁と壁の間に休憩用の幅広いソファーが作られていた。ソファーはむしろのマットレス（畳）と新しい羅紗が掛けられていた。私のために椅子とビロードの枕が運び込まれ、ソファーのまわりに置かれた。私は椅子に座り、副官は家の傍に軍旗を掲げ、検使、通訳、私の部下はソファーに腰をおろした。

日本人は、時間がなくこれ以上良くすることができなかった、奉行もこのことをお詫びしていると言い訳をした。そして彼らの善意を友好的に受けとめてくれたら、どれだけうれしいかとも言った。これに対して礼を述べた。

このあと奉行からの贈り物として大きな菓子箱が運ばれてきた。この箱は非常に良く作られていた。包みを解くと、中央に紅白のモールの結び目がついて、真ん中で山折りにされた長い紙があった。これは日本で友情を意味するという。箱の蓋を開けた。一つ目の箱には、レピューシカ(小麦粉でつくられた円形の食べ物——煎餅のこと)、二つ目の箱には、さまざまな色で見事につくられた砂糖菓子、そして三つ目の箱には、ビスケットが入っていた。礼を述べた。最後に検使たちは、私の散歩の邪魔をしたくないのでと言って、辞去した。しかしここでどうやって散歩するのだろう。ほとんど歩く場所などないのだ。草が生い茂り、竹でできた高い矢来で囲まれていたのだから。

通訳の作三郎、庄左衛門《ソウザイモン》(筆頭小通詞本木庄左衛門[2])と彼らの上司助左衛門が残った。検使たちがいなくなったとき、山際にたくさんの住民がいるのが目に入ったので、笑みを浮かべて、どうしてこのように隔離するのか、住民が近寄れないようにするためか、私がここから一歩も出られないようにするためなのかと質問した。通訳たちは冗談を言ったと思ったのだろう、吹き出して大笑いした。もう一度彼らのこの恥ずべき習慣を正すように戒めた。通訳たちもそれが正しいことを認めたものの、彼らの法律は厳しいのだと言って去っていった。我々も彼らの後を追って、この素晴らしい「気晴らし場」をあとにした。艦に近づくと、水兵たちが隊列をつくっていた。日本人はこの様子に驚いていた。

十月十八日(文化元年九月二十八日)

私も部下も誰も岸には行かなかった。食料がきっかり三時に届けられるようになった。

十月十九日(文化元年九月二十九日)

十時半、部下たちが岸に行った。そのあとを兵士を乗せた番船が十艘ついていった。

十一時、検使が家来を遣わし、岸でなにか必要がないか、あれば命じて欲しい、どうして一回散歩したあと岸には行かないのか、なにか不満があるのかと尋ねてきたので、なんにもないけれど、曇り空にいっぱいくわされた（天気があまりよくないから）と答えた。再び検使が遣いを出し、お望みなら岸で食事もできると言ってきたが、運搬に心配があると答えた。前もって命じてもらえば、検使たちが食事用に何でも届けられるとも申し出てきたが、これに対しては一応丁重に礼を述べておいた。

三時、作三郎、庄左衛門来訪。奉行がお加減はいかがですかと尋ねています。さらに山にたくさんの人がいることがご不快のようなので、だれもその場所に近づかぬよう命令を出したという。

「逆だ、その命令を取り下げてほしい。人々が怖いのではない、ロシア皇帝が好意を抱く民衆を見ることは喜ばしいことなのだ」

「どうしてあなたはすぐに帰ってくるのですか」

「長い間私は陸に上がっていない。それで興奮してすぐにいろいろな場所を歩いてしまう。それで疲れて、帰ってこなくてはならなくなるのだ」

彼らは声をあげて笑いだした。前に言って聞かせた話を繰り返した。

「自分たちだけがおかしい冗談を勝手につくるのは、もうおやめなさい」

自分たちにも理解できないことをやらなければならない、これが本当に恥ずかしいと、彼らは真面目な表情で言った。

もうひとつの島ニゼデジマ（ねずみ島のことか）について尋ねた。そこには住居もなく森があるだけで、気休めには相応《ふさわ》しいのではないか、しかし塀がひとつもないことが条件だと付け加えた。

彼らは報告することを約束し、奉行がこの件について筑前守と肥前守に報告しなければならないとうっかり洩《も》らした。このことからこのふたりの領主は、実際には我々のために長崎に来ているという確信を抱いた。（実際に筑前藩主黒田甲斐守が文化元年九月二十五日に、筑前藩の受け持ち地を巡見していた）

彼らはさらに話を続け、急使《クーリエ》到着まで、三十日以上待たなくてはならないが、木鉢で艦の修理ができないか、艦長はできると言っているのですが、と尋ねてきた。オランダ船が去ったあと、そこの場所に我々の艦を碇泊させ、その時日本船を貸してもらえば、それに荷積みすることもできるのではと返事した。このことは報告するが、我々の住居のかわりに、さらに大きな艀を用意できるかもしれないと言ってきた。

望むのならオランダ商館長に、なにか贈るのはいいが、ただ検使がやって来て書類に品名を書き留めることになると言う。礼を述べた。

「いつそれを検使たちに見せることができますか」

「荷物からそれをまだ取り出せないでいる」

「いつ取り出せるのですか」

「入港できた時です。ですからいまは何も届けることができない」

彼らは私が残念がっていると感じたらしく、検使はただ書き留めるだけですと、言った。

これは商品ではないと反論する。

このあと彼らは岸に行きたい時には、艦に赤い旗を掲げてほしいと提案してきた。そして番船が岸に行ける支度ができるまで待ってもらいたいと言ってきた。

「ニエート《いいえ》、旗を揚げるように命令はしますが、待てません」

「どうしてそんなに急ぐのですか」

「獲物が逃げないようにするためです」

彼らは再び笑いだした。きわめて友好的に別れた。

夕方、甲板でクリビンのランプ（有名な器械技師クリビン〔一七三五―一八一八〕が発明した「鏡のランプ」と呼ばれるもので、サーチライトの原型となったもの)をつけた。すべての番船は不安を感じ、ある船は町に報告しに行ったくらいだ。われわれはこの光景を見て大笑いした。

十月二十日(文化元年十月一日)

艦長が部下を連れて岸に行った。武装した兵士を乗せたたくさんの番船が付き添った。艦長は天体観測を行なったが、日本人たちはこれに興味を持ち、六分儀を手にとって、丁寧に取扱い、嬉しそうにそれを見つめた。オランダ人はこんな道具はもっていなかったといいながら、礼儀ただしくふるまっていた。

艦長は午後二時まで岸に滞在し、部下に昼食をとらせるため艀を出し、そのあとから自分も戻った。すぐに警固の上役が来て、どうして上官を乗せないで部下だけが戻ってきたのか聞いてきた。理由を説明すると町に報告させると言った。

夜またクリビンのランプを灯した。再び日本人たちは奉行に報告しに行った。

オランダ人たちが二本マストに帆を結わえていた。しかし出発を引き延ばしているようだった。我々の急使《クーリエ》が戻ってくるのを待っているように思えた。

十月二十一日(文化元年十月二日)

部下たちが、帆を向かい風を斜めにうけるようにしてジグザグに走行させながら、岸に行った。日本人たちは心配していたが、ジグザグに航行しながら岸にたどり着いたのを見て、ほっとしていた。

役人が使者を派遣してきて、なぜ私が散歩しないのか、もし岸で必要なことがあるのなら、すぐに命じて下さい、すぐにしたがいますと申し出た。丁重なる申し出に感謝し、今日は部下たちを散歩させようと思ったまでのこと、その丁重さにとても満足していると答えた。前日、日本人たちは家の窓に日除けをつくっていた。鼓手が病気のため、日の出時に太鼓を鳴らさなかった。

十月二十二日(文化元年十月三日)

部下たちと共に木鉢へ行った。そこに何人かの役人たちがおり、非常に丁寧に我々を迎え入れてくれた。そしていろいろな工芸品を見せてくれた。その中にラクダ織とビロードがあったが、これらはオランダ人からもらったものであろう。しかし彼らは、これらの品物は、自分たちのところでとれたものを京《ミヤコ》で加工してもらったものであると言い張った。そしてオランダ人が持ってきたウールから、長崎で織ったという羅紗も見せてくれた。彼らの話では、長崎にはたくさんの工場があるので、町に自由に行けるようになったら、多くの品々を見られるだろうし、きっとそれが気に入るに違いないという。木鉢《キバチ》に一時間留まったのち、引き返した。

十月二十三日(文化元年十月四日)

朝方、部下たちが木鉢に向かった。彼らは日本人たちが無愛想になったことに気がついた。我々のところにあまり来なくなったし、ひとりの日本人が我々の家に近づいてきたのに、すぐに引き返していった。おそらくロシア人と話してはならないという命令が下されたのだろう。夕方から夜にかけて、激しい雷鳴と稲妻、豪雨。

十月二十四日(文化元年十月五日)

作三郎と多吉郎がひとつの提案をもって来訪。奉行は江戸から急使《クーリエ》が到着しないうちは、何もできないのだが、艦の漏水を修理する必要があることは承知しているので、まもなく出航するオランダ人たちが退去したあと、我々をオランダ人たちがいた場所(太田尾沖に繋留していた)に移し、奉行は中国船を提供すると言っておられる、それに献上品を積むこともできるし、私にも船長室を与えることができるというのだ。彼らが最後に会ったときに言っていた日本船についてはどうなのか聞くと、家老が不都合だと判断したと答えた。さらに中国船の費用は誰がもつのか尋ねると、「あなたか日本が払わなくてはならないでしょう」と最初は答えたが、「たぶん日本側が支払うことになるでしょう」と言ってきた。しかし正確な返答を約束した。ニジデジマについても尋ねた。そこが無人島なら、そこの林で散歩したいと言った。彼らの答えは、筑前と肥前の了解が必要となる、そこは彼らの領地だという。しかも以前この島を提案したときは、そこを選ばず、木鉢を選んだではないかという。こんなにも狭く、塀に囲まれるとは思ってもいなかったからだと答えた。

クルーゼンシュテルン艦長がオランダの船長ムスケチールに友情の印として一冊の本を送りたいのだがと尋ねると、日本人たちは、それはできない、法律で商館長《オーペル・ゴウオプト》でさえ、オランダ人に何も送れないと定められていると答えた。そのあとさらに中国船のことを繰り返したずねてきたので、これを了承した。すべてのことを奉行に報告し、オランダ船が出航するまでには返事を持ってくると約束した。
この日の夕方、海水のなかに光をはなつ帯状のものが艦に近づき、ついにはこれに覆いこまれてしまった。とても強い燐光を発していた。海にコップを投げ込むと、それも不思議な色を発していた。バケツに水をくみ取ってみたが、この水も不思議な色を発していた。手ですくうと、水は輝くのだ。このことは一晩中我々を驚かせ、楽しませてくれた。フリードリッヒがきれいなスカーフにこの水を浸すと、それも水が流れださない間は、灯のように輝いた。暗闇の中でこのスカーフを見るとまるで火のようだった。
(夜光虫の集群か？)

十月二十五日(文化元年十月六日)
ラングスドルフが顕微鏡でこの光る水を調べてみると、小さなクラゲと魚の卵を発見した。この日は特別書き留めるような出来事はない。

十月二十六日(文化元年十月七日)
艦長が、天体観測のため部下を引き連れ木鉢に行った。日本人たちは礼儀正しかった。

十月二十七日(文化元年十月八日)

朝方オランダ船が抜錨、バタヴィアに向かう。彼らはわれわれのところからかなり遠いところにいた。伝声器《ルーベル》で「安全な航海を」と叫ぶと、ムスケチールは答礼をしたが、艦長が「みなさんご無事に」と言った時は、返事をせずに、船の進路を変えた。おそらくは日本人の命令なのだろう。(ロシア船に答礼しなかったことに対して、ドゥーフは幕府からの命であったと、のちにレザーノフに謝罪の手紙を送っている。ヅーフ『日本回想録』)

午後風の向きが変わり、二艘の船は戻ってきて高鉾島の近くに錨を下ろした。一艘は我々の背後、かなり遠い位置に、もう一艘は高鉾島の近く、同じぐらい離れたところに碇泊した。

昼食後、三時、作三郎と庄左衛門、奉行の伝言をもって来訪。約束したように明日オランダ船がいた場所に案内すること、使節の献上品および食料の輸送のために一艘の中国船が準備され、私のためには船長室が用意されていること、さらにもう一艘の中国船が、底荷《バラスト》用に準備されているということだった。岸に底荷《バラスト》を降ろすことは許されないので、この船に下ろさなくてはならないという。中国船はまだ岸にいるが、荷揚げ終了後ただちにここにやってくるということだった。

私がいま健康を損ない、艦では湿気が多く、上陸する必要があることをもう一度彼らに、思い起こさせた。

「なにをすればいいですか、これが日本のやり方《ヤパーニッシュ・マニエル》です」

「日本のやり方《ヤパーニッシュ・マニエル》とは、ロシア帝国から派遣された使節を苦しめることなのか。もし私が病気で死んだら、どのような報復を受けるかご承知なのですか」

彼らは黙り込んでしまった。もう一度繰り返した。すると作三郎は、「これ以上私はあなたにお答えすることはできません。もし私が日本の将軍ならば、ただちに法律を変えるのですが。ただ信じてください。奉行も同じことを感じています。どれだけ奉行があなたの艦のことに心を砕いていることか。いま彼はそのことだけで頭が一杯なのです」

我々は気持ち良く別れた。

今日部下たちが岸に行った。日本人たちはたいへん優しくもてなしてくれた。

十月二十八日(文化元年十月九日)

朝七時オランダ船が抜錨、航海についた。しかし風向きが変わり、しかも強くなったので一艘が、湾から出られなくなった。ムスケチールの船が流されてしまった。錨を失ったがなんとか小さな入江に戻ることができた。このためベリマも戻ってきて、再び投錨した。

午後三時、江戸からの検使として、行方覚左衛門《ナヌガタカキサイモンサマ》とこの日初めて見る清水藤十郎《シミトソエトオジユロサマ》(手付)が、たくさんの通訳たちと家来を連れて来訪。大変丁重に奉行からの言づけとして私の身体の具合を尋ねてきたから、あまり良くないので、上陸する必要にせまられていると答えた。彼らは、大変遺憾なのですが、奉行は木鉢以外の場所を提供することができない、しかし長崎により近い、オランダ人たちが碇泊したところに案内するように言われているという。

ふたりはコーヒーを求め、二杯飲んだ。そして地図のことを勉強しているので、地理を教えてはもらえないかという希望を述べる。他の民族のことにはずいぶんと関心があるようだった。

刀を見せてもらいたいというと、それは決まりでできないと答えたが、私を満足させるために、通訳の作三郎に一本見せるよう、そして他の日本人たちにわからないように、背中で隠すように命じた。刀は完璧な出来ばえだった。

通訳たちに将軍の名前を尋ねたが、彼らは答えようとしなかった。彼らの命にかかわることだという。しかし私の求めに対して、「日を改めて(べつな時に)」とこっそり答えた。

五十四艘の挽船が艦を曳航した。そして七時、番所と向かい合わせのところ、深さ十八サージン(約三八・四メートル)に錨を下ろした。共に友好的な時を過ごした検使は、いとまを告げた。最後に中国のジャンク船が、我々の荷の積み替えのために準備されていること、帆桁と中檣《トップマスト》を木鉢に持っていきたいという私の要望に対しても奉行に報告することを約束した。彼らはドゥーフからの手紙を持ってきていた。手紙にはオランダ船長たちが、奉行の命令によって我々と話ができなかったことを残念に思うと書いてあった。返事を書き、検使たちに渡した。

十月二十九日(文化元年十月十日)

私たちは、武装解除(火薬と銃を渡す)を始めた。十二時、通訳の庄左衛門が、二人の役人と一緒にやって来て、帆桁と中檣を木鉢まで運ぶことを許可すると言ってきた。庄左衛門は、かなり長い時間居座り、とてもあけっぴろげな態度をとっていた。自分たちの国の馬鹿げた法律を嘲笑し、私たちの船が着いてからというもの、自分が日本人に生まれたことを不幸に思った、また私たちが連れてきた漂流民のことが羨ましい、何故なら彼らは世界をみることができたのだからとも言い、もし漂流民たちが感受性をもちあわせていれば、世界を見たことだけでも満足すべきであろうと、打ち明けた。そして最後には、私たちの質問に対して、腹立ちまじりにこう答えた。「私たちに一体なにがたくさんあるというのですか？　人間が生まれたのは、飲んだり、食べたりするためだけではない、学ぶためなのです、それが人間の糧なのです」

私たちと楽しい一時をすごしたあと、彼は町へ引き返した。

この日オランダ船が外洋に出ていった。

十月三十日（文化元年十月十一日）

木鉢に帆桁と中檣が運び込まれた。昼食後艦長がそこに行き、帰り道番船に立ち寄った。日本の役人たちはとても優しく歓迎してくれたが、言葉が分からないので、訪問は短いものになった。

十月三十一日(文化元年十月十二日)
部下たちが木鉢に行った。警固兵以外は誰もいなかった。この日、楠《くすのき》の丸太でつくった工芸品をもらった。

十一月一日(文化元年十月十三日)
庄左衛門来訪。明日離岸する中国のジャンクのために、錨を上げてもらいたいという。また大砲と底荷《バラスト》も木鉢に移せるというが、この申し出は遠いことを理由に拒否した。どこかもっと近くに場所を与えるよう要請する。奉行に報告することを約束する。また乗組員のために、私たちがもってきた小麦粉をつかってパンを焼ける人を誰か探してもらいたいと依頼する。これによって砂糖を倹約することができる。報告することを約束。夕方から風が強くなる。五時から夜中まで続いた。

十一月二日(文化元年十月十四日)
庄左衛門が部下を連れて来訪。我々のところでコーヒーを飲む。朝方外洋にでる中国船のために錨をあげる。

奉行はパンを焼くために我々の小麦粉を持っていくよう命じたというので、小麦粉を渡す。(長崎にはパン屋武右衛門と名乗っていたパン屋があった)

庄左衛門は、我々の航海の碇泊したところをすべて書き入れた地図を見せてくれた。また筑前と肥前は九州の大きな領主であるが、奉行の前ではお辞儀をする、何故ならば奉行は将軍の直轄地(天領)を支配しているからだと言う。この習慣に私を慣れさせようとしているという疑いをもち、位の低いものに深々とお辞儀をしたり、這うような真似をするとは気の毒なことだと思う、私たちはそんなことはしない、しかし奉行は私と同等だと思っている。しかしそれは彼が偉大なる将軍から全権を委任されていると判断しているからだと言った。彼は笑いだした。彼がなにか企みをもってこんなことを言ったことは、間違いなかった。

彼と日本語で話してみた。言い間違いを直して、私を教えてくれると約束、やがて長崎に行くようになったら、字引をくれるとだいぶ前から約束していたが、いつか他のときにと断られた。多分それは禁じられているのだろう。彼にロシア語の数え方とラテン語に転記したロシア語を百二十ちかく教えた。彼はとても有り難がり、毎日通いたいと言った。庄左衛門は夕方までずっと私たちのところにいた。日本の役人たちも、まるでずっと前からの知り合いのように、部下たちの船室で過ごしていた。概して日本人はロシア人を好いていた。

十一月三日(文化元年十月十五日)

港から曳航されてくる一艘の中国船が見えた。横向きに曳航されていた。やがて我々の近くまで接近してきた。船は大きく、ずいぶんと高い艫《とも》を持っていた。

庄左衛門と為八郎が到着、中国船が到着し、投錨したので、品物をそれに運び、乗り移るように言ってきた。艦長を庄左衛門と一緒に視察に派遣、戻ってきた艦長の報告によると、そこで私が生活できないばかりか、荷物を置く場所がどこにもない、船長室も暗くて、そこにいるためには屈まなければならないという。庄左衛門も帰艦。彼に不満を表明、このようなところに私を移そうと決定したことにひどく侮辱されたと申し伝えるように命じる。庄左衛門はすっかり怖じ気づいていた。誰がこの原因か知っていると言ってやった。一本の錨で碇泊していた中国船は、我々の艦に寄ってきたが、辛うじてぶつかるのを免れた。そのために二本の小錨を送らざるを得なかった。中国船を退《ど》かすように、さらにこのような住居を受け入れるわけにはいかないと奉行に申し伝えるように命じた。庄左衛門は、誰もこのことを知らず、船が大きかったので大丈夫だと思ったと謝った。江戸から急使《クーリエ》が到着した時には、私の称号に相応しい屋敷に案内すべきであり、もしまたこの中国船と同じような住まいが与えられたら、誰がこの件に関わったのか、忘れないようにするため自分の艦に戻ると付け加えた。通訳たちは、彼らが悪いわけではなく、すべてのことについて奉行に報告すると、さらに私たちの勇気に驚かされたこと、ここにやって来たすべての外国人たちは、彼らの言いなりになっていたと言った。(3)

十一月四日(文化元年十月十六日)

庄左衛門と為八郎が奉行の謝罪をもって来訪。奉行は私に不満を与えたことを遺憾に思い、これが行き違いから起こったことであり、中国船に引き返すように命令を出したという。このような家畜小屋に案内しようと考えたのは誰の考えだったのか問いただしたが、彼らはただ沈黙するだけだった。しかし繰り返し強く返答を求めると、中国の船長が、いいほうの船室を品物を積むために壊してしまったので、こんなことになったと言い訳した。これは言い逃れであった。通訳たちが私に不愉快な思いをさせているだけでなく、侮辱と見なされることをしていると私が主張していると奉行に伝えてもらいたい、これが不注意から起こったことなら、次回また同じことが起きないように、江戸から急使《クーリエ》が到着した時は、私の称号に相応しい屋敷を準備し、なによりももうこれ以上不愉快な思いをしないためにも下見をさせてもらうことを要請した。彼らはこれを約束した。

十一月五日(文化元年十月十七日)

中国船は港に戻った。

六、七、八、九、十、十一日は、とくに重要なことは起きなかった。毎日順調に食料は運び込まれてきた。羊の乳と薪も運ばれた。薪は貴重なものなので返した。(この翌日、長崎奉行は、江戸にナジェジダ号を太田尾に曳き入れたことを報告すると同時に、ナジェジダ号の損傷が激しく、修理する必要があり、その間ロシア人たちの上陸を認めるしか方策がないという報告を江戸に送っている)

十一月十二日(文化元年十月二十四日)

通訳団と責任者の助左衛門が来訪。作三郎が奉行が私の健康を尋ねるように命じたと言った上で、江戸からの手紙が到着したが、私に関することは何も書かれていなかった(4)という。おそらくは大雨のため川が氾濫しているので、急使《クーリエ》が引き留められているのだろう。長い間とどまっていたが、腰が落ちつかない様子だった。そのあとコーヒーやお茶を飲んで再び同じ話題に戻り、奉行は私が不安なまま辛抱を強いられていることをとても遺憾に思っているという。

「どうしたらいいのですか、急使《クーリエ》を待つ以外ないでしょう。日本の法律では、援助を受けるよりも使節を殺したほうがいいのでしょう」と言った。

彼らはこれに対して、あくまでも艦を修理するという口実のもとで、少なくとも私を長崎のどこかの屋敷に案内すること、荷物を一時的に保管する手配ぐらいはできると提案してきた。

「あばら家だったらもう行きません、私と部下の称号にふさわしい屋敷があるのなら別ですが」と答える。彼らは「あります、それも二十人ぐらい住めるところです」と言う。奉行にお礼するように伝え、だいぶ前から同じことを要請してきたのに、そのような権限がないと彼は断っていたはずだがと問い質すと、これは彼らが自分たちで思いついたことであり、このために努力を惜しまないことを約束すると答えた。もう一度奉行に礼を言うように命じた。彼らがニヤニヤしていたので、単刀直入に奉行が自分で何も出来ないのに、その奉公人たちをどうして信用できるのかと言ってやった。彼らは笑いだして、何人の部下が必要か聞いてきたので、五人以上、それに衛兵全員と答えると、それは無理だという。

「衛兵がいないのなら行きません」

「それは我々の習慣に反します」

「(苛立ちをまじえて)それが私たちの習慣なのです」

「衛兵に銃や剣を持たせなくてもいいですか」

「同意できません」

「それでは武器を包みでしまっておくことでは」

「もうこれ以上話を聞きたくない」

「誓ってもいいですが、これは許されません。日本では殿様たちも衛兵を持っていますが、その刀は包みでしまわれたままです。ぬき身で刀を持つことはとても悪い意味をもっているのです」

「申し訳ないが、刀はそのまま持っていきます」

「ご不信を抱いていらっしゃることを大変残念に思います」

「くだらないことだ。いつも私が衛兵と一緒なのを知っているではないか。あなた方こそ私を守らなければならないのに、衛兵は私に対する敬意の象徴であることを、あなた方は知っているはずではないか。こんな馬鹿げたことを絶対に受け入れるわけにはいかない」

結局この日はこれで別れた。

十一月十三日(文化元年十月二十五日)
再び助左衛門と作三郎が来訪。奉行は喜んで長崎に屋敷を与えることを認めたが、ロシア語でそれを依頼する手紙を書いてもらいたいと告げる。将軍に弁明するためだというので、いいでしょうと答え、それを書いて渡した。
衛兵を半分にしてもらえないかと言ってきたが、これは拒否した。屋敷の図面を見せてくれたので、ここにずっと滞在することになるのか尋ねると、「いいえ、急使が到着するまでの間で、来れば別の屋敷を手配します」と答えた。彼らに礼を言い、くれぐれも今度は慎重にしてもらいたいと要請する。

ティチング(一七四四―一八一二、一七七九年オランダ商館長として来日、八四年まで一年交代で三回来日していた、一七九五年帰国)がここに十四年間滞在していたというのは本当かと尋ねる。

「いいえ、彼は二度使節として滞在していますが、二度とも四年以下でした」

「将軍の義父(十代将軍家治、天明六年(一七八六)没)が彼に勲章を与えようとし、いままで文通しているのは本当か」

「いいえ、将軍の義父はだいぶ前に亡くなられております。しかし将軍の親戚にあたる薩摩の殿様(八代藩主島津重豪《しげひで》のこと、天明七年隠居後も実権を握っていた。将軍家斉の岳父)が可愛がっておられました」

将軍の年齢を尋ねた。

「三十七歳近くで、もう二十年間国を統治なさっています」

しかし名前だけは言わなかった(当時の将軍は十一代家斉(一七七三―一八四一)で将軍在職期間は一七八七年から一八三七年の間)。これで我々の話は終わり、彼らは引き返した。

十一月十九日(文化元年十一月一日 新暦一八〇四年十二月二日)

夕方ちかく出島の高いところに灯がついているのに気がついた。提灯を旗竿につけ、それを掲げ、二本のロープにランプを掛けていた。山全体がイルミネーションされているように見え、目にあざやかだった。闇につつまれると、見えなくなった。

十一月二十日(文化元年十一月二日)

同じように出島に灯がともされていた。

十一月二十一日(文化元年十一月三日)

通訳の責任者助左衛門が来訪。奉行より健康を尋ねる挨拶を伝えたあと、屋敷の改装が行なわれており、四日、遅くとも五日後には準備が整うという。彼らがいつも嘘を言い、約束を守らないので、これを信じることができないと言うと、彼はこれ以上遅くなることはないと誓ってみせた。

台所をつくるため、鍋の寸法を計っていた。そして皇帝からの献上品のひとつ鏡の寸法をとりたいと言ってきた。もし倉庫に入らないときには、奉行のところに置かれることになるが、これに同意できるかと尋ねてきた。喜んで同意するが、その前にまず私が見てみようと答えた。彼はそれらの寸法を計ったが、その大きさにひとつも驚こうとはしなかった。

病気のこともあるので風呂をつくってもらいたいと依頼した。彼はそれを約束し、艦から暖炉を持ってこられないかと聞いてきたが、艦で必要なもので、持っていけない、別なものをつくるようにと答えた。彼は、こうした暖炉はないので、炭で部屋を暖めることになるがと聞いてきた。構わないが、安全にしてもらわないと、炭酸ガスで中毒してしまうと答えた。銃については一言もふれなかった。屋敷のなかではすべて準備しておくが、椅子とテーブルだけは持ってきてもらいたいと言うので、できるかぎり持っていこうと答えた。他のものについては彼らにつくってもらいたいこと、特にソファーを作ってもらいたいと言った。

イルミネーションについて尋ねると、ドゥーフが自分の誕生日(新暦十二月二日が誕生日)を祝うためで、三日間、彼は知人たちにご馳走をふるまったという。

十一月二十六日(文化元年十一月八日)

日本人たちが屋敷について約束した日がやってきた。しかし彼らは来なかった。

十一月二十七日(文化元年十一月九日)

約束した最後の日であったが、通訳たちは来訪せず。

十一月二十八日(文化元年十一月十日)

助左衛門来訪。奉行からの健康を尋ねる挨拶を伝えたあと、屋敷の準備がまだ整わないこと、日が短く、増築や修理するところもたくさんあり、早くて四日、遅くて五日後には間違いなく完了すると、謝罪した。その言葉を信用しろと言うのか、こんなことは予想できたはずだと彼を叱責した。彼は恥ずかしそうだった。「どうしたらいいのですか、私たち自身予想もしなかったことなのです」と答える。

本当に江戸からの急使は到着していないのか、こんなことはあり得ないのではないかと問い質した。一通目を受け取り、もう一通を待っているとのことだが、一通目には、実際は急使が来ない限り、艦を動かせないと言った方がいいと書いてあるのではないかと言うと、本当にまだ返事はもらっていないし、ふたりの奉行とも私以上にこのことに驚いていると懇願するように答えた。彼は、江戸は、おそらくはまだ決定できずにいるのだろうと理由を述べた。どうしてこんなに大変なのか尋ねた。彼は、日本の国は人は多いが、小さな島国であり、このため日本はすべてが小さいと答える。「理解できない、もう一度繰り返して欲しい」と言うと、彼は口ごもってしまった。そしてやっとのこと口を開いて「本当のところ、あなたもご覧の通り、我々の国の統治はせこせこしているのです。恥ずかしいことです。しかしこれはどうしようもないことです。あなた方の領土は広大で、しかも世界中の人々と関係を持つことができます。しかし日本は国土も狭く、またそれゆえに大きい場所へ出ていかないようにふるまい、自分のところだけでの生活に甘んじているのです。そのため行動のすべても小さくならざるを得ないのです」と語った。

「しかし少なくとも、見かけ以上に注意ぶかいのではないですか」

「どんな意味ですか?」

率直に私は答えた。

「日本では分別よりも習慣を重視していると私が知っていたのなら、とうの昔にここを去っているという意味です」

しかし伝えていただきたいのは、こうした遅滞はさらに大きな不愉快なことをもたらすこと、つまり日本の習慣のためにここから出発することが遅くなり、定められた期間内に本国に戻れないことになれば、皇帝は、我々を捜索するためにべつの艦を派遣することになるでしょう。我が皇帝が人類愛と同胞のためになにをするかは想像できるはずだ。そうすれば日本の港全部に、我が国の艦がやってくることになる。このことを奉行に伝えるよう言った。またもうひとつ、もし使節を殺すことになれば――実際私は日に日に身体が弱っていくのがわかっている――そのとき(皇帝が)どのような答えを出すか私は知りませんよと言った。

彼らは奉行に報告すること、すべては私が満足する結果に終わるはずだと答えた。その後引き上げていった。

十一月二十九日(文化元年十一月十一日)

朝方、湾全体が、血でおおわれているのを見た。ここ二、三日続けて毎朝おこっている現象だ。強く心をひかれているのだが、これはなにかニカワのようなもの、もしかしたら魚の血なのであろうか。太陽が暖めると、色の濃さが消えていき、昼になるとあとかたもなくなるのだ。

十二月二日(文化元年十一月十四日)

助左衛門を待ったが、来ず。日本人たちの新たな欺瞞と思わざるを得なかった。

十二月三日(文化元年十一月十五日)

昼食後、多吉郎と為八郎来訪。今日にも屋敷の準備が整うということだ。奉行からの伝言として、「まだ急使が着いていないが、安心するように望んでいる」と伝えたが、海上で私の健康状態が良くないのを見て恐れをなしたのか、最後には明後日引っ越しできると申し出た。

今日屋敷が準備できるのに、なぜ二日後に引っ越すことになるのか理由をたずねた。「これが日本式のやり方なのです、偉い方をすぐに受け入れるわけにはいかないのです、すべてを吟味したうえ、事を運ばなくてはならないのです」

しかしこのあと、その本当の理由を知ることになる。

武器の話になると、言葉を濁した。商売をしにきた訳でないと言った以上、前にも言ったように衛兵と一緒でなければ、上陸するつもりはないと答えた。彼らは黙り込み、やっと奉行に報告したうえ、回答をもらいますと約束した。

そうしてもらいたいと命じ、その屋敷が私の称号にふさわしく、住むのに相応しければ、この好意をありがたく利用させてもらうが、もしもそうでなければ、急使が来るまで、ここで待つつもりです。さらにそのために部下を下見に派遣すると伝えた。彼らは、それは余計なことで、十分に満足できるはずだから、下見はいらない、と答えた。

次のように言ってやった。

「いいえ、あなたたちはすでに一度裏切っているではないですか、中国船を運んできたとき、そこで暮らしていけると保証しながら、あとでそこで暮らせないことを自分たちでも認めたではないか」

彼らは答える。

「あれはわざとしたことでなく、不注意から起きたことを、あなたも覚えているはずではないですか」

「ではどうしたらいいのですか？　私の記憶力は確かですよ」

「部下を送ろうということは、私たちを信じられないということなのですか」

「一度ならず言っていることだが、ロシア使節と言葉で駆け引きをしようというのは無駄なことです。社交辞令なしに言わせてもらいますが、あなたたちを信用していません。この理由はあなたたち自身にあるのです」

「よくわかりました。奉行にこのことを伝えましょう。奉行はあなたが信用していないと聞いたらずいぶんと悲しむことでしょう」

「悲しいのは私の方です。何の沙汰もないまま、三カ月もじっとしているのですよ」

「明日、返事を持ってきます」

こうして別れた。

十二月四日(文化元年十一月十六日)

多吉郎と為八郎再び来訪。奉行が、屋敷の下見に部下を派遣することに同意したこと、そして屋敷は必ず気に入ってもらえると保証し、そこには私の住まいとして四部屋と倉庫があると伝えた。彼らは、江戸から急使が来ていないが、明日引っ越しできないかとたずねてきた。

「部下たちは派遣します。しかし自分は明日は引っ越ししません」

「どうしてですか?」

「すべての準備が整い、私が持ってきた品々が運ばれ、きちんと安全に保管されたのちに、必要な場所にしまうことがなにより先決です」

「いったん引き上げた荷船をお貸ししますし、必要なだけ人夫も提供します」

「ありがとうございます。しかし明日は引っ越ししません」

「これ以外方法がないのです。奉行はすでにまわりの島々やそこの領主たちに、明日あなたが上陸することを正式に通告しているのです」

「こんな事態になったのは遺憾ではありますが、そんな約束をした覚えはありません。一晩はここに残らなくてはなりません」

通訳たちは慌てて、奉行は確かに約束をしたわけではありませんが、当然のことでありますが、早く上陸してもらおうと急がせていたと言い、反対に今度は私にできる限りのことをする用意ができていると、奉行になり代わり、たってのお願いですと懇願してきた。もしもお役に立つのなら、私のために六十四人乗りの御用船を用意するつもりだと申し出た。これは彼らが用意できる最高の船だという。また明日の朝七時には、この件で私に謝罪し、奉行が友好的であることを確認するため、ふたりの検使を派遣すると言ってきた。

私もだいぶねばったのだが、ついにはこう言わざるをえなかった。

「なにをしても私の気持ちを変えることはできないのは、ご承知だとは思うが、奉行閣下の優しい心に多くを負っていることを考慮し、奉行への友情の証として、今度だけは無理をして、明日引っ越すことにしましょう。ただ住まいでは絶対に手落ちのないように」

彼らは私が同意したのでたいへん喜んでいた。しかしもう一度奉行への敬意から、このように急いで引っ越しすることに同意したことを確認したうえで、この費用については彼らが支払うよう希望すると言った。

そして私たちは別れた。

昨日と今日の終日、望遠鏡で見ると、岸辺で何百人もの人間が激しく動きまわっているのがわかった。彼らは私たちにあてられる場所の近くの防護施設の近くにいた。夜中も提灯をもって、作業が続けられた。

五　梅ヶ崎上陸

十二月五日(文化元年十一月十七日)

朝七時、入江全体がさまざまな色の幟《のぼり》や紋章をつけた船に囲まれた。入江の両側にある要塞(石火矢台)の上でも兵士たちがうごきまわっていた(図10)。要塞には肥前の紋章がついた派手な幟が沢山ぶら下がっていた。兵士たちが乗る番船は、ほとんど町から来たものだった。船で太鼓が鳴り響いた。そして七時ふたりの検使(行方覚左衛門と清水藤十郎)と、たくさんの通訳たちと役人たちを乗せた船が近づいてきた。少し離れたところに碇泊し、自分たちの到着を告げた。

艦に来るよう命じた。彼らは八時に艦にやって来た。奉行からの挨拶と、上陸に同意したことに礼を述べたあと、私の部下を屋敷の下見のために派遣してはどうかと提案してきた。さらに家具やその他のものを運ぶために数艘の荷船が用意されており、そこでは昼食も食べることができるし、食料も用意されていると知らせた。

図10　石火矢台の配置図(「西泊戸町備ノ体」『長崎志続編』巻十三ノ上，内閣文庫蔵)

これに対して礼を述べ、「そんなに急ぐ必要がないと思うので食事は自分の船でとります」と答えた。

フォッセとフリードリッヒ少佐、ロムベルグ中尉、医師のラングスドルフが私たちのボート(『通航一覧』では「バッテヒラ」船とある)に乗り、屋敷の下見に赴いた。

彼らは戻ってきて、屋敷がたいへん静かで綺麗《きれい》に片づけられていると報告した。

奉行に礼を言うように命じ、昼食をとったのちすぐに出発するので、船が一艘欲しい旨を告げた。さらに出発の準備をするので、休憩したいと検使に申し出た。彼らはお辞儀をして、後甲板に引きさがり、十時からそこでずっと待つことになった。昼食を終え、午後一時半出発すると彼らに告げた。

大きな船が我らの艦に向かって曳航されはじめた。右側にたくさんの日本船がいたので、左側から接近しようとしたが、私が右側からゆっくり近づくように命じたので、日本船は移動を余儀なくされた。

湾全体が、兵士たちや私たちの出発を見物するためにやってきた長崎の住人たちを乗せた船で一杯になっていた。

船はふたつのデッキがついた肥前のものだった。上部には、色とりどりの絹の布が一面に掛けられ、下の方にも、白い紋章がついた薄紫の絹の幕が掛けられていた。船の下見と、椅子とテーブルを並べるため部下を送った。テーブルに国書が入った小箱を置くため、羅紗《ラシャ》を敷くよう命じた。

作業がすべて完了したあと、後甲板に向かう。儀仗兵が行進を始めた。ふたりの検使に船のお礼をするよう奉行に伝えてもらいたいと言った。我々の艦に、日本の役人たちが乗り込み、艦からタラップが日本の船に下ろされた。フョードロフ大尉に、儀仗兵と一緒に艫《とも》(船尾)に行き、軍旗と武装した警固兵を配置するよう命じた。日本人たちは異議を唱えようとはしなかった。後甲板を埋め尽くした検使と役人たちは、二列になり私を先導した。上官全員が私に随行した。デッキから下へ案内された。下の中央には特別な船室があった、部屋全体が金色に塗り尽くされ、黒漆の装飾があった。天井はまるで鏡のようだった。

船室の中央に置かれた自分の椅子に腰掛け、国書を自分と反対側のテーブルに置いた。部下たちは、脇に離れて立っていた。検使たちは部屋のずいぶんうしろの方にいた。それだけこの船は大きかった、長さ七十フィート(約二十一・三メートル)、幅二十四フィート(約七・三メートル)あった。挽船十二艘にも船と同じ紋章があった。漕ぎ手たちは、白い横縞の服を着ていた。

艦から離れるとまもなく、マストの支索に水兵たちが立ち、三度「ウラー」と叫んだ。私は儀仗兵に日本船からも三度叫ぶように命じた。その後また艦の方から私に向かって三度「ウラー」の声がかえってきた。航行中ずっと鼓士が行進曲を演奏した。岸辺には旗や槍を持った兵士たちが二列に並んでいた。

航行中日本人はお茶とみかんを出してくれ、さらに漆塗りの煙管セットを持ってきてくれた。肥前のお殿様の第一の家来が、船の主人として接待してくれた(肥前藩聞役関伝之丞が同行した)。彼は、若い自分の部下たちを紹介してくれたが、この者たちは、すべて高官の子どもたちだという。私はできるかぎり彼らを可愛がってやった。日本人たちは満足していた。

岸に近づいたが、船が大きいためこれ以上近づけないので、別な船(ダンベイ船——運搬用のはしけ)がやって来た。この船にも白い縞が入った真っ赤な絹の布が掛けられていた。中央部分は黒漆で縁取りされ、金色に塗られていた。前の方に私の椅子が運ばれ、軍旗を持った衛兵が乗り移り、そのあと国書が運ばれたあと、私も乗り移った。

すぐに岸に着いた。門の側に、たくさんの役人たちが立っていた。通訳たちもいた。

彼らが屋敷まで同行した。屋敷では検使の行方と清水のふたりが待ちかまえていた。

彼らは屋敷を案内してくれた。屋敷は非常にきれいに仕上がっていた。私のために食堂と四つの部屋、上官たちにも四つの部屋があてがわれた。部屋はみな、日本中で絨《じゅう》毯《たん》のかわりに使われている、見事に編まれた新しい畳が敷かれてあった。上官たちには四部屋、その他に大部屋ひとつ、三つの倉庫、一つの警備用の部屋があった(図11)。

私の部屋にあった屏風は美しいものだった。炭が入った銅製の大きな三脚、いたるところに痰をはくための大きな陶器の花瓶が置かれていた、他の者たちの部屋の花瓶は粘土製だった。またいたるところにさまざまな種類のたくさんのあんどん《ファナーリ》が置かれていた。台所も美しく仕上げられており、食器だけでなく、肉や魚、野菜、ほかのあらゆるものが用意されていた。庭の美しさは比類のないものであった。

しかしのり越えることができないほど高い、そして何も見えないくらいぎっしりと矢来柵がはりめぐらせてあった。私を先導してきた部下たちは艦に戻った(この時上陸したのは、レザーノフ以下漂流民も含む十九名)。着いてから、屋敷の入口に武装した二人の衛兵と、部屋にひとり儀仗兵を配置した。私が住むところに軍旗が掲げられた。

検使たちはお辞儀をして、「明日荷物や献上品の輸送のためにできるだけたくさんの

図 11　梅ケ崎の風景(レーウェンシュテルン画)

荷船を用意するよう奉行から命令が下されている」と申し出た。

部下たちが出発したあと、海に面した門に錠がかけられ、鍵は町へ持ち去られていった。

「これは要塞なのですか、使節の屋敷なのですか。そして私は捕虜なのですか、賓客なのですか」と尋ねた。

彼らの答えは、これは日本の習慣で、がっかりすることではなく、彼らのところでも、夜には奉行の屋敷にも錠がかけられるという。

さらに「奉行は自分の屋敷から出かけることもあるのですか」と尋ねると、でかけると答えた。

「では言って下さい、明日町に散歩に出かけたいと」

彼らはこう答えた。

「どうぞもう少しのご辛抱を、じっさいのところ十日もすれば、あなたは私たちの誰もが味わえない自由を手にすることができるのです。私たちはとにかく急使を待つしかないのです」

新しい自分の住まいをじっくりと見てみた。町につながる門は、細長い横町に面していた。横町にはふたつの門と三つの番所があった。山の方を見上げると、他の要塞と比べても負けないくらい高いところに要塞があり、五百人近くの兵士がいた。このため彼らは庭で私の一挙一動を見ることができる(図12)。もし私になにか必要なことがあれば、門の傍にある番所がすぐにこの要求に答えることになっていた。[1] 出島が見えた。私が航行中、オランダ人たちは私への敬意を表わすため旗を掲げていたが、彼らを見ることはできなかった。(ドゥーフは回想録の中で、レザーノフたち一行が出島のオランダ商館に滞在できないかという打診があったこと、この案がしりぞけられたあとある寺が宿舎となる噂を耳にしたことを明らかにしている)

夕方近く検使たちが別れの挨拶をしにきた。日の出と日没時に太鼓を鳴らすことになるだろうといったら、彼らは黙りこんでしまった。しかしこの日の夕方から始め、朝にも繰り返し、結局毎日続けることになった。

十二月六日(文化元年十一月十八日)

朝、町から来たふたりの役人が岸に面した門を開けた。この門から検使たちがやって来た。奉行からの挨拶を述べ、輸送用の荷船がすでに出発したと告げた。実際輸送は驚

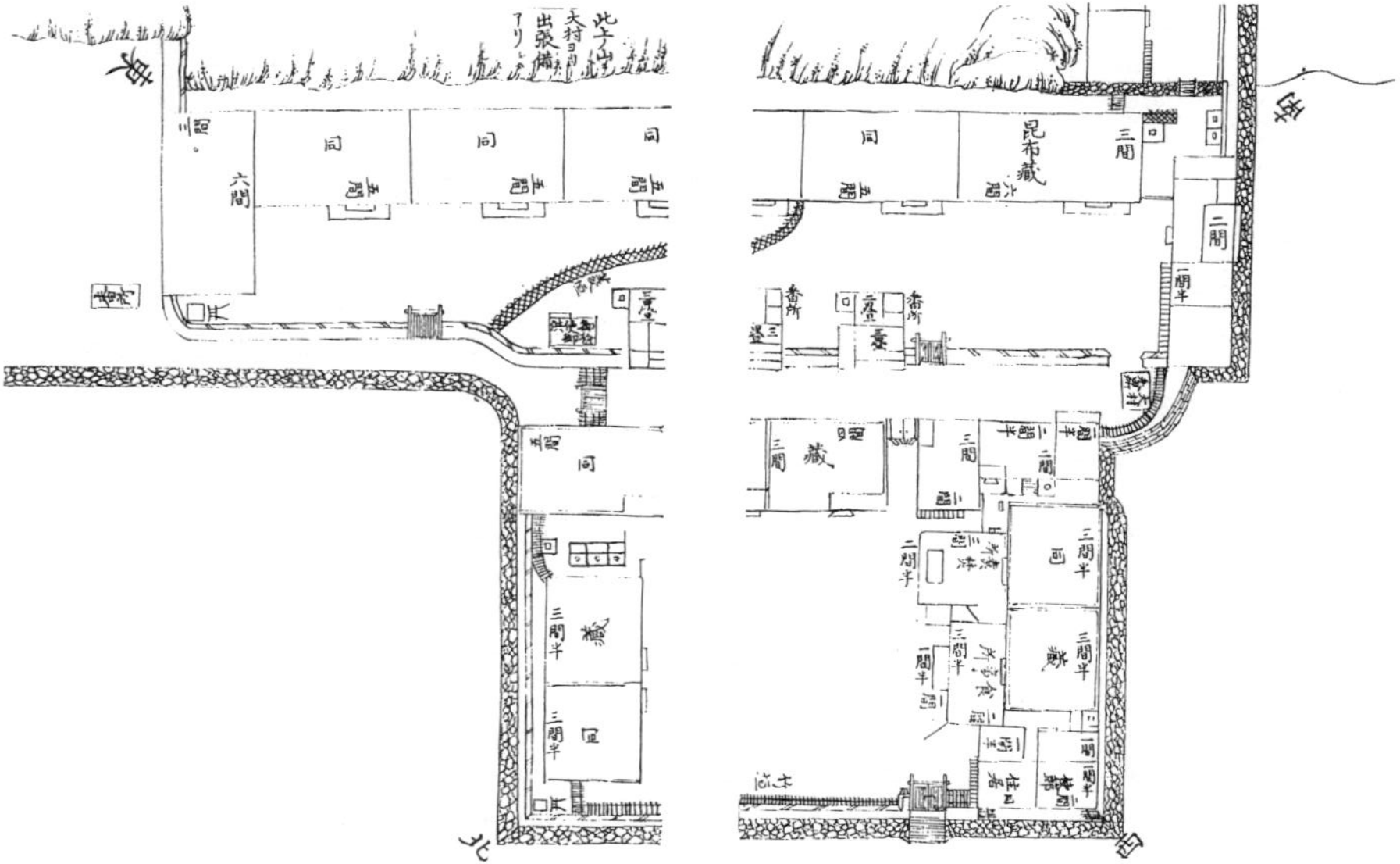

図12　梅ケ崎の屋敷見取図（「梅崎仮舘図」『長崎志続編』巻十三ノ上，内閣文庫蔵）

くべき速さで始まった。最初の日だけでひとつの倉庫が一杯になってしまった。何千人もの人夫が駆りだされたということだ。

一日中ひっきりなしに、役人たちが次々に挨拶しにやってきた。(2) 彼らにコーヒーをごちそうした。みんなコーヒーがたいへん好きだった。

十二月七日(文化元年十一月十九日)

将軍への献上品の一部と索具が荷揚げされ、もうひとつの倉庫も一杯になった。艦では二人の検使が品名をリストに書き入れていた、同じようにここでも庭に役人がやってきて、そのあと艦から岸に荷揚げされたものを検査していた。日本人の働きぶりは目を見張らせるものがある。

皇帝の鏡が運ばれてきたので、そのうちの一つの箱を開けてみたが、無事だった。日本人がみんな寄ってきて、その大きさに驚きの声をあげた。しかしすぐに欠陥を見つけ、こんな美しいガラスにこれだけたくさんのほこりがついていると残念がった。もうひとつ象を描いた時計の箱を開けた。彼らはもっとびっくりしていた。これがいいかどうか尋ねてみたら、彼らは言葉がでないほど美しいと答えた。

献上品を並べるため、テーブルを用意してほしいと頼んだ、彼らはそれを約束した。

夕方になっていつものように錠が掛けられ、彼らは帰っていった。

十二月八日(文化元年十一月二十日)

朝、海ぎわの門が開け放たれた。そして再び艦から重い荷物の輸送が開始された。最後の倉庫ももう一杯になりはじめた。彼らは私たちの近くにある、いま中国人が使っているふたつの倉庫を与えると約束してくれ、中国人たちにそこを掃除するように命じた。

朝方、検使のイシロイペイさまとマツウエジョウゴ(大村藩物頭松浦鉄十郎のことか)さまが来訪、コーヒーを飲んでいった。

昼食のあと、高島四郎兵衛がやって来て、これから必要なことはすべて、彼を通して行なわれることになるので、すばやく実行するために必要なことは前もって申し出てもらいたいと告げた。

礼を述べ、彼にもコーヒーをごちそうした。いままで見てきたところ日本人たちはコーヒーが大好物のようだ。

この日奉行が、私に四つの花壺を贈ってきた。ひとつは水仙、ふたつめはマンリョウの木と赤い苺、三つ目はおよそ三十センチぐらいの大きさで、瘤《こぶ》がついたまま栽培された杉、そして四つ目には松の木が活けられていた。そして花壺には小さな盆栽の絵が描かれていた(水仙と橘、蘇鉄の鉢植えが贈られたと大田南畝は『羅父風説』に書き留めている)。友好の証としてこれを受け取った。

オランダ商館長ドゥーフが、上陸できたお祝いを述べるため通訳たちを送ってきた。そして野菜、キャベツ、パセリ、ニシンを届けてくれた。これに礼を述べ、彼にもデザートとワインを何本か贈りたいと思ったが、まず奉行に報告する必要があった。そのあと検使たちが品物をリストに書き入れるために送り込まれるのだ。それなしでは通常は贈り届けができない。しかし通訳たちはすぐにとりかかると約束した。

毎晩部屋で私たちが全員いるかどうか調べられたが、さすがに点呼をとることはしなかった。

どうやって鏡を運ぶのか聞いてみたら、彼らは「人力で運びます」一度中国の皇帝から贈られた生きた象を江戸まで運んだことがあります」(一七二六年唐船で運ばれた象が長崎に入港、翌年江戸まで陸送され、将軍吉宗が謁見している)と答えた。

この日、通訳のひとりが、秘密を打ち明けてくれた。私たちには別の屋敷が用意されており、すぐに江戸に行くことになる。すでに通訳の責任者と私を含めて五人が選ばれているというのだ。

十二月九日(文化元年十一月二十一日)

この日は北風が強く、輸送は行なわれなかった。

いつものように検使たちは一日中私のところにいた。そしてこの日も奉行からの言伝てだといって、私の健康状態をたずね、ロシア人が牛肉を食べることは知っているのだが、彼らのところにはないので、もしも必要であれば、オランダ人たちに命じて、入手できると言ってきた。

お礼を述べて「私のためにオランダ人たちをわずらわしたくない」と答えた。

「そんなことはない、彼らは私たちの友人であり私たちのためなら犠牲になることも厭わない」

「私も同じ友人としてそれを望まない、もし肉が贈られてきても、返すであろう。彼らのところには牛がたくさんいるのか」とたずねてみた。

「二組のつがいがいる」

「少しぐらいだったら同意して、彼らに命じてもいいかと思う。気の毒かとは思うが、ドゥーフ自身が私のところに一フント(四〇九・五グラム)か半フントぐらいを贈ってくれるようなことがあったら、受け取る以外ないだろう。その時は喜んで、そして感謝をこめて受け取る」と答えた。

十二月十日(文化元年十一月二十二日)

また食料の輸送がはじまった。朝方、検使の行方ともうひとり初めて見るキジタサマ(大田南畝と一緒に江戸から来た御普請役福永喜弥太《きやた》のことか)が訪ねてきて、コーヒーを飲んだあと、自分のところ(御検使御用という部屋が屋敷内にあった)に戻った。

昼食の前、庭にひとりの漂流民が入っていくのが目に入った。ほかの漂流民たちも庭にいた。検使たちは部屋の中にいた。部屋は庭に面しあけられており、漂流民たちは土下座したままだった。

だれか重要人物が何かわけがあって、言いがかりをつけてくるのではないかという予感がした。そして実際に四時間後私のところに通訳の責任者助左衛門がやって来て、奉行から派遣された重臣が重要な知らせを持って来たので、これを受け入れてもらえるかどうか知りたいのだと言ってきた(前日江戸から下知状が届いていた――この内容については注3参照)。「よくご存じのように、いつもどおり礼を尽してお迎えしましょう」と答えた。

「要はこういうことなのです。彼が将軍の言葉を伝える時に、土下座してもらいたいのです」

「いいえ、そんなことはできません」

「しかしわたしたちはそうするのです」

「同じ質問に二度も答えるつもりはありません」

「あなたは少なくとも将軍を尊敬しているのではないのですか」

「少なくともあなたよりは将軍を尊敬はしています。しかし忘れないでもらいたい。私は偉大な国の使節なのです」

「彼にそれを申し伝えましょう」

「それで結構です」

助左衛門はいったん日本人たちのところに行き、再び来て、こう伝えた。

「重臣はあなたの強硬な姿勢を残念に思っていますが、日本人が寛容であるあかしに、あなたがちょっとだけお辞儀をして、彼が将軍の命令を伝えるときだけ立っているだけでいいと同意してくれました」

「無駄なことです。お辞儀するつもりなど微塵もありません」

「彼は奉行の代理として来ているのです。あなたがそんな風にすれば、奉行を侮辱することになるでしょう」

「一刻も早くけりをつけましょう。椅子から立ち上がり、三歩前に進み、彼の手を友好的にとって、私の反対側に座るようにお願いしましょう」

「そのように申し伝えます」

「いいでしょう。もうこれ以上来ないでください。馬鹿げたことを話し合うことは嫌いですし、聞くのもうんざりです」

彼は日本人たちのところに行って、十五分後再びやって来た。

私は病気だと言った。彼らは、別の件で来たので、お目通り願いたいといってきたので入室を許可した。

私が奉行の申し出を受け入れるかどうか、聞くよう命じられてきたと言う。

「答えは同じです」

「それがだめなのです。あなたは床に座らなくてはならないのです」

「それはできません」

「奉行のところであなたが腰掛けようにも、私たちのところには椅子はないのです」

「自分で持っていきます」

「それは無礼だと思われます。あなたの皇帝は国書の中で、望まれれば、あなたは私たちの習慣に従うと言っておられます。あなたのやっていることはそれに反しているのではないですか」

「皇帝の意思は私のほうがよく分かっています。実際にあなたがたの習慣に従っているではないですか。これで私があとでどんな目にあうかはわかりませんが」

友好隣国からこのように拒絶されたことがないと言うので、私こそここで幽閉されるとは思ってもいなかったし、いま私たちをこのように拘束していること、これは恥辱以外のなにものでもないと答えた。

「ここに古文書があります。それを読んでさしあげましょう。一六五二年ポルトガルの使節が来航、そしてそのあとにイギリスの使節が来ましたが(一六四七年六月ポルトガル船、一六七三年五月イギリス船が通商を求め長崎に来航、いずれも拒否された事例を指すものと思われる)、よろしいですか、彼らは奉行たちと会見をし、その際に奉行たちの前でひざまずいた(ひれ伏した)のです。

もしも聞き入れることが困難だというのなら、外国船が私たちの慣例に従わなかったというだけで、不快な事態を招くことになることを知るべきでしょう」

これに対して次のように答えた。

そのような文書を読みあげて欲しくはない。理由は我が皇帝と、いかなる諸国とも同等に扱うことはできないことにある。何年にどんな国の使節が訪れたことなど、必要であれば、私は何も見ないで言うことができる。もしここでスペイン船を焼いたこと(一六〇九年、一六四〇年に長崎に来航した外国船を焼き討ちした事件がおきているが、いずれもスペイン船ではなくポルトガル船が被害を受けたもの)があったとしても。すでにこのことは知っており、そうしたことを自分の例とすることもできない。なぜならロシア人のふるまいは、このような出来事をあなたがたが読みあげることを必要としないからです。また第二に、彼らと交渉することが、どれだけたいへんなことか、またあなたがたのことを大胆に責任をもとうとしているのに、日本人は何も答えようとしないではないかと抗議した。

「お願いです。双方にとって満足が得られるようなんとかこの話の決着をつけましょう」と言ってきたので、「いいでしょう。奉行が私のところに来た時には、ソファーに座り、私どもの慣習に従ってください。奉行のところでは、あなた方の慣習に従い、床の上に座りましょう。しかしこれはあくまでも同等にというのが原則です。もし奉行が絨毯《じゅうたん》の上に座るのなら、私も絨毯の上に座らなくてはなりません」と答えた。

「奉行が、将軍になり代わり話す時に、お辞儀することに同意していただけますか？」

「同意しましょう。ただし私が皇帝の意思で話す時には、彼もお辞儀しなくてはなりません」

彼らは一言も発することができなく、ただため息をつき、遺憾の意を表した。そのあとでこの重臣が私の所に来てもいいかどうか聞いてきた。

「昼食を終えてから、お呼びします」

「それまでにはだいぶ時間がかかります。彼は一時間以上も待つことになります」

これに対して、私は三カ月も待っていて、いまだ返事をもらっていないのですよ、こちらの方がよっぽど長いと思うと答えてやった。

彼らは、一言も口をきかず、出ていった。

昼食をとったあと、日本人たちのところに遣いをやった。彼らは大人数でやって来た。太鼓を叩くように命じた。

重臣(この役人が誰かは不明)が部屋に入ってきたとき、私は椅子から立ち上がり、三歩前に出て、彼の手を握り、少し振ったあと、日本語でお会いできてうれしいと話しかけ、ソファーに座るように促した。重臣は上官も一緒に腰掛けさせた、役人たちはみんな跪《ひざまず》いていた。

将軍が艦を湾に入れるように命令を下したと告げた。

この喜ばしい知らせに感謝を述べ、聡明で洞察力あふれる我が皇帝と同等である、将　軍《テンヂンクボウ》さまから、これにまさる喜びを得ようなどとは思いません。その偉大さにおいて同等である、隣国からの友好の証を見ることが、我が皇帝にとっても、これがどれだけ喜ばしく、光栄なことか、私は知っている。それ故に、ロシアと日本両国の民衆も、君主同士のこうした相互関係に倣《なら》って、友好的なものとなるであろう。このように述べた。

次に私の健康具合を尋ねてきたので、はなはだ良くないと答えた。そして食料を贈り届けてくれたことに関してはたいへん感謝しているが、屋敷に関していわせてもらえるなら、狭くて、さらにいたるところからすきま風が吹き込んでくる、もしこの町にもっといい屋敷がないのなら、艦に戻ろうと考えていると伝えた。

彼らはこれを伝えることを約束し、奉行が近くにある中国人たちがつかっていた二軒の倉庫を我々に与えるように命じ、あと数時間後には立ち退かせると言った。昨日中国人全員が倉庫を空にしていたことを知っていた。一時間後倉庫の準備ができたと言いに来たので、上官たちを連れて、見に行った。そこが非常に使い勝手がいいことがわかったので、荷船から荷を下ろし、ここに運んでくるように命じた。

この間、上官の部屋に仕切りが作られた。日本人たちに、他の場所に私がすぐに引っ越しするようになったら、彼らがなにをするのか聞いてみたが、自分たちの仕事は準備を整えることだけなので、その時にはお役に立てませんと答えた。ひとりの役人が話から外れた。彼は松平左衛門《マツダイサイモンサマ》(長崎警備にあたっていた佐賀藩の現場責任者、肥前守名代。レザーノフ帰国後、その功績に対して老中より御褒詞をもらっている)といっていたが、彼の帰りを待っている奉行のところに戻らなくてはならないので、コーヒーを遠慮した。

検使たちは残って、コーヒーを飲んだ。そのあとマラガ産ブドウ酒をちょっと飲ませてみた。彼らはこれがとても気に入ったようだった。そして話もだんだんはずんできた。

私は「どうしてあなたたちはそんなにもたくさんの馬鹿げたことやこどもじみたことをするのか、例えば、あなたたちの要塞は、子どものおもちゃみたいなものです。要塞には一台の大砲もないことを知っています」と言うと、彼らは怒りだし、要塞のいたるところに大砲があると答えた。

「何のために幟をつるしているのですか」

「あなたに武装していると思わせないためです」

「風の向きがどんなに変わりやすいといっても、風はあなたたちより正直です。風が幟をめくりあげることは一度だけではありません。それでその中が、幟がいっぱい吊るされ、ただカバーがついた杭以外のなにものでもないことがわかりました」

彼らはびっくりしながら自分たちでなにか話し合っていた。そのあと笑いだして、こう言った。

「それぞれ国によってちがうやりかたがあるのです」

彼らはなにか理由があったのだろう、話題をかえてきた。

「ヨーロッパでは上司に報告しないで、物をたがいに贈りあっているようですが、日本では、あなたがオランダ人たちにお土産を贈りたい時は、奉行に報告しなければなりません。奇妙に思うかもしれませんが、あなたの品物が確実に贈り届けられるためには、そうしなくてはならないのです。いまならあなたの手紙をつけて通訳たちに渡すことができます」

早速ドゥーフ宛てに手紙を書き、彼のためにラム酒、ポートワイン、マラガ産ブドウ酒一本ずつと一ダースのシェリー酒を渡した。

ラングスドルフは、役人たちを電気の器械で夢中にしていた、さまざまな実験を行なった。日本人たちはすっかり夢中になった。夕方になって彼らはずいぶんと仲良くなって、別れた。

十二月十一日(文化元年十一月二十三日)

朝、小窓から、中国のジャンク船が到着するのが見えた。朝、日本人が、艦を入湾させるよう命令されたと言いに来た。雨が降っているが、中止されることはないという。

午後三時ナジェジダ号が屋敷のところまで来た。その時屋敷を囲む山の上に、何百人もの人が笠をかぶって働いているのが見えた。一時間後にはすべての要塞が撤収されたた(二日前に届いた江戸からの下知状で、厳重な警備体制は必要がないという指示が出されていた)。その場所は再び元通りになった。夕方、山の上に農民の姿が見えた。彼らは自分の土地を再び手にしたことをたいへん喜んでいるように見えた。

門の向かい側にいる警備兵にも同じような変化があった。大村《セムラ》の紋の代わりに、将軍の色、すなわち横に二本の白色と一本の青色の帯状のものが置かれた。出島ではオランダ人がナジェジダ号への敬意のため旗を掲げた。私たちのところでも軍旗が掲げられた。

夕方ちかく、もう一艘の中国のジャンク船がやって来た。

夜九時ぐらいから入江で身の毛もよだつような叫び声が聞こえてきた。あとで中国人たちが生贄《いけにえ》を殺していたことがわかった。

十二月十二日(文化元年十一月二十四日)
朝、中国船から銅鑼《ドラ》の音が聞こえてきた。朝の祈禱であった。このあと船で荷揚げが始まった。二、三時間かかって荷揚げが行なわれた。中国人たちは全員岸に連れていかれた。日本人たちが彼らの船に乗り込み、自分たちの荷船に荷を下ろした。この荷船一隻に、ひとりだけ中国人が乗っていた。ジャンク船には船長と三人だけが留まった。
船は南京から絹と砂糖を積んでやって来たものだ。荷揚げの際に日本人たちが決して不正をしないこと、中国人たちが日本人たちの慣習に従い、日本人を主人と崇め、喜んで貿易を行なっていること、これは一考を要することだった。

十一時に岸側の門が開かれた。艦から索具類が下ろされた。日本人たちの扱いは非常に丁寧であった。

検使たちと通訳の庄左衛門が来訪。庄左衛門が、私の話を正しく訳しておらず、役人たちの答えをその通りに私に伝えようとしないことがわかった。直ちに役人たちに、通訳に対する不満を明らかにした。彼らはびっくりしてそんなことができるはずはないし、真面目な通訳で、自分の義務を承知しているはずだと答えた。これに対して「しかし怒らないでもらいたいのだが、オランダ商人のことばではなく、ロシア皇帝が派遣した全権使節の言葉を訳していることを肝に銘じ、助左衛門か自分の義務を果たす他の通訳を派遣してもらいたい」と言った。

私の部屋から出たあと、検使たちは象の時計(図13)のゼンマイを巻いてくれないかと頼んできた。いまは出来ないが、数時間したら彼らを呼んで、実際にやってみると言うように命じたが、彼らは怒って来なかった。たぶん庄左衛門が彼らを行かせないようにしむけたのだろう。

図13　献上品 象の時計
（大田南畝「羅父風説」）

これを冷静に受けとめ、彼らに明日通訳の責任者を派遣するよう、再度念を押し、また部下たちがここと艦のあいだを頻繁に行き来し、艦と自由に連絡できるように、忘れずに奉行にお願いしてほしいと命じた。

この日は首尾よく終わった。

この日、さくらんぼうぐらいの大きさの小さなオレンジの一種で、キンカンと呼ばれた食物が運び込まれた。

十二月十三日（文化元年十一月二十五日）

艦からすべての荷が下ろされた。昼食の時に、艦長が荷揚げが完了したと報告しに来た。さらに行方と吉左衛門《キキザイモ》(山田吉左衛門)も来訪、彼らもまた荷揚げが終わったと告げた。奉行に謝辞を述べるよう伝える。私の要請に応じて、助左衛門が現れた。彼に庄左衛門の振るまいを説明し、奉行たちと個人的に会えずに、交渉できない時にもかかわらず、彼は私の要求を正しく説明してくれなかったこと、さらにこれからは私の話をすべてオランダ語に書き、それを読んで、自分でサインするか、あるいは自分の判を捺すかしたいと求めた。これに対して助左衛門(図14)は「江戸から返事が来ないうちは、いかなる文書も交わすことはできない。しかしこれだけは断言するが、あなたの言葉はすべて奉行たちに伝えるし、その結果を必ず報告する。その証として、あなたの住んでいるところと艦

図14　石橋助左衛門の肖像

の間を自由に行き来することが許されたことをお伝えしたい」と答えた。

　艦長が手漕ぎボートと艦載ボートを修理するための場所が必要だと言ってきた。ここでは修理するのが不便だというのだ。助左衛門は検使たちにこれを通訳したが、彼らの指示を待つことなく、奉行に申し伝えると返事し「場所は与えられるだろうが、そこに寝泊まりすることは許されないであろう。しかし責任をもって事にあたる」と返答した。そして大工も必要なのではないかと尋ねてきた。

　艦長は、それは必要ない、自分たちで修理すると答えた。いま倉庫にある水樽を修理するために、さらに梅ケ崎《ムメガサキ》に屋根がついたところが二カ所必要だと言った。

　助左衛門は、これは許可されるであろうと確信をもって答えた。大通詞《オーベルトルク》がすべての権限を持っていることがわかった。検使たちは、おそらく恰好《かっこう》をつけるために派遣されているのだろう。

　検使たちがその場を退いた時に、ひとりの通訳為八郎が私にこう言った。

「びっくりしないで下さい。あなたは拒否されることはなにもないのです。昨日江戸から急使が来て、艦を湾に案内すること、もしロシア人たちに何か必要なことがあれば、何一つ拒絶しないことが望ましいと伝えてきました。遠方なので、江戸から役人が派遣されることになるでしょう[4]」

コシェレフ中尉が昼食のあと、艦長と一緒に艦に行き、そこで泊まりたいと許可を求めてきた。行くことを許可したが、彼らが岸を離れれば、門に配置されている警固兵が、来たときよりも帰るときの方がひとり人数が多いのに気づくと、結局は呼び戻されるかもしれない、しかしすでに艦に部下を派遣しているし、自由な行き来も許されたし、彼らもそんなことにかまわないだろうと答えた。コシェレフたちは、これに対して上官の許可なしにそれは無理であろう。奉行には、梅ケ崎に十九人なのが、いまは十八人しかいないといった報告がなされるだろう。そのために彼らは勘定を合わせるため、水兵をひとり艦から呼び、自分たちは自分たちのボートで艦に行くことを願い出てきた。面倒なことをはやく終わらせるために、人数合わせのため艦から水兵ひとりを呼ぶことに同意した。こうして面倒なことにかたを付けた。

今日レモンに似た果物が運ばれてきた。丸くて非常に大きく、皮も厚く、二センチあまりもあった。果肉はレモンのようであるが、そんなに酸っぱくはない。グレープフルーツによく似ていた。

艦の乗組員たちが言うには、検使たちはおっとせいの毛皮の帽子がいたく気に入っていた、そして日本人がそれをとても好んでいるという。

十二月十四日（文化元年十一月二十六日）

京《ミヤコ》でつくられた、ヨーロッパ風の机（引き出し付き）が、手紙と一緒に届けられた。青貝色の漆塗りで、銀色の鍵がついていた。検使たちが言うには、これをつくるのにオランダのお金で五百ターラ支払ったという。為八郎が手紙を持って来訪。（ドゥーフからレザーノフに対してワインと茶器への礼状）

荷物の点検。日本人たちも、実際屋敷が狭いことに気づいたようだ。何故ならば品物を置く場所がもうどこにもなかったのだ。

奉行たちも、将軍の許可がなければ、自分の城から出られなく、夜になると錠がかけられるという話を聞かせられた。そのため私たちが自由を求めるというのは、よけいな望みだと日本人には見えるらしい。自由など誰にもないし、一言でいうならば、町にはどんなに人が多いといっても、私たちは通りで誰ひとり人の姿を見たことがない。

家のなかに日本人たちはいるが、農民や作業員以外の他の日本人を誰も目にしたことがない。警固兵たちもいるが、持ち場から離れることがない。

十二月十五日(文化元年十一月二十七日)

朝六時半、温度計が一度を示していた。屋根が氷柱で覆われた。おそらく、夜は氷点下《マローズ》だったのだろう。私たちにとっては最初の冬の兆しを見た朝だった。

十一時に十艘ぐらいの小舟を目にした。小舟で竹を運んでいた。長い間私たちは、日本人たちがなにをやろうとしているのか、理解できなかった。しばらくしてからやっとその目的がわかった。彼らは水の中に棒を打ち込み始め、私たちの家から海辺にそって、この場所を双方から囲むように、竹で三十メートルぐらいにわたって、柵を作っていたのだ。それはこの近辺に船が近づけないようにするためだった。

この日、門に面した横町のところに、大きな番所をつくりはじめた。材木の束が置かれ、ふき板がかぶせられた。すべてを組み立てるよう持ち込まれたものであった。壁に竹を編んでつくった格子がはめ込まれ、両側からわらを混ぜた粘土が詰め込まれた。

十二月十六日(文化元年十一月二十八日)

この番所は、検使たちのために建てられたものだった。今日は、内装工事が行なわれ、窓、衝立、ござの絨毯(畳)がつけられ、とてもきれいに掃除された。
艦から報告があり、船首の方まで水漏れがひろがってきたという。修理のために必要な材料のリストも届けられた。通訳たちを呼んだ。

十二月十七日(文化元年十一月二十九日)
助左衛門と為八郎来訪。銅板二十枚、釘、他の材料が必要であることを伝えた。彼らは奉行に伝え、すぐに返答すると約束。

十二月十八日(文化元年十一月三十日)
助左衛門と、昨日は来なかった庄左衛門来訪。彼らは六フント(約二・四五キロ)もの銅板はなく、寸法も足りないと言ってきた。それは別にかまわないが、銅板と釘はもっと多く必要になると答えた。そして樽《たる》修理用に紙と木材が欲しいと頼んだ。(5) 入手することを約束して、さらに手漕ぎ舟修理のため、いまのところから少し離れた所に場所を代えるよう、奉行が命令したのだが、そこは大村藩の所有地なので、その許可を待っているところだと伝えてきた。部下を下見に派遣することができるというので、部下と艦長を下見に行かせるといったら、艦長については何もいわれていないので、奉行に申し伝える必要がある。それについては明日にでも通訳を艦に派遣するという。

　私たちの決定について質問したのだが、要領を得ない答えだった。

十二月十九日(文化元年十二月一日)

　新暦の一月一日にあたる。フリードリッヒ少佐とコシェレフ中尉が、艦にいったら、そこで、通訳たちと会ったという。彼らはみんな非常に浮き浮きし、愛想よく、正装していたが、これから出島に食事をしに行くと言っていたという。いつも新年を祝うために、ドゥーフが御馳走してくれるのだ(6)。彼らと一緒にロベルト大尉が場所を見るため同行した。ロベルトは、そこが便利が良く、やっと二艘のボートが留められるぐらいではあるが、なによりも警備する人間もいないし、竹で高く柵をはりめぐらされてもいない、占領されていない場所であることがわかった。

　約束で私たちは誰もそこに泊まれないことが決められていた。

　日本人たちがどれだけ警戒していたかというと、門のところで、番所建築中の大工が、この場所の近くで樽を修理している私たちの部下と、身ぶりで話ししようとすると、すぐに役人たちがこれを禁じ、彼らを追い払うほどだった。

夕方になると、ドゥーフの屋敷にはなやかな明かりが灯された。籠《かご》に入った提灯《ランプ》が旗竿の上に掲げられた。通訳たちが言うには、ドゥーフは、私と会えるように奉行に許可を求めたのだが、許可を得られなかったという。

十二月二十日(文化元年十二月二日)

また夕方になると、ドゥーフの屋敷に明かりが灯された。その明かりで山や樹の梢もはっきりと見ることができた。

十二月二十一日(文化元年十二月三日)

夜、一度になった。朝方も温度計は同じ温度を示していた。

夕方また出島のドゥーフの屋敷に明かりが灯された。彼が三日間にわたって新年のお祝いをすることを知った。

十二月二十二日(文化元年十二月四日)

通訳の為八郎と良吉《リヨウキシ》(小通詞三島良吉)が来訪。船の外張りにつかう銅板と紙の見本を持ってきた。紙はもう少し厚いものを、板の方は小さいけれども、それを百枚と釘を四十フント(約十六・三八キロ)もらうことに決めた。すぐに手配することを約束したが、四十日以上はかかるという。そして支払いについてもすべて命令が履行されないうちは要求しないよう命じられていること、またもっと大きい銅板が必要であれば、京《ミヤコ》に注文しなければならないというので、それが遅くなることを知っていたので断った。

為八郎がこっそりと字引をくれた。彼ひとりの時に、どうしてこんなに返事が遅いのか、尋ねた。彼はこう答えた。

「あなたが急いでいるので、新たに江戸から京《ミヤコ》に天皇に相談するため使者が送られています。そこから返事が来れば、ただちに間違いなく急使がくるはずです」

さらに加えて「昨日奉行からの布告で、ロシア人を友人とみなすために、筑前藩の海軍を帰すことにした」と告げた。たしかに朝私たちは、筑前の紋章をつけたすべての帆船が外洋に向かって去っていくのを見て驚いたのだ。

十二月二十三日(文化元年十二月五日)

ドゥーフが通訳の義十郎《ギジュロウ》(小通詞末席西義十郎)を使いに、五島で獲れた野生の羊(ドゥーフは野猪と鹿を贈っていた)と、青物野菜、二十個のキャベツ、パセリの束を届けてくれた。彼にお礼の言葉を書きたかったのだが、通訳は奉行の許可がないとそれを受け取れないと答えた。

十二月二十五日(文化元年十二月七日)

通訳の為八郎と良吉来訪。為八郎が「江戸から大臣たちが来るのを待っているのだが、すぐに来るのかどうか分からない」と言った。

さらに言葉を続けて、艦修理のため材料を提供するよう命令がだされたこと、オランダ商館のドゥーフが、私が寒さに耐えかねているのではと心配し、友情の証として、綿で縫った部屋着《ガウン》を差し上げたいといっていると報告してくれた。

彼らにポンチをごちそうした。彼らはとても喜んでこれを飲み、「ドゥーフが新年の祝いの時に、あなたが贈ったワインとラム酒をふるまってくれ、私たちだけでなく、ドゥーフもおいしくいただいた」と打ち明けた。

今日は艦から部下たちがやってきて私のところで昼食をとった。

十二月二十六日(文化元年十二月八日)

幽閉されて以来初めて昼食をとりに艦に行った。ふつうの旗を掲げたボートに乗ったのだが、役人たちは細心の注意を払っていた。夜九時頃艦から引き上げたのだが、干潮のため岸に近づけなくなった。すると突然日本の艀が現れて、ほとんど人力で私たちを岸に運んでくれた。岸に着くとすぐに門が開けられ、提灯をもった役人たちが私たちを待ち構えていた。この丁寧さに礼を言うと、自分たちの職務を実行しただけですという返事がかえってきた。

十二月二十五日(文化元年十二月七日)

この日はクリスマス。部下たちは私のところで食事をした。食事のあと、兵士や船員たちは、すっかり出来あがり、歌いだし、陽気にはしゃぎはじめた。日本人たちはこの騒ぎをびっくりして見ていたが、踊りだすのを見てすっかり仰天してしまった。

夕方になって儀仗兵たちの詰め所のところでも、歌が続いていたが、とつぜん火の用心のため提灯をもった巡視たちが入ってきた。彼らが、火の心配をしているのがわかったので、火には責任を持つし、みんな寂しさをまぎらわすために歌を歌っているのだと答えた。彼らはみんなおとなしく座っているのを見て、入ってきたことを謝った。私は歌うことをやめるよう命じた。

翌日、彼らがわたしたちがあまりにも大きい声で歌っていたのでびっくりしていたことがわかった。(二十四日の記述がなく、二十五日が重複してでてくるが、これは原文のまま)

十二月二十七日(文化元年十二月九日)

艦から部下たちが訪問。私のところで食事。この日、岸に艀とボートが運ばれてきた。また艦に銅と板も運びこまれた。

十二月二十八日(文化元年十二月十日)

通訳たち来訪。大工たちが岸に道具を置かず、艦に運ばせるためだった。岸には見張りが配置されていないので、大工たちが完全に命令を実行しないことを考えてのことだった。

そのとき為八郎がこっそりと中国《シン》の字引と、ドゥーフからと言って、新聞と手紙を手渡してきた（ドゥーフの回想録に「我等は窃に仏文にて互いに文通し、通詞も之を内密にせり。斯くて予は此年バタヴィアより受取りたる新聞紙を其許に送りしこともありたり」とある〉。彼にワイン六ダースと鏡、大理石でできたテーブルを二つ持っていくよう頼んだ。奉行に報告したうえ、返事すると約束した。衛兵たちの銃をじっと見つめていたので、為八郎に銃が好きかどうか尋ねてみたが、「私たちはそれを許されていません。銃が撃てるのは兵隊だけです」と答えた。

今日もまた中国のジャンク船がやって来た。通訳たちの話だと、一艘のジャンク船が五島列島で事故に遇い、六人が溺死したが、他の人々は救出されたという。（大田南畝「長崎表御用会計私記」の十二月六日に「唐船壱艘五島ニテ破船之由風説有之。……溺死人も有之風聞之由」とある）

十二月二十九日（文化元年十二月十一日）

通訳たち来訪せず。

十二月三十日(文化元年十二月十二日)

通訳の為八郎と義十郎が来訪。ドゥーフが私の贈り物に大変感謝しているが、日本人たちが疑いの目でみるので、どうか彼のもとに何も贈らないで欲しいと言っていると報告。

一八〇五年一月一日(文化元年十二月十四日)

朝、艦長以下上官全員が新年の祝いを言うために艦から来訪。彼らが中庭で二列をつくるのを、日本人たちが興味深げに見つめていた。この日上官たちは全員私のところで食事をとった。

食事の時、為八郎ともうひとりの通訳義十郎が来訪。彼らはすっかり錆《さ》びついてしまった私たちの銃を持ってきた。この銃が一本も使えないことを示し、私たちが要求した時に、渡してくれなかったためにこうなったと文句を言った。しかし今日来た通訳たちが悪いのではなく、他の通訳たちのせいだということがわかった。為八郎たちは、銃のことを聞いてすぐに、奉行に報告して、それを持ってくる許可が出されたというのだ。

一丁の銃と二丁のピストルを持ってきて、他のは錆をとって少しずつ持ってくることを約束した。きちんと保管し、返すということだった。彼ら自身もこんな警戒がどれだけ馬鹿げたものかを感じており、私たちの質問を聞くことが恥ずかしそうだった。

最後に為八郎は、ドゥーフからの言伝《ことづ》てだといって、お祝いの言葉と、部屋着《ガウン》を贈ったことを伝えた。しかしこの部屋着が、綿の中に商品か手紙が縫い込まれているかどうか調べるために、ほどかれることを奉行から聞かされていた。

ドゥーフにワインと鏡、ボタン、大理石のテーブルを二つ贈りたかったのだが、彼らはそれを受け取らなかった。ドゥーフ自身何も贈らないで欲しいと言っていたし、日本人たちは、こうした贈り物に対して非常に疑い深かった。奉行はこれを口実に私たちのあいだで貿易が行なわれると判断していたのだ、こうした判断はあまりにも酷《ひど》いものであり、どうしてもこの贈り物を受け取ってもらいたいと要求した。もし受け取れないのであれば、彼らを門の外に追い出すとも言った。為八郎は、この件については奉行に申し伝え、部屋着を明後日私のもとに届けると約束した。

為八郎にドゥーフから借りた新聞を返そうと手渡したら、彼は血相をかえ「手元に置いておいてください、そうでないと私の生命が危なくなります、持ち出せたのも、警備兵のなかに知り合いがいたからで、いまは警戒が厳しく、彼をまた見つけられるかどうか保証できません、知り合いが警固の順番になったときに、それを持っていきます」と答えた。
部屋着《ガウン》と一緒に、漆器の見本を持ってくることも約束した。たぶん奉行の許可を得られるはずだという。

一月二日(文化元年十二月十五日)
これといったことはなにもなかった。

一月三日(文化元年十二月十六日)
大通詞《オーベルトルク》助左衛門が、部屋着《ガウン》を持ってきて「これを贈ることを決めたのは、ドゥーフですが、これはヨーロッパのものではなく、日本製で、贈ったのは、奉行である」と告げた。さらにあなたの具合が悪いと聞いて、奉行から健康状態を聞くようにいわれているると言ったので、奉行に御礼を言うように命じ、「部屋の湿気と吐き気のため私は死ぬかもしれない。しかしこれはたいして重要なことではない。それよりもロシア帝国の使節が無下《むげ》に殺されたときは、あなたの国が私の政府とどのように交渉するつもりなのか、知りたいものだ」と尋ねた。

助左衛門は、いつものようにふたりの奉行は友好的であり、彼ら自身何も決定できないことに苛立っていること、しかし早く私が安心できることを望んでいると説明した。しかし部屋に誰もいなくなったとき、私ひとりに対して「ここで誰もわからないことに、あなたはどうしてその理由を探ろうとするのですか。ここではなんでも驚かねばならないし、我慢を強いられるのは仕方のないことなのです」と言った。

この日夕方、オランダ人のラングスドルフが自分でつくった気球をためしに上げてみた。ラングスドルフは、大きさ五十フント(約二十・五キロ)の気球を熱しはじめた。気球は非常に高く上がっていった。しかし許可なしで上げることができないというので、いったん下ろすことになったが、実験が成功したので、彼は大喜びだった。日本人たちもこの実験に我を忘れて喜び、感謝していた。

六　太十郎自殺未遂事件

一月四日(文化元年十二月十七日)

朝十一時、私たちの日本人(漂流民)のひとり太十郎《タチジュロ》が喉を切り自殺を図った。剃刀を摑み、それを喉に突っ込んだのだ。ドロフェーエフがやっとのことでそれを引き離した。ラングスドルフも、このとき助けようとしたが、太十郎が拒んだ。血が口のなかに溢れ出た。直ちに日本の役人と通訳たち、それに医者をつれてくるように使者を出した。

午後三時、ふたりの検使吉左衛門《キキザイモ》(山田吉左衛門)と小倉源之進が、通訳の助左衛門と為八郎、医者と助手たちを伴い大勢で来訪。処置がなされた。医者たちはうがい薬で血をとった(1)。漂流民たちは彼が絶望のあまりにこんなことをしたと教えてくれた。

どうしてこんなことになったのか。私は理由をいわなければなるまい。日本の法が、外国人ではなく、同国の人々の堪忍袋の緒を切らせたのだ。私は漂流民たちを引き取るよう奉行に伝えてもらいたいと、検使たちに申し入れた。何故なら他の漂流民たちも自殺を図ることは間違いない。こんなことがいつか起きるのではないかと心配していたのだ。何故ならば太十郎は、ラクスマンによって日本に送還された光太夫が牢獄にいる（神昌丸の乗組員大黒屋光太夫と磯吉のふたりは、寛政六年〔一七九四年〕六月から、江戸・番町にあった薬草園で暮らしていた）と聞いてからノイローゼに陥っていたのだ。漂流民たちは、親戚たちと会う代わりに、同じような運命が自分たちを待っていることを知って、ロシアを捨ててきたことを、後悔していた。

検使たちは、奉行に申し伝えることを約束した。そして奉行から贈られた部屋着を着ているのを見て、日本の着物が気に入ったかどうか質問してきた。私は「たいへん気に入っているのだが、袖が短い」と答えた。

助左衛門に「ドゥーフにワインを贈ってもいいか」と聞いたが、彼は「いいえ、もう少し我慢してください。周りの状況がそれを要求しているのです。贈ればあなたは彼に迷惑をかけることになるのです」と答えた。

すべての部屋や庭は、役人たちでひしめき合っていた。いたるところで書き取りや、書き写す作業が行なわれていた。何フィートもある長い巻物に文字が埋められていった。あちこちから役人たちがやって来て、リストを持って、事件を目撃した人たちから文書と照らし合わせしながら、口頭で聞き取りをしていた。それもひとりひとりに対して取り調べを行ない、同じように医者の報告書を照らし合わせ、最後に警固兵たちを取り調べた。この調べは夜遅くまで続いた。もしかしたら朝まで続いたのかもしれない。もしも私が彼らの取り調べに驚かず、注意も向けなかったら、彼らは退屈したかもしれない。この退屈な客人たちをやっとのことで追い出すことに成功した。九時頃庭でざわめきが聞こえたので、窓を開けてみると、たくさんの提灯と検使清水がいるのが目に入った。彼を呼びとめ、一体何事がはじまったのか尋ねると、職務で火の点検に巡回していると返事してきたので、私たちが自分たちで責任を持つから大丈夫だと言った。彼は丁寧にお辞儀をして、帰っていった。

一月五日(文化元年十二月十八日)

十二時に再び医者と検使の小倉が通訳を伴い、取り調べを行なうために来訪。彼らは太十郎が自殺を図ったとき誰が最初に発見したのか、ひとりなのか、全員なのか、その内の誰が私に知らせたのか尋ねた。この質問に対してこう答えた。

「このような礼儀をわきまえない無作法さに驚きを禁じえない。私たちの部下に対して取り調べを行なうつもりなのか」

彼らは法律で決められていることなのですと答えた。

私は笑って、「ひとりが見つけ、みんなが知ったのだ」と言ったあと、さらに続けて「ロシア人は彼が自殺することを許さなかったのだ。こんな事務的なことをまだ続けるつもりなのか。私は日本人たちの目を見るのがとても辛いのだ。日本人たちを引き取ってはくれないのか」

彼らは、「最初奉行は引き取ろうとしたのに、あなたは引き渡さなかった。彼らはそれをお城(江戸)に報告してしまったし、いまは命令があるまで引き取れない」と答えた。

「それはわかった、しかしいまは状況がちがう。他の者たちが絶望して、また自殺を図ることを心配しているのだ。すでに私は奉行宛てに引き取るよう手紙を書いたので、それを渡してもらいたい。

私は皇帝の名においてこれを執り行なうのであり、少なくとも私が判断して明らかに不当なことが行なわれないため、すべての権利を行使できる。しかしどうするかは、あなた方の勝手ですが」

検使たちは長い間同意しなかったが、さらに強く要求したので、手紙を受け取り、オランダ語に翻訳するよう依頼してきた。私は手紙の内容を説明し、通訳たちはそれをオランダ語に訳していった。翻訳の写しを要求した。[2]

助左衛門が、奉行からの伝言として、部屋着の袖が短かったことを知って、せっかく贈った部屋着が、役に立たなかったことを大変残念がり、長い袖の部屋着を縫うように命じ、後日それを届けると伝えた。

奉行に御礼を言い、その後検使に、部屋着について私が言ったことをずいぶん乱暴に解釈しているのではないかと文句を言った。

しかし通訳たちは奉行が部屋着を贈ることには、多くの意味が含まれている。このことをご理解下さいと弁じたので、奉行の心遣いに対しては感謝しているが、私自身にとって贈り物はそんな重要なことではない。もしも彼らが贈り物を受け取ってくれるのならば、十倍の贈り物をする用意さえあります。そして私から贈り物をもらうことは、彼らにとってさらなる名誉になるでしょうと答えた。

そのあと艀に外板を取り付けるための備品として、小さな銅板四百枚、五・五フント（約二・二五キロ）の銅を三十枚、十五フィート（約四・六メートル）の板二十枚、銅製の釘一プード（約十六・三八キロ）が欲しいこと、そしてこれにかかる費用はこちらが支払うと言った。同様に日本の大工に新しくヴェランダ（マストにつける見張り台）をつくってもらえないかと尋ねた。これについては特別の配慮を講じたいと考えているし、大工たちにもお金を支払うと言った。

通訳たちは、奉行が漆器を注文することを許可し、いまその見本を集めている最中で、明後日工芸家自身が届けに伺うと言った。

彼らは再び書き取り調査を命じかかったが、部屋から追い出した。まもなく通訳たちも立ち去った。

夕方に通訳の助十郎《スケジュロウ》が奉行の使いで部屋着を持って来訪。今度はヨーロッパ式の長い袖になっていた。奉行は私の病気が早くよくなることを祈っていますと伝えて欲しいということだ。まもなくして助左衛門が再び来訪、部屋着が肥田豊後守の贈り物であり、助十郎が自分の息子であると紹介してくれた。彼がどうして助左衛門と名乗らないのかと聞くと、「息子は私が死んだ時に、この名前を受け継ぐのです。私も父が生きていた時は助十郎と名乗っていました」

確かに着物の紋は同じものだった。彼らのために電気の実験(3)を見せてあげた。若い助十郎はびっくりし、父は息子の教育になったとたいへん感謝していた。

一月六日（文化元年十二月十九日）

医者が太十郎を訪ね、一日中新しい薬を与えていた。傷口は縫合されたが、ノイローゼはまだ続いていた。(4)

昼食のあと日本人の警固兵たちがやって来て、気球を飛ばしてもらいたいと頼んできたので、ラングスドルフは喜んで上げてみせた。気球は非常にうまく上ったが、ロープが屋根に当たり、上にあがらず入江の方に水平にそのまま飛んでしまい、とうとう落下してしまった。日本人たちがそれを持ってきてくれたが、すっかり水浸しになり、ラングスドルフはこれを直すのに相当苦労を強いられることになるだろう。

一月七日（文化元年十二月二十日）

門があけっぱなしになっていたので、外に出て戻ってみた。警固兵たちは何も言わなかった。彼らを少しずつ慣らすために、次の日までそのままにしておいた。

一月八日（文化元年十二月二十一日）

再び柵のところまで行ってみた。小さな子供たちが庭で遊んでいたが、私を見て「ロシアサマ」と叫んだ。彼らに近づき、日本語で近所の家に住んでいるのは誰なのか、主人の名前はなんというのか尋ねてみた。警固兵たちが戻ってきて、子供たちが怯《おび》えているので、柵まで行かないようにと言ってきた。そしていま尋ねている人は、役人だと答えた。これに対して、目つきからみて、そこに住んでいるのは、役人ではなく、中国の船乗りを管理する人だと答えてやった。これは彼らを驚かせた(梅ケ崎の近くには、唐船据場があり、唐人屋敷もあった)。さらに付け加えて、彼の名は、キエモン・ヨメゴというと言ってやった。これはもっと彼らを驚かした。彼の奥さんはツヤサンといい、オヒサという名の美しい娘がひとりいると、教えてやった。兵たちは、私がそこに行って、家にも入ったことがあると思ったのだろう、すっかりとり乱してしまった。以前私の見張りをしていた役人たちの取り調べを行ない、問いただしたが、彼らは私が一度もそこに行ったことはないし、誰とも話していない、何故ならばそこには誰もいないからだと証言した。

私はにやにや笑いながら、なにも知らない役人たちをそのままにしておいた。

一月九日(文化元年十二月二十二日)

また柵のところまで行ってみた。この時は日本の役人がひとり、見張りについいた。昨日、庭で遊んでいた子供たちが、私を見つけると、私の言いまちがいを、面白がって真似した。日本人たちとなぞなぞ遊びをはじめたが、このおかげで彼らの名前を知ることができた。

格子戸のところに、法華経《ホクド》の三人の若い僧侶が近づいてくるのが目に入った。彼らは白い上着に白いズボンを身に着け、右肩から白い包帯をして、お腹のあたりからは、何か細長い四角のものを垂れ下げ、その端に平たい銅でできた尖ったものがついていた。彼らは、細工された棒でそのボールのようなものを叩いていた。キーンという音がした。彼らは手に鐘を持って、うんざりするようなメロディーをくちずさみ、米をもらっていた。

同じような黒い服を着た仏教徒たちをたくさん見かけた。

食事のあと格子戸のところに何人かの女性たちが近寄ってきた。彼女たちにこう言ってやった。

「とても綺麗な身なりなのに、歯が黒いのは汚い。ロシア人は歯が黒い女性は嫌いです」

彼女たちは腹を立てながら、「あなたたちは、オランダ人と同じ趣味ね」と言い返したのだが、口を閉じた。

とても綺麗に着飾ったふたりの女性が近寄ってきた。ひとりは九枚重ねの絹の着物を着ていたし、もうひとりも青い錦の着物を着て、ふたりとも腰に美しい帯をしていた。しかしふたりは立ち去るように命じられ、艀に乗って去っていった。

一月十日（文化元年十二月二十三日）

天気がいいのを利用して、格子の近くまでできる限り近づいてみることにした。私たちの屋敷の隣家が見えた。戸が全部開け放たれていた、家は正月《シオロクワツ》（日本の新年）の準備のため、きれいに掃除されていた。

いろいろな行商人たちを目にした。そのうちのひとりが、籠の中に金と黒の漆を塗った美しい箱を何個か持っていた。そこに何が入っているのか尋ねると彼は箱を開けて、小さなフォークで、米からつくられた小さな餅をつかみ、御馳走してくれた。箱のなかは驚くほどきれいでこざっぱりしていた。

この日、通訳たちを呼んだ。助左衛門、庄左衛門が現れた。円材(船上の円柱のこと)をとりに、木鉢に行く許可を取ってほしいと頼んだ。彼らは申し伝えることを約束した。そして奉行が私の健康状態を気にしており、いま待っている江戸からの決定が一刻も早く届き、私が安心することを望んでいると語った。彼らの約束にもう慣れていたので、冷静に彼らの丁重な報告を聞き流した。庄左衛門はさらに、奉行が私のために漆器の見本を手に入れる命令を下し、すでに見本は集められ、代官《ブルガミーストル》のところにあるのだが、不幸なことに彼が病気になってしまった。明日彼の具合がよくなったら、私の元に届けられるはずだと告げた。日本の明日が期待できないことを、彼らに思い出させることを忘れなかった。

一月十一日(文化元年十二月二十四日)

助左衛門と為八郎がロシア人たちが警固用の門を出て、竹で作られた柵のところまで近づいていると注意しにやってきた。私もそこに行っているし、そのあとに部下がついてきても、たいしたことではないではないかと答えた。

「しかしながら私たちのところではこれは、常識に反することなのです」

「いいですか、日陰で庭のぬかるみが決して乾くことのない湿った場所に留めておくことこそ、常識に反することなのではないですか」

「しかしあなたに申し上げなくてはならないのですが、この場所はあなた方に与えられたところで、警備のためにここの背後に矢来や門を作る必要があるのです。このように私たちのもとではとりおこなわれるのです」

「いいえ、もしもあなたたちが新しく何か企てようとしているのなら、いいですかこれは本気でいうことですが、私は艦に戻ります」

「あなたはすべてのことに対して悲観的すぎます。日本人を好きになる時がまもなく来るはずです」

「日本人は好きです。しかしその忌まわしい習慣に我慢ができないのです」

「もうじきです、すぐに日本人があなたに悲しみではなく、その逆のことをするのをお分かりいただけるはずです。明後日あなたは漆器の見本を手にすることができます。そしてあなた自身で、工芸家に欲しいものを作るよう命令することができるのです」

「また明後日ですか」

こう言ったら助左衛門はげらげら笑いだし、「それはロシアので、日本の明後日ではありません。明日からはおそらくロシア式で始まることでしょう。少なくとも私はそう考えます」と付け加えた。

彼のなぞかけに喜んだ。彼は、私たちに大きな満足を与えて引き上げていった。

一月十二日(文化元年十二月二十五日)

昼食後、庄左衛門がまもなく訪れる日本の新年の挨拶をしに来た。そして新しい年が私たちに新しい喜びをもたらすことを、そして奉行が私の病気と孤独な生活をたいへん遺憾に思っていることを、なによりも一刻も早く私の病気が癒えることを望んでいると伝えた。そして近いうち、新年の頃には、私のもとに一緒に時をすごすために、誰かを派遣することになるだろうと言った。この社交辞令に驚いたが、まもなく急使を受け取り、この幽閉生活に終止符がうたれそうなことは、少なからず私たちを喜ばせた。庄左衛門はあいまいな言い方ではあったが、私たちに期待を抱かせて、去っていった。

一月十三日(文化元年十二月二十六日)

通訳の為八郎と義十郎が漆器を持ってきた。注文に応じた漆器の職人はどこにいるのか聞いてみたら、彼らは「それは教えられません。奉行があなたに見てもらいたくて持ってきたのであって、江戸からの使いが来ない限り注文することはできません」と答えた。

「いつ返事が来ると思いますか」

「三十日か四十日ぐらいはかかるでしょう」

「この贈物に感謝いたします。しかしそんな珍しいものではないですし、私の方がもっといいものを持っていると確信しています。しかしもうこれ以上冷静に猶予を受け入れることはできません。どうしてなのか理由を教えてください。助左衛門は三日前に、日本式の希望はもう終わりです、新年には新しい生活がおくれるでしょう、その証として品物を注文できると、私たちを元気づけてくれたではないですか」

「たしかにあなたの言っていることは正しいのですが、これは助左衛門に責任があります。彼は誤解していたのです。ですから今日はあなたの元に来れないのです」

為八郎に「ほんとうにがっかりしています、とにかくこの思いもかけない、長い猶予の理由だけでも教えて欲しい」と頼んだ。

話し合いのなかで為八郎は「あなたが欲しいと思う品物は、注文するのにそんなに時間がかからない、ただ京《ミヤコ》でつくられることになる、京は江戸より近く、四日もあれば京に手紙は着くが、江戸だと六日はかかる」

日本の役人たちにもう一度問い質した。

「じゅうぶんです、これはほんとうですか」

彼らは競ってこれが正しいと請け合った。これで通訳たちが新たな嘘をついていることが判明した。彼らは以前手紙が届くのに四十日かかると言っていたのだ。

日本人たちは、混乱して、この手紙が商人用のもので、普通のものとは違い、だから早いのだと言った。

「早い方がいい。日本では商人が一番身分が高いということがよくわかりました。そして急使は何日でも行ったり来たりさせて、時間に間に合わすこともできるわけですね」

こう言ってやると、ずいぶんと長くためらっていたが、結局は十六か十八日かかることを認めた（江戸から長崎に送られた下知状は、長崎に到着するまで、第一回目は十三日、二回目は、十二日要していた）。為八郎はこんなに遅れているのは、将軍《クボウ》が内裏《ダイリ》に使いを出し、この使者が江戸に戻ったためで、おそらく二十日くらいで返事がくるだろうと付け加えた。彼らの欺瞞を非難し、別れた。

一月十四日(文化元年十二月二十七日)

使いの者に助左衛門か他の通訳を呼ぶように指示したが、戻ってきた使いは彼らが家にいなかったというので、明朝来るように命じた。(この日長崎奉行名で、老中土井大炊頭にあてて、太十郎自殺未遂の報告書が出されている)

七　レザーノフの病

一月十五日(文化元年十二月二十八日)

再び通訳を呼ぶよう使いを出すが、自宅にいないという返事だった。日本の警固兵を呼んで、そのことを伝えたが、通訳たちが私の命令を遂行するため、手一杯なのでしょうと言う。しかし二日も通訳を必要としているというのに、もう待てない、奉行に、私の要求が満たされていないと文句を言わなければならないと言うと、警固兵は通訳たちのところにもう一度使いを出すが、直接自分が奉行のところへ行くと言い出した。

二時間半後に庄左衛門が来訪。奉行に私のところに行って、挨拶するようことづかってきたという。自分たちの門が、日本式に新年の飾りつけされるのを見るのは気持ちがいいと言うと、彼は私たちの住まいもきれいに掃除するように命じた。すぐに私の言ったことに注意を払ってくれたことに礼を述べた。しかし通訳を呼んだのは、次のことを奉行に伝えてもらいたいからであった。

つまり私の忍耐がもう限界に達していることを知らせたかったのだ。今まで見てきたのは、欺瞞以外のなにものでもない。ここに来たのは慈悲を求めるためでもなければ、ましてて日本の習慣に我慢を強いられ、苦しみを得るためでもない。どれだけ言ったか分からないが、いま提供されている屋敷は湿気が多く、私の健康は日増しに悪化する一方である。もしここで死ぬようなことがあったら、あなたがたの習慣に従ってここに葬って下さい。しかしあなたがたが考えるように、我が皇帝を侮辱することはそんなに容易なことではありません。友好的な土地に来たとはとても思えないし、ここで死にたくもありません、艦に戻らせて下さい。そして今待っている返事が本当に来るのであれば、このままここに拘束されていてもいいですが、そうでないのなら艦に戻ります。前もって警告しておきますが、いったん口に出したことは絶対に実行しますし、そのときは艦に戻ることを忘れないでもらいたい。このように奉行に伝えてほしいと言った。

何故こんなに遅くなっているのか、それは私に劣らず奉行自身が驚いていると彼は主張した。

「いいえ、彼らは知っているし、明日には絶対に知らせてもらいたい。これ以上私を欺くことは許さない」

庄左衛門は彼らも知らないと主張し、加えて祝日がくれば、彼らも何も出来なくなるだろうから、三日後には必ず返事を持参すると答えた。

「いや、絶対に明日です」

「しかしもし奉行が知らなければ、彼は明日もうひとりの奉行と会って、相談することになるでしょう」

「それで結構です。あなた方に許された期間は明後日までです」

この要求を持って庄左衛門は引き返した。

一月十六日(文化元年十二月二十九日)

返事を待った。警固の役人たちは私に、通常歳末はなにもしないのにもかかわらず、今日二人の奉行が会談していると教えてくれた。役人たちにさらに丁重に振るまうよう命令が下されているような感じがした。門の外に出てみたが、だれひとりついて来なかった。夕方近く為八郎がやって来て、次のように語った。

奉行たちは私が動揺していることを大変心配しており、今回の遅れは、二百人近くの名門の重臣たちが、日本人にとって根幹に関わる問題である通商条約について決議するために、江戸に集まっていることから生じたことである。こうした大事な問題は、じっくりと話し合い、決定されなくてはならない。しかし奉行はもう一度特使を派遣するので、どうかご安心下さいという。

一月十七日(文化元年十二月三十日)

朝方、門に新年の飾りつけをするため、人夫たちを連れて役人がやって来た。ひとつめとふたつめの門の入口に、そして同じように玄関にも、二本ずつ松の木が植えられた。松の木の下には、上と下を縄で結わえられた薪木が立てかけられた。二本とも周りが繋がれ、竹でできた梁が木と木の間にわたされていた。この竹の梁の上には、半アルシン(三十四・五センチ)の長さの藁《わら》の房飾りがしばりつけられた。この房飾りの中央には、ゆでえび、オレンジ(だいだい)、炭、乾燥いちじく(干し柿)やさまざまな青物がつるされていた。これと同じ飾り付けの房飾りは、すべての戸や倉庫の入口にも吊るされた。これは家の安泰祈願を意味するものだという。

夕方になって通訳たち来訪。奉行から新年のお祝いとしてパン(餅)と塩を持参してきた。半アルシン(約三十五・五センチ)の高さの空洞の箱が、ピラミッドの土台のような役割をして、その上に平たい箱が置かれていた(膳のことであろう)。この上に米でできた二つの大きなパン(餅)が置かれ、この二つのパン(餅)の間に五個の小さな丸パン(鏡餅)があった。丸パンの上には四つの三角形のパン(菱餅のことか)が置かれ、この上の中央にいちじく(干し柿)、蜜柑が入れてある小さな茶碗のようなものがあった。両脇には、ピンク色の縁がついた二枚の紙が折り曲げられ、金色と銀色のほそひもで縛られていた。一枚の紙には塩が、もう一枚の紙には米がばらまかれていた。前の方には松の枝と青物が、紙にくるまれ、同じように金色と銀色のほそひもで結わえつけられていた。その紙の上には大きな焼き海老が置かれ、もう一方には小枝に刺された乾したいちじく(干し柿)ともう一枚の紙が置かれ、この紙の上には栗とオレンジ(だいだい)、炭と青物があった。

為八郎は奉行に、私の病気のことを考慮してどこか暖かい屋敷を利用できるよう手配してくれたら、私がさらに感謝するだろうと申し上げたと伝えた。

返事の遅れに関しては、ロシア人と交渉するのがいままでにない事であり、将軍は自分の叔父、兄、そして彼が大変尊敬している親戚に使者を送っているからだと言った。これだけ遅れているのは、望ましい兆候だという。

一月十八日（文化二年一月一日）

正月、もしくは日本の新年最初の日。役人たちはみんな正装し、着物のうえに細かい白の斑点がついた、青い布でできた袖なしの上着（裃のこと）をはおり、同じ布地でできた幅広の帯をしめていた。こうした服はみんな糊づけされていた。羽織っている着物の肩のところには、竹でできた細い棒がさされ、衣装をピーンと伸ばしていた。

一日中、役人たちはたがいに「オメデトウ」といい、これを言われた人は「アリガトウゴザイマス」と答えながら、挨拶しあっていた。

この日はとても静かな一日だった。役人たちは互いに訪問しあいながら、知り合いたちに、自分の名を書いた名刺を配っていた。

夕方になると庶民たちは賑やかにさわぎはじめた。いたるところから唄や太鼓の音が聞こえてきた。しかし外にでることは許されていなかったので、そこでなにをして楽しんでいたのかはわからない。

一月十九・二十日（文化二年一月二・三日）

新年の二日目と三日目は、最初の日と同じような調子だった。

二十日、奉行が通訳の助左衛門を派遣してきた。彼は私のご多幸をお祈りしますと、新年の挨拶を述べ、そして正月一日に江戸に向けて、決定を下してもらうよう、今月末までには返事をもらいたいと記した急使を送ったと言った。(『通航一覧』を見る限り、このような事実はない)

これに対して礼を述べ、木鉢から円柱を運ぶためにいま艀を修理している場所をもう少し増やしてもらえないかと頼んだ。助左衛門は申し伝えることを約束。

この二日間私たちは、格子の近くを行き交うたくさんの坊主を目にした。彼らは聖像を持って、通りや中庭を歩き回っていた。彼らは緋色や、藤色などの着物を着ていた。(ギリシア正教の司祭が身につける)金襴の腰あてによく似た、四分の三アルシンぐらい(約五十三・二センチ)の二枚の四角形の錦の切れ端や、他の色の幅広い布切れを、同じ色の帯で巻きつけていた。(袈裟《けさ》のことであろう)

たくさんの物貰いたちが絶え間なく私たちの隣の屋敷に入っていった。

一月二十一日(文化二年一月四日)

なにも重要なことは起こらなかった。

一月二十二日(文化二年一月五日)

日本の役人がやって来て、扉に板片や棒を釘付けし、そこに何匹かのニシンの頭を突き通した(一月六日の節分の時行なわれる、柊《ひいらぎ》に鰯の頭をさして戸口にさすヤイカガシと呼ばれた民俗行事のこと)。これが一体何を意味するのか、聞いてみたのだが、何でこんなことをしているのか、結局わからなかった。

夕方通訳たちが来て、奉行からだと言って松でできた箱を持ってきた。この箱の上に煎《い》られたエンドウ豆が入った小箱がのせられてあった。私の質問に、明日から春が始まり、そのために冬の蓄えはいらなくなりますという説明があった。このあと部屋の隅々にこの豆を投げなくてはならないという。それは日本では古くから行なわれているもので、不浄なものを追い出すためだという。この遣いを気持ち良く受け入れたのがわかって、彼らは満足して帰っていった。

一月二十三日(文化二年一月六日)

日本の役人たちが来て、最初の春の訪れを祝った。彼らは私たちの庭から、正月に飾られたものを取り外した。大きな松の木が引き抜かれ、小さな松が植えられた。春がはじまり、緑が蘇るという意味をもっているという。

私は病気だったし、本当のところこんな行事どころではなかった。

一月二十四日(文化二年一月七日)

再び通訳たちがやって来て、奉行が私の健康状態を尋ねるようにことづかってきたという。丁重さに礼を述べたあと、原因はいま住んでいる場所が湿気が多いためで、私の病気はひどくさらに悪くなっていると事情を説明した。しかし彼らは遺憾であるが、我慢してくださいというばかりだった。こうしてこの苦しみに一刻も早く終止符を打ちたいという希望を打ち砕かれてしまった。

一月二十五日(文化二年一月八日)

朝は快晴。ラングスドルフが、気球を上げたいと言ってきた。この気球は高さ三十フィート(約九・一メートル)、横十フィート(約三メートル)あった。片面に双頭の鷲の絵、もう片面に王冠を抱いた我が皇帝の頭文字、上部に地球を光で覆う星、下は花冠で飾られ、ロシアと艦の旗を掲げた小さなボートが描かれていた。

これを許可した。なぜならば町中で好意をもって迎えられていると、何度か通訳たちから聞いていたからである。

気球はずいぶんと高く上がっていき、町を越え飛んでいった。しかし上空で破裂し、ある商人の屋根に落ちてしまった。商人はすっかりびっくりしてそれを水浸しにしてしまった。気球は私たちをさんざん心配させることになった。気球は奉行のところまで運ばれていった。これが彼の理解を越えるものであったことは十分に予想された。そして奉行から使いがやってきて、風が海に向かって吹いている時だけ、気球を飛ばすようにと言ってきた(1)。

この日の夕方、主任医師が重病の夕ポリヤルを診察しに来た。他の医者たちも診察に立ち会っていた。これを終え、私を診させてもらってもよろしいでしょうかと尋ねてきた。彼らを通すよう命じた。主任医師は私に挨拶したあと、病気のお見舞いを述べた。その時強い風が部屋を吹き抜け、蠟燭《ろうそく》を吹き消してしまった。自分の容体を説明し、場所を変えてもらいたいというのは気まぐれで言っているのではないこと、そして私たちの間で次々に病気にかかる者が増えていることを、奉行にわかるように言ってくださいと頼んだ。彼は、もう少し我慢してもらいたい、そして自分たちの規則が厳しく、奉行はそれを破ることができないのだと答えた。

一月二十六日(文化二年一月九日)

庄左衛門来訪。船の修理に必要な五フィート(約一・五メートル)の銅板は自分たちのところにはなく、薄くて短いものでも利用できるかどうか聞きに来たのだ。はっきりとわからないので、艦長に聞いてみると答える。

彼の目的が私の健康状態をさぐることだとわかったので、政府はもっと博愛主義でことにあたるべきではないか、ロシア人をこんな風にあつかい、こんなひどい幽閉から解放しようとしないことに驚いていると言ってやった。

「ほう、これはいかなる幽閉なのですか、これはただの儀式です」

微笑みを浮かべて庄左衛門がこう答えた。

「なに、儀式ですと?　これは最も過酷な拘束ではないですか」

「拘束?　すこしの間留まっているだけではないですか。それに比べて私たちは何世紀にもわたって自由を奪われていますが、それを恋しがることはありません、あなたは少し辛抱すればいいだけではないですか」

オランダ人たちには自由を与えているではないですかと言うと、彼はこう答えた。

「ご存じですか、彼らは将軍からお許しをもらうまで、七年辛抱したのです」

「ありがとう。どうやら私は帰ることを望んだ方がいいようです」

「あなたは十分に自由ではないですか。望めば帰りたいと言うことができるのですから。奉行が命令を出せず、あなたを帰すわけにはいかないこともあなただってわかっているはずではないですか。ということはあなたはそのために再び大きな妨害にあうことになるのです」

彼に尋ねた。

「これはあなた自身の発言ですか、それとも命令されて言っているのですか」

「いいえ、もしかしたら自分は話をしている時に、軽率になってしまうこともあるかもしれません。しかしあなたにとってきっと役に立つ話なのです。いつかあなたは私の誠実さを認めるはずです。ただあなたに警告しておきたいだけなのです。私たちのところでは忍耐だけが勝利することができるのです」

「ご助言に感謝します。もちろん忍耐も私の義務だと思っています。しかし私の病気をご覧になって、忍耐する価値があるかどうか、お分かりいただけるのではないですか」

「すべて承知しています。あなたの事情はよく理解できます。日本の法がこのようなものであり、ヨーロッパ人の誰もが気に入らないことは残念です」

彼の毒ある嘲笑で新たな忍耐を強いられることになった。私たちが無防備であるときに、彼は自由にそれができる。彼らの手に武器はあり、我々は幽閉されているのだから。私ができるのは別れの挨拶をすることだけだ。やっとこの友人たちに別れを告げることができた。

一月二十七日(文化二年一月十日)

為八郎と義十郎来訪。いつものように奉行からの挨拶を伝えた。彼らは私に江戸から重臣がここに向けて出発し、まもなく到着すると打ち明けた。義十郎は、喜んで「ハヅカ、ハヅカ(すなわち二十日のこと)」と言った。私たちを安心させるために、ふたりが手を貸していると言いたげだった。

為八郎は、奉行からことづかった漆器の見本を持ってきた。すべて購入できるという。彼らはとても陽気だった。ずいぶんと長い間座って、自分たちがこれからも献身的に尽くすことを約束して、帰っていった。

一月二十八日(文化二年一月十一日)

昼食後通訳の庄左衛門が、ここに初めてくる通訳責任者安次郎《ヤクシロウ》(大通詞安富安次郎)と一緒に来訪。彼を紹介したあと、彼が手工品を持ってオランダの大使の随行として江戸に行くことになっている(2)と話した。何時間かして庄左衛門は、船での作業が順調に進んでいるか、なにか必要なものはないか、修理のためにもう少し場所が必要ではないかと聞いてきた。奉行は必要なことすべてをする準備があると約束している。さらに奉行は、江戸から重臣が出発したことを伝えるよう命じたという。この重臣が、使節に関わるすべてのことを取り決めるという。彼がもっぱら艦の準備具合に関心を示していることと、重臣出発の知らせが一致していることで、私たちが江戸に行けないのではという疑いを抱くようになった(3)。

一月二十九日(文化二年一月十二日)

薄暗い日だった。退屈さから、警固兵たちと話をしに門のところに行った。彼らはことわざを教えてくれた。これがことわざを収集するきっかけになった。二十ちかくのことわざを聞いて、なんとか書き留めることができた。退屈なので日本の象形文字を勉強したい、ジビキが欲しいといったが、彼らは、それは禁じられており、命に関わることだと答えた。

一月三十日(文化二年一月十三日)

退屈が病気をさらに悪化させる。なにかに誘われるように門のところに行くと、警固兵たちが歌っていた。続きを歌うように頼むと、喜んで歌ってくれたが、メロディーや歌はどちらかといえば猫の呻き声に似ていた。もちろんこれに対して、うまいと褒めることを忘れなかった。彼らはとても喜んだ。

この日、庄左衛門来訪。まもなく重臣がやって来ることで、私が一安心できたことをとても喜んでいるが、相変わらず健康の具合を心配しているという奉行からの言伝てを告げた。彼らの虚しい約束にはすっかり慣れてしまっているが、病気はさらに重くなっており、つけてみたカンタリス(ツチハンミョウ類の甲虫を乾燥した薬品。刺激の目的で軟膏として塗布する)も効き目はなかった。本当のところ、私にとってはお客どころの騒ぎではなかった。来客は重荷だったのだ。

彼は、私が日本のことわざに興味をもっていると知って、二つ、三つ教えてくれたが、すでに知っていたものだった。しかし私が日本語にあまりなじんでいないように見せかけるため、それを教えるのはやめておいた。

この日、新年のために戸に取り付けられた飾りつけ、すなわち、海老やミカン(だいだい)、いちじく(干し柿)、炭、紙や青物がついた松の房飾りが撤去された。植えられた松の木も引っこ抜かれた。すべてこうしたものは、山の上の多くの場所で、仏教徒たちによってとりおこなわれる盛大な宗教儀礼のなかで燃やされた。

二月一日(文化二年一月十五日)

この日、日本人たちがやって来て、すべての門、ドア、そして入口の上に鉋《かんな》で削った縮れた玉を吊るした。彼らはこれをケスチリカケ(削《けず》り掛《か》け、正月十一日に山から伐ってきた木の枝を削って花のように垂らした祭具、十五日これを飾る習俗)と呼んでいた。そしてドアの側面に、たくさんの文字を書き込んだ一本の薪を置いた。彼らが言うにはこれで病気を追い出すことができるということだった。

二月二日(文化二年一月十六日)

リュウマチの痛みがあまりにもひどいので、部屋の中を仕切り、羅紗を覆ってもうひとつ小さい部屋をつくることにした。なんとか強い風や寒さから逃れることはできたが、湿気が多いのは相変わらずであった。しかしこの小部屋に移ることにした。日本の医者たちが来訪。

二月三日(文化二年一月十七日)

朝八時検使がたくさんの日本人を引き連れて、庭にやって来た。火が安全かどうか調べに来たという。彼らは毎日オランダ人たちを訪問することが習慣になっているのだろうが、私は病気なのであり、彼らを招待などしていない。

二月四日(文化二年一月十八日)

助左衛門来訪。奉行たちが私の病気の具合を尋ねているという。昼食のあと日本人の医者たちも訪問。

二月五日(文化二年一月十九日)

日本人の医者たちが毎日訪ねてくる。今日もまた来訪。

二月六日(文化二年一月二十日)

日中、少し暗かった。ベッドから起き上がり、日本の警固兵たちと話でもしようかと思ったのだが、突然猛烈な痛みが襲い、感覚がなくなった。

二月七日(文化二年一月二十一日)

日本人の医者たちが勧めていた、モグサを焼くこと(灸はヨーロッパにも知られていた)を決心した。しかし明日に延期する。

二月八日(文化二年一月二十二日)

リュウマチの痛みはもはや耐えられないものになった。三時に日本の医者たちが訪ねてきたので、灸をして欲しいと頼んだ。彼らは喜んでいたしますが、まずは一週間薬を飲んで、食事療法をしなければならない、さもないと灸をしても効果がないと答えた。治療を始めてくれと頼んだが、彼らは奉行の許可をとらないで行なう勇気を持ち合わせていなかった。もちろん奉行は邪魔しないだろうし、私の侍医たちも灸をすることを勧めていると言った。

医者たちは警固役のところに向かい、警固兵のひとりが、私のことを心配して、直接奉行のところに行ってくれるという。その間、医者たちは薬の準備をしていた。医者たちは、ついには薬を三回分調合することに同意してくれ、そのうちの一回分を服用した。

奉行のところから戻ってきた役人から、許可を得られなかったという報告を聞き、役人たちはひどく怯《おび》えだした。奉行は、もし病気がひどくなったときに、彼らの責任を問わないという文書にサインさえすれば、喜んで治療してもよいと命じたという。これを聞いて役人たちは、自分たちが勝手にやったことを誰にもいわないでほしい、そして薬も返してもらいたいと言ってきた。

私もこれを認め、このことはすべて秘密にすることにした。そして明日、通訳たちを呼んでもらいたいと頼んだ。通訳たちは、多少は教養もあるし、ここで上司たちを操ることもたびたびあったからだ。

二月九日(文化二年一月二十三日)

庄左衛門がやって来て、奉行からの伝言を伝えた。もし私がほんとうに日本の医者の治療を受けたいなら、万が一私が死ぬような事態になった場合も、奉行たちの責任は問わないという書面に、ロシアの上官全員がサインをして欲しいというのだ。

これに対して、人が死ぬか生きるかの瀬戸際にいる時に、いまこうして日本の医者たちの助けにすがっているのにどうしてふたりの奉行はこんなことを言うのか、日本の医者たちを全面的に信用しているし、まだ艦で生活していたとき、彼ら自身、医者を派遣しましょうと申し出てくれたこともあったはずだ(八九頁参照)。なによりも長い航海のため薬の効き目がなくなり、新しい日本の薬が必要なのだ、そして最後に私の部下たちは私の同意がなければ、私のために責任をとることは決してないと答えた。

「とにかくなにか証書のようなもの、例えば奉行に宛てた書簡のようなものがどうしても必要なのです」

「あなた自身私にいつも言っているではないですか。あなた方のところでは書簡のやりとりは行なわないと、あなた方のところでは、通訳がおり、すべてはこの通訳を通じて行なわれると」

「それは確かに正しい。しかし万が一あなたの身になにか起こり、私たちが使節を殺したと言われ、ロシア皇帝から仕返しされないようにするためなのです」

「そうですか、医者にかからなくとも簡単にすますこともできたはずです。私が重い病いにかかっているにもかかわらず、あなた方は町のどこかもっといい場所、ポルトガル人の使節が住んでいたような場所さえ与えてくれなかったではないですか」

彼は話を逸らし、部下の誰かに何かを書いてもらい、それにサインしてもらえないかと頼んできた。厳しい法の定めがあり、奉行たちではなく、私の要請に基づき医者を派遣したことを証明する書類が、奉行たちの手元に残ればいいのですと答えた。

この空虚な話し合いは二時間以上も続いた。フリードリッヒ士官に命じて、ロシア使節は病気のため日本の医師にかかることを望み、そのために医者を派遣してもらいたいという書面をオランダ語で書かせた(4)。最終的には上官全員のサインがないまま彼にそれを渡した。もし五時までに医者が来なければ、ロシアの薬をのむと付け加えた。庄左衛門は出発し、すぐ戻ってくると約束していった。

彼が戻って来たのは夜九時だった。彼は門のところにフリードリッヒを呼び出し、遅くなって私に迷惑かけるといけないと思ってのことであり、奉行が明日医者たちを派遣する決定をしたことを報告しに来た。町でも腕のいい医者を集めるようお触れを出したので、衆知を集めることができるだろうと申し伝えるようにと言ったという。

彼をここに呼ぶよう命じた。しかし庄左衛門は私の返事を待つと言って来なかった。そこでフリードリッヒに、もし三十分経ってもここに来ないのであれば、私が寝てしまうと言うように命じた。

フリードリッヒは彼にそのことを伝えて戻ってきた。庄左衛門は来ざるを得なくなった。奉行に感謝の言葉を伝えるように命じ、もう日本の医者は必要ない、彼らの助けがなくても、船にあった薬で再び治療することにしたと言った。

「それはできません。命令が触れ回わされているのですよ。それは我々の法律に反することです」

「一体どうしろというのです。ロシア人はとうていあなた方の法律に慣れることはできません。あなた方の法律を遵守するために、私が、無意味に自分の命を犠牲にする義務などまったくないはずです」

「しかし明日あなたのところに医者が来るのは確かなのです」

「残念ですが、来ても無駄でしょう」

「しかしあなたはあれだけはっきりと日本の医者にかかりたい、そして新しい薬を服用しなくてはならないと言っていたではないですか」

「それではもう一度繰り返しましょう。もし今日服用した薬が効かないようでしたら、再び彼らに助けを請うことになるでしょう」

これに対して庄左衛門はこう答えた。

「もしあなたが私たちの医者のところで治療しないというのであれば、明日それを言えばいいではないですか。その方があなたにとってもいいのではないですか」

「どうぞあなたがお考えのようにやってください。しかしあなただって薬を変える必要もないのにそんなことをするのが馬鹿げたことぐらいはお分かりではないですか」

「しかし少なくともあなたは、私たちの医者を追い出しはしないでしょう?」

私はこう言ってやった。

「よくもそんな質問ができるものですね。あなた方の侮辱にもかかわらず、日本人たちは誰ひとりとして、私のところから不満をもって帰ったことはないではありませんか」

「確かにそうです。しかし私たちに対して個人的に憤るのはおやめください。お怒りは私たちの法律に対してのはずです。しかしすぐに、あなたは満足を得られるはずです」

彼はまた日本人の医者に治療してもらうように言ってきたので、ロシア人は一度口に出したことは、決して変えない、それに眠いと答えた。庄左衛門は不満のまま去っていった。(5)

二月十日(文化二年一月二十四日)

奉行からの使いで為八郎と三人の医者が来訪。礼を述べたあと、痛くなった時にだけ医者を派遣してください、どうもここでは事情が全くちがうようです。したがって私は自分の薬を服用することに決めました。神に感謝しているのですが、少しは良くなってきましたと言った。(『通航一覧』に、「昨夜中よりおおいに気分開け、……痛みの和らぎ、今日久しぶりに歩行できた」という医師からの報告が載せられている)

彼らは私からお呼びがあれば、互いに待ち合わせることなく、一目散に私のところに馳せ参じるように命令が出されていると断言した。これに感謝の言葉を述べたが、彼らの治療は断った。

二月十一日(文化二年一月二十五日)

日本人の医者たちが私の具合を聞きに訪れ、かなり長い時間私のところにいた。彼らは善良で優しい人たちだった。ロシア人たちも彼らのことがすっかり気に入っていた。一般的にいって、日本人はみんな私たちに対して誠実に接してくれる。しかし政府はこれとは反対に私たちの安静を脅《おびや》かすのだ。私たちの兵士たちも警固兵たちの部屋を訪ね、煙草を御馳走になったりしている。今日は船からスバイカ(地上に置いた輪の中に大釘を突き刺すロシアの遊び)を持ってきたが、庭で日本人の役人たちは休むことなく、これで遊んでいた。彼らも私たちの部下のところにやって来ては、とても仲良く過ごしていっている。

二月十二日(文化二年一月二十六日)

通訳の良吉《リユウキシ》(三島良吉)と彼の父で通訳の責任者(通詞目付三島五郎助)が来訪。彼らは、上官たちの刀数本を持ってきた。それは以前彼らによって持ち去られ、すっかり錆びついてしまったものを、きれいに錆をとって戻しにきたのだ。もうまもなく幕府の使いがやってくるのですかという私の質問に対して、彼らは「ハヅカ」すなわち二十日後に到着するだろうと答えた。しかし二週間前に確かに同じセリフを聞いていたので、そのまやかしを非難して、あなた方のところではハヅカは変化しないのですかと言うと、彼らはもちろんこれは叱責に値することですが、彼ら(為八郎たち)は、町で流布された噂を信じて、あなたを少しでも早く安心させようと思って言ったことなのですと答えた。しかし実際は昨日(江戸から)の書簡が来て、これは奉行の秘書から聞いたことなのですが、幕府の使いはすでにだいぶ前に旅につき、計算すると二十日後にはまちがいなくここに到着すると弁明した(実際には江戸からの書簡(三回目の下知状)は、一週間前の一月十九日にすでに届いていた。また同日幕府代表の遠山景晋が江戸を出発していた)(6)。しかしもう彼らの言葉を信じることはできないと言うと、これは真実であり、今日から二十日を減らしていけばいいと固く約束した。彼らは私たちのところにしばらく留まり、電気実験を見てから、仲良く別れを告げた。

二月十三日（文化二年一月二十七日）

為八郎と義十郎、私の具合を聞きに来訪。彼らにまもなく江戸からの使いが来るのかどうか尋ねた。「もうじきです」という答えだった。

彼らに質問するのをやめた。

二月十四日（文化二年一月二十八日）

通訳の為八郎と義十郎、ナジェジダ号訪問。奉行からの使いだといって艦長や他の部下たちの身体の具合を聞くのが目的だと言っていたが、艦の修理がすぐに終わるかどうか質問したという。これに対して、部下たちは急ぐ理由はないと思ったのだが、もうすぐ修理は終わり、装備もできるだろうと答えた。

「大型ボート《ランチ》もすぐに直りますか」

この質問には「まもなくです、そんなに時間はかからないでしょう」と答えたという。さらに「何のため甲板も作っているのですか」と聞いてきたので、「長い航海のために必要なのです」と答えたというのだ。[7]

そこから彼らは、私のところにやって来て、私の健康具合を聞いてきたが、ナジェジダ号にいたことについては一言も触れなかった。私たちのところに少しいたあと、帰っていった。しかしまもなく、艦長が来て、彼らが来訪し、いろいろ質問していったことを知らせてくれた。このことは私たちの疑いを強めることになった。明日通訳を呼ぶように言った。

二月十五日(文化二年一月二十九日)

通訳がやって来たので、どうしてナジェジダ号や大型ボート《ランチ》の修理についてそんなに関心があるのか聞いてみたら、単なる好奇心からであり、大型ボート《ランチ》については、あんなに(喫水が)低いものは見たことがなかったからで、ナジェジダ号にいたことを私に知らせなかったのは、ただ報告を忘れただけだという答えだった。

江戸からの全権大使はまもなく到着するのですかと質問すると、「二十日ぐらいはかかるでしょう。何故ならば正月二十日ごろにもう江戸から出発しているはずだからです」という返事がかえってきた。

「えっ、他の通訳たちは私に、彼がもうとっくに出発したと言っていました」

「それは正しくありません。それは町で流布されている噂でしょう」

私たちは、日本では二十日間が減らないことが分かった。憂鬱な気持ちにつき落とされた。

「どんなにあなたが待ち焦がれているからといっても、私たちはあなたたちのことを十二年間も待っていたのですよ、しかしそれを寂しがることはありませんでした」と自分たちの正当性を主張した。

同じ話を聞くのはこれが初めてではないし、この非難に反駁もしてきた。しかしこんな悪意ある人間に苛々《いらいら》させられるのはもうたくさんだったので、沈黙を決め込んだ。

二月十六日(文化二年二月一日)

大型ボート修理のため、残りの銅板七十枚が運び込まれた。これを仕上げるようすを、日本の役人たちが興味深げに、一日になんどもやって来ては眺《なが》めていた。このことが、何かとんでもないことが自分たちの身に起こるのではないかという確信を深めることになった。その間も私たちは、索類を手入れし、樽や艦の穴をふさいだり、なにかが起きてもすぐに出発できるよう、すべての破損箇所の修理をしたりした。

二月十七日(文化二年二月二日)

海上におよそ二十艘の番船の艦隊を見た。少しずつ町の方に接近していった。

二月十八日(文化二年二月三日)

昨日さらに山の方から見てわかったのだが、番船は少しずつ町に近づき、出島の先のところに碇泊していた。こうしたことから、この番船が我々を監視するため派遣されたのではと思うようになった。

二月十九日(文化二年二月四日)

通訳たち来訪。私の具合を尋ねる。そして十五日か十六日後に全権大使がやってくるだろうということと、大使のほかに六人が一緒に同行していることを伝えてくれた。もちろんこの知らせは満足すべきことであった。

二月二十日(文化二年二月五日)

私たちがいる場所の端のところ、竹で作られた矢来の前に、さらにすきまなく板の塀が作られ、そこに近づくことが禁じられた。誰も山に登れないようにするため、山に沿っていたるところに竹の柵も建てられていた。幽閉され、こんなに静かに生活しているというのに、賊たちに対するように、私たちを警戒するためであったが、彼らは私たちが平穏に、そして安全に生活できるためにやっていることだと主張するのであった。下賤な者たちがなにをするか保証できないという。しかし実際はこれと反対で、日本人はみんな、とても優しく愛想がいい。これが政府がさらに慎重に警戒する本当の理由なのかもしれない。ここで民衆は抑圧され、会話することに楽しみを見いだしているからだ。

二月二十一日(文化二年二月六日)

ヴェランダ(見張り台)が届く。非常に上手につくられ、金属を被せてあった。

二月二十二日(文化二年二月七日)

警固兵たちと話し、長崎には住民がおよそ三万人、警固兵が五千人いることを知った。大町の周囲の領主、つまり筑前、肥前、大村が交代で警固兵を置くことになっていた。大村の兵たちが、梅ケ崎にある私たちが拘禁されている近辺を警備しているとのことだった。

二月二十三日(文化二年二月八日)

通訳たち来訪。ヴェランダの古いものと新しいものを、いま大型ボートを修理している場所に持って行くこと、またいま庭にある大檣第二接檣帆《メインマストトップスル》もそこに運んでもらうこと、しかも至急これをしてもらいたいと依頼した。

江戸から役人たちはまもなく来るのかという質問に対して、あと十日もすれば間違いなくやって来るという返事だったので、その期間がなんとか減り始めたことを喜んだ。

二月二十四日(文化二年二月九日)

警固兵たちから、ここで塩がいくらで売られているか知る機会を得た。塩が極端に不足しているカムチャツカに三千プード(約四十九・一トン)持っていきたかったのだ。彼らが言うには、塩は袋売りされ、一袋は三十五カチ(斤のこと、一斤は約六百グラム、したがって約二十一キロ)、すなわち五十一・五フントの重さがあり、二百文するという。一小判は、少なくとも六千文というから、一小判で三十袋買えることになる。銀の含有量から小判は三ピアストル(ピアストル銀貨のこと)に相当する。ということは一プード(十六・三八キロ)は一六・五カペイカになる。

二月二十五日(文化二年二月十日)

警固兵たちが米についての情報を教えてくれた。それによると一升は、一小判で売られているという。重さを計ってみたら、米一升は、三フント七二ザロトニク(一フントは約四〇九・五グラム、一ザロトニクは、約四・二六グラム、したがってレザーノフの計算では約一・五三キロとなり、実際の一升は一・四キロなので〇・一三キロの誤差がある)であることがわかった。したがって三ピアストル(三百ピアストルの間違いか)で九プード十五フント(約一五三・五キロ)購入できることになる。ということは一プード(一六・三八キロ)が六十カペイカ以下になる。私が持っているお金で、カムチャツカとアメリカのために(レザーノフは露米会社の総支配人であり、基地が置かれた北アメリカ、カムチャツカ地区の慢性的な食料難を解決する使命をもっていた)五千プード(約八一・九トン)購入できる計算になる。

二月二十六日(文化二年二月十一日)

朝快晴。フョードロフ大尉と一緒に門の向こうへ行ってみる。すぐちかくに畑があり、畝《うね》が黄色い花で覆われていた。花には種が熟していたが、このナタネと呼ばれる種は、いい油になるらしい。この植物に好奇心を抱き、もっとよく見たいとそこに近寄りかけたら、警固兵が(畑で遊んでいた子どもたちのように)まっしぐらに走り寄ってきて、私たちは牢獄に連れ戻されてしまった。

唐人番屋がただちに奉行に報告し、すぐに警固兵たちに対して、誰がそこに行ったのか取り調べが行なわれた。彼らはすっかり怯えてしまっていたので、行ったのは私であり、隣の畑を見たいと思ったのだと言うように命じた。この結果、日本の役人たちはそのあと不愉快な目にあわずにすんだ。彼らを救ってあげることができて、ひそかな満足感にひたった。

二月二十七日(文化二年二月十二日)

艦の修理のためまたいろいろな物資が必要になった。通訳たちを呼ぶように命じたが、彼らはこの日はいなく、たぶん明日来ることになるだろうという。おそらくはだますよりはいいだろうと、以前からそういう取り決めをしていたのだろう。

二月二十八日(文化二年二月十三日)

通訳の助左衛門と庄左衛門来訪。松の板が十二枚と大きさがばらばらな楠の板二十七枚、三百個の箍《たが》、白い塗料一プードなど細かい必要品を入手して欲しいと頼んだ。彼らは入手することを約束し、私たちが修理にこのように急いでいることに賛成した。何故ならここから出発するならば、あらかじめ準備し、風のいいときを見計らわなければならないという。このことで私たちが江戸に行けないことが明らかになった。

彼らは、だいぶ前からこのことを知っていたと初めて白状した。

「どうしてもっと前に言ってくれなかったのか」

「私たちは、あなたがすでに察していたと思っていたのです。あなたを江戸で受け入れるのなら、最初に来た急使のなかに沙汰があったはずでしたが、それはなかったのですから。しかし将軍はあなたが江戸にいらした時と同じように、派遣した全権大使を通じて、あなた方の要求にお答えすることになります。これだけは断言しますが、ロシア船が次に来航するときは、なんの障害もなく事が運ぶでしょう。もしあなた方が、十二年もの間、私たちの政府を何もせず放っておきさえしなければ、今回もそんな障害はなかったはずです。私たちにとって新しい国に貿易を許可することは、とても重要な問題なのです。そのためロシアからすればちっぽけな土地しかない日本は、極端なほど警戒を強いられているのです」

ここを出航するのはいつがいいか尋ねた。

「五月です」と彼らは答えた。

その時は南に台風が発生するはずで、四月に北西風にのって出発すべきではと尋ねた。

「四月に出航できるのですか。準備は整いますか?」

「大丈夫です。ただ船のために食料が必要になります」

「一カ月でカムチャツカまで行けるのですか」

「いいえ、でも二カ月以上はかからないとは思います」

「たぶん二カ月分の食料は、私たちの国から無料で提供されることになるでしょう(8)」

「それはたいへん結構なことです。しかしながらあなた方がこれだけの長きにわたって不誠実であり、そして私たちに対して空約束をしてきたか、残念でなりません」

「法の定めで、外国人と腹をわった付き合いができないのです」

こうして私たちは別れた。彼らは索具置場に立ち寄って「とてもそんな早くに旅支度はできまい。やる事は山のようにある」と語ったという。

フリードリッヒが助左衛門に「出発に際して、私たちが町を見物できるかどうか」と尋ねた。

「奉行所に連れていかれる時に、見られるでしょう」と答えたという。こうしたあつかましい言葉をじっと我慢するしかなかった。

八　庄左衛門の陰謀

三月一日(文化二年二月十四日)

昨日、通訳たちから話を聞いて、出発の準備に取りかかることを決定した。艦長にナジェジダ号の装備を始めるよう命じた。この日から驚くべき早さで装備がすすめられた。昼食後に庄左衛門来訪(図15)。奉行が調達を命じたもののうち十二枚の松の板はなんとかなりそうだが、楠は町のどこにもなく、三サージェン(約六・四メートル)もの大きいのを入手するのは不可能で、他から取り寄せる必要があると言ってきた。それは必要ないし、取り寄せることもないと答えた。樽については、竹が用意されており、見本を見てもらうために日本の桶屋を派遣するということであった。

何時間か後に再びやってきた庄左衛門は、江戸からの全権大使の到着はもう少し待たなくてはならないが、小倉に役人がひとり配置され、全権大使が到着すると、ただちに奉行に報告することになっている、小倉から六日で間違いなくここに着くだろうとのこ

図15　本木庄左衛門の肖像

とだった。

　このあと彼は、誰かここに残すのか尋ねてきた。我々には戦艦もあり、誰も残すつもりはないと答えた。

「えっ、またあなた方は十二年も待たせるつもりなのですか？」

　これに対して私は、そのような根拠のない批判を聞くのはもううんざりです、ロシア人をもっと正しく理解してもらいたい、ロシア人は日本と商売する必要はなく、確固たる基盤のもとで善隣関係を結ぶことを望んでおり、だからこそ我が皇帝がここに使節を派遣したのだと答えた。

　彼はすぐに話題を変え、とても優しい調子でこう言った。

「あなたはここでどんな工場《ファブリカ》をつくりたいのですか」

「どんな工場？」

「出島のオランダ人たちにあるものと同じものです」

私は、これを外国商館《ファクトリア》と言われていることを調べていた。

「もちろん、ぜひに」

「そのためには、施設や人間が必ず必要となります。場所をどこにするつもりですか？」

「六カ月近くここに住んでいますが、町のことは何も知りません。町を見たことがないのです、どうやって場所を選べるというのですか」

「どうぞ私たちを信用してください、どこがいいかお教えします」

「感謝します。しかしこれだけ重要なことですから、それは自分の目で見て確かめたい」

「あなたはその場所のためにお金を支払わなくてはなりません（オランダは出島賃貸料として年額銀五十五貫目を支払っていた）。何故ならばここで暮らしているたくさんの住民には、一片の土地すら与えられていないのです、彼らには財産と呼べるものがないのです」

「わかりました。これについてはそのうちまた話し合いましょう」

「倉庫と同じように屋敷を建てる時もあなた方が支払うことになります」

「すべての問題については全権大使が到着したときに協議しましょう」

「ここに船を何艘、派遣するおつもりですか」

「あなたがたがなにを必要としているか、なにが豊富にあるのか、どんなものがいくらするのかなど、なにも知らない今、答えるのは難しい。私たちが知っているのは、オランダ人が日本から銅、楠、漆器やほかの細工品を購入していることぐらいです」

「えっ、銅はお売りできません。しかし鉄だったらたくさんあるので大丈夫でしょう。しかし銅は私たち自身が必要としているものです」

「わかりました。これについてはまた話し合いましょう」

「あなたはここに持ってきた品物をすべて献上するおつもりですか」

「もちろんです。そのために持ってきたのです」

「しかしもし残るようなことがあれば、持ち帰らないで下さい。私たちがそれを買ったほうがいいでしょう」

「いいえ、私たちは売るためではなく、買うためにやって来たのです。しかしそれがあなた方のところでは許されないのです」

「重臣が到着すれば、もちろん許可は得られるでしょう。しかし友人としてあなたのお役にたつために、何を購入したいのかおっしゃって欲しいのです」

「私たちは底荷の代わりになるものとして、塩を購入したいのです。それに米やその他の食糧です」

「たくさんですか」

「二百袋です」

「米もですか」

「まだその値段を知りません。ところでこれらの支払いはターラでなければならないのですか」

「もちろんです。あなたはどのくらいターラをお持ちですか」

「私にとって必要なだけです」

彼は笑みを浮かべながらこう尋ねた。

「そんなにあなたはお金持ちでいらっしゃる？」

「これ以上ただであなた方から要求しようとは思っていません。これらの荷をあてにしていいのですか」

「わかりません。調べてみる必要があります」

私は彼と差し向かいになり、こう言った。

「どうぞお聞き下さい。私は通訳であるあなたに、自分たちの利益を損なわないように忠告したい。もしも要求が叶えられれば、私はあなたに豪華な贈り物をさしあげることになるでしょう」

「あなたは、私たちにどんな豪華な贈り物をしてくれるというのですか」

「何を贈るかは決まっていますが、あなた方がなにが欲しいのか言っていただきたいのです」

「命がけですが、しかし私の友人のためにも、自分のためにも、私たち全員が、あなたのために協力を惜しまないとお約束します。なにしろ私たちのまわりではハエ一匹さえ通さないよう厳重な警戒がなされています。私たちはいつだってあなたのために身を捧げています。ただ身についた習慣だけはどうしようもないのです」

「なにをいうのですか、私はあなた方の厚意を決して忘れません。あなたがたには十分に満足しているのです。もしも満足していないというのなら、それはあなた方の法律に対してです」

この卑劣漢はとうとうひとつの提案をしてきた。木蠟(ハゼノキの果皮からつくった蠟)が欲しくないかと言ってきたのだ。それは彼らのところにはたくさんあり、船一杯に積むこともできるという。

そのようなものは、一度も見たことがないと答えると、すぐに届けようと言ってきた。

こうして庄左衛門と別れた。

この日、金色の羽根をした雉《きじ》が運ばれてきた。私たちはこれで剝製《はくせい》をつくった。

この日、水をもう少し持ってきてもらいたいと頼んだ。庄左衛門はどのくらい必要か聞いてきた。艦長はボート六艘分と答えたが、彼は「六十艘分運んできましょう」と答えた。「そんなに必要ない」と言うと、彼は薄笑いを浮かべながら、「持っていきなさい。水は途中必要になりますよ」と言った。

私たちは索具を移すために人手はいらないから日本のボートが欲しいと伝えた。オール付きの小舟では小さすぎたのだ。彼は手配することを約束した。

三月三日(文化二年二月十六日)

警固兵と会話している時に、やっと一人の兵の口から将軍《インペラートル》の名前を聞き出すことができた。これは外国人には大きな秘密であった。ふたりきりの時に、六カ月目にしてやっとその名を知ることになった。将軍は、家斉公《イエリコウ》という。

この日、一アルシン(約七二センチ)もある細長い、とても謎めいた魚が運ばれた。鼻先は竜のようで、ここでは、ジャノ(ジョウのこと、アラと呼ばれる体長一メートルのスズキ科の魚)と呼ばれていた。これはまだ知られていないもので、新種に加えることができるだろう。日本人たちの話によると、人間を飲み込むぐらいの大きいのもたまにあるという。ラングスドルフは、剝製にするためにそれを手に取った。この魚は五島列島で捕まえられるということだが、幼魚のときにしか捕まえられないという。

三月四日(文化二年二月十七日)

朝快晴。岸の方にあるふたつめの門のところに行ってみたが、そこで出島にあるドゥーフのバルコニーでオランダ人を見かけた。彼らは前や後ろに行き来していたので、散歩の場所なのだろうが、私たちが見たところでは六歩ぐらいの広さしかなかった。私たちは、ドゥーフが何をしているのか見るために、望遠鏡を向けてみた。そしてお互いにお辞儀しあって、身ぶりで会話をした。

昼食後、庄左衛門が水を運ぶよう命令が下され、そのためボートも提供されると報告しに来た。しかしこれは口実で、彼が知りたかったのは、私がタ一ラをどのくらい持っているかを探るためだった。しかし彼の試みは実を結ばなかった。

彼はまた木蠟の話をしはじめた。京《ミヤコ》から来ている商人が、闇取引をやっており、彼がそれを依頼しているという。彼はまた塩を積むことは許可されるであろう、これについては彼が奉行を説得して、ほぼ大丈夫になったという。米もたくさんあるが、どのくらい必要なのかを知りたいと聞いてきたので、全権大使が到着したときに、どのくらい必要かはっきりさせると答えた。どんな食料が必要なのかも聞いてきたが、これについても重臣の到着までには明らかにすると、答えを引き延ばした。

「これからもずっと私たちのところから塩を入手することになりますか?」

「いいえ、私たちのところには塩は十分あります。いまは船が空っぽになるので欲しいだけです。それを遠く隔てられた北の島々に贈り物として届けてやるつもりです。そこには、わずかな人々しか住んでいませんが、物が不足しているので、それを助けたいと思っているのです」

「あなたは前に鉄ストーブのことを話していましたね」

「確かに。今回はその島々のために何個か持ってきたのです」

彼はだいぶ長い間私のところにいたあと、彼と彼の友人たち全員が、全身全霊、私たちのために仕える用意があると言い残して、去っていった。

この日やっとのことで要求していた樟脳を手に入れることができた（オランダ向けの輸出品の代表格は、銅と樟脳であった）。一斤《カチ》持ってきた。それは私たちが想像していたよりはるかにきれいだった。一斤《カチ》は、ここでは六から八升《マス》（一マスは、一両の十分の一）で売られている。しかしボルネオの樟脳はこの値段の二倍だった。おそらくオランダ人たちはボルネオの代わりにここのをもっと磨きあげて、持っていくのだろう。

真夜中近くになって風が強くなってきた。

三月五日（文化二年二月十八日）

夜中風がさらに強くなり、朝まで突風が吹き続いた。九時また風が強まり、私たちの家のところまで、錨が切れた中国のジャンク船が流されてきた。家の近くまで水が押し寄せ、私たちのところも危険な状態になった。この船は家の隅にぶち当たった。私たちはすべての物を部屋の奥のほうに片づけた。しかし幸いなことに風は弱まり、ジャンク船は私たちの家の隅の一サージン(約二・一三メートル)手前、石の塊のところで留まった。この石の塊がジャンク船をちょっと支えることになった。水位が突然下がりだし、ジャンク船は、浅瀬に乗り上げた状態で、止まった。そこからだったら私たちの屋根をひとまたぎで行けるぐらいの近さだった。

三月六日(文化二年二月十九日)
食料が運び込まれた。そしていくつかの品の値段を知ることができた。瓶に入った酢は二本で一マス、酒は二マス。ここの酒は上等なもので、一瓶十一ターラ。
この他にためしということで、米でできたかんぱんを二種類持ってきた。ひとつはふつうのものであったが、もうひとつのは卵がまじっていた。とてもよく焼きあがっていた。

三月七日(文化二年二月二十日)
私の呼び出しに応じ、為八郎来訪。コーヒーが切れてしまったので、オランダ人からそれをもらうことができないだろうかと頼んだ。

「たくさん必要なのですか？」と彼は聞いてきた。

「二百フント(約八一・九キロ)です」

「そんなにたくさんはないでしょう。全部でせいぜい六十フント(約二四・五キロ)でしょう。彼らは、私たちがソラマメと呼んでいる、ここで採れた豆をつかっているのです。彼らはこの豆にブルボンというあだ名をつけていますが、味はコーヒーとほとんど同じです」


試供品をもってくるよう頼んだ。彼は持ってくることを約束した。為八郎は輸送のためにボートがさしむけられると言ったあと、自ら手伝いを買って出て、私が塩を購入したいことを知っていて、何袋必要なのか尋ねてきたので、二千袋だと答えると、それくらいの分量であれば、大丈夫だと保証した。値段を聞いたら、彼は二五斤《カチ》入り(約一五キロ)の一袋が、四マスと答えた。ここで実際に売られている値段よりはるかに高かった。三五斤《カチ》(約二一キロ)の袋が、二百文だと私が言うと、彼はこう答えた。

「そんな重さの袋はありません。二百文の塩は、半分がゴミです。しかし私は雪の白さにまけないくらい良い塩をあなたにおしえてあげましょう」

塩は一プード(約一六・三八キロ)一カペイカ以上の値段になるが、カムチャツカの辺境でそれが不足していることを考えれば、この値段でも満足すべきかもしれない。

今度は米三十斤《カチ》(約一八キロ)の値段を尋ねた。彼は一ターラと答えた。ここでかなりいい米でも百升一小判で売られているのではないかと異議をとなえると、彼は笑いだして、その値段だったら自分たち自身が喜んで買いますよと言って、さらにこう続けた。

「私は、この値段で買えるかどうか議論しようとは思いません。ただそれはもっとも低いランクのもので、少しいたんでいたり、まったく熟していないものです。日本には六十種類以上の米があるのです。米が育った場所によって、品種もちがえば、値段もちがってきます。しかしこれも、ここにしかない良い品種をお教えしましょう」

彼らは私たちに一プード＝六十カペイカではなく、一ルーブル九十カペイカでそれを入手することで合意できないかと言ってきた。

「いいでしょう。大名(目付遠山のこと)が到着した際に必要な量をいいましょう」

私は試食用のかんぱんの礼を言って、これを食料としてもらえないかと聞いた。

「あなたはなんでも入手できるのです。ただ私が手配できるように、前もって何が必要か、リストを提出してもらいたいのです」

それは、大名到着まで遠慮しておくと断ったが、お茶菓子にするため、普通のかんぱんを六千斤《カチ》、すなわち二二五プードと、百五十斤《カチ》の卵入りのかんぱんを用意してもらいたいと頼んだ。(上ビスコイト百五十斤、下ビスコイト六千斤を用意したと『長崎志続編』にある)

「どうぞご安心下さい。すべて用意いたします」と彼は答えた。

最後に奉仕を約束して、この若者は私の前から去っていった。

この日、役人たちに砂糖の値段を尋ねてみた。ひとりは一フント三十文と言い、他のものたちは知らないと答えた。一小判が六千文と思っていたが、今日の話から判断すると、一小判は七千文で、二百フントは三ピアスタ以上になる。つまり一ルーブルは一ピアスタ以下ということになる。この安さに驚いてしまった、そして彼らが同じ値段を言うように命じられていたことに気がついた。この国の貿易の基本的なやり方がうかがいしれるのではないだろうか。最初にすべてを偽って取り決めをし、値段は自分たちの商品には非常に高い値段を、反対に輸入品にはとても安い値をつけているのだ。

三月八日(文化二年二月二十一日)

快晴。ドゥーフを見るため岸に出てみたが、信号で交渉していると疑われてしまい、彼がバルコニーに出れなくなったことがわかった。私たちは出島のヨーロッパ人の住まいを見ているだけなのに、三百サージン(約六百四十メートル)離れている彼らを見ることさえも、ここの専制政府は許そうとしないのだ。

ここ数日間夜になると、続けて町から六艘の番船が曳航されてきて、我々の艦の背後に、ばらばらに陣取って碇留している。

三月九日(文化二年二月二十二日)

朝方、岸に面した方のふたつ目の門の外に出たところで、ひとつの小さな藁《わら》の箱が流れているのが目に入った。この箱の上に、なにか文字を書きこんだマストと帆が張られてあった。中に何があるのか見るよう命じた。いろいろな種類の根っこのようなもの、野菜、そしてなにか書かれたさまざまな色の紙があることがわかった。

警固兵たちが言うには、何日か前に町で伝染病が発生したので、これを追い払うために僧侶たちが祈禱のために派遣され、厳かな行列をつくって海にこの箱を送りだしたという。この船がすべての病気を持ち去ってくれるのだという。実際にナジェジダ号にいた上官たちも、僧侶たちを乗せ、旗をたてた小舟を何艘か見たという。僧侶たちは歌や音楽を演奏しながらこの箱を運んでいたのだ。私たちがこの箱を押し退けたところ、再び町の方に向かっていった。多分これが町に着いた時には、迷信ぶかいここの民衆たちに不安を巻き起こすことになるだろう。

　昼食後、庄左衛門来訪。奉行からだと言って、竹の筒に活けられた三本の枝がついた花を持ってきた。一本目は、小さなバラに似た、ピンク色の八重咲きのもので、モモと呼ばれていた。二本目は一番きれいな花だったが、細長い葉がついた枝に、平らに六枚の花びらがついた黄色の花で、ヤマブキと言う。三本目はとても香りのいい白い花で、サクラといった。これは奉行所の庭にある、春の訪れを知らせる花々で、友情のあかしとして贈ったという。これに対して御礼を述べた。

　このあと庄左衛門は、要求が出ていた輸送用のボートは、今日出されるはずだったが、風が強いので明日に延期されたが、明朝間違いなく門のところに着くだろうと報告した。さらに楠については、奉行から探すようにと命令が出されており、何よりも私たちにとって必要なのは幅の狭い平板だと言っておいたので、どこかで見つかるだろうと言った。檣頭横材《クロスツリー》のために二枚の曲げ板と、オールのために九枚の平板を手配してもらうことにした。台風で壊れてしまい、大型ボート《ランチ》には一本のオールもなかったのだ。彼は必ず用意しますと、約束した。対応が変わったこととあいそうがよくなったのに驚いた。

再び彼は木蠟（木蠟はオランダへの主要な輸出品のひとつであった）の話を始めたので、私は見本を要求し、彼に白いろうそくを渡すように命じ、質問した。

「いかがですか。これに比べて白さと品質はどうなのですか」

これに対して彼はこう答えた。

「もちろん、比較できないくらい良質です。私たちはこれをあなたの船に積み込むことができます。明日あなたは半斤受け取ることになるでしょう。しかしどうぞ何か必要なものがあったら言ってください。何故ならば私が奉行にそれを報告したところで、彼らは私とあなたの会話の中身までは知らないのですから」

彼が狡猾なことはすでに見抜いていたが、奉行たちの知らないところで彼がとても誠実であることを私が信じているようなふりをし、前もって彼が注意してくれたことに感謝し、彼に面倒をかけたくないと言っておいた。

白い砂糖を見て、彼は、私たちがこれを持ってくることが可能かどうか尋ねてきた。

「何のためですか。もしも私たちにも有益になるようなことであれば可能でしょうが。オランダ人たちがここに持ってくる粉砂糖が一フントいくらするのか、知りたいところです」と言うと、彼は「それを知ることは不可能でしょう。値段は変化します」と答えた。「今年はまた値段が変わっているようですね。少なくとも去年よりは少し高いのでは」となぞかけをすると、「一斤、一マスです」と返事してきた。

彼が嘘を言っていることは間違いない。すべての点で、私が聞いてきた値段と大きな差があるのだ。私が計算したところでは、一プードは、彼らのところでは、三ピエスタを下らないくらい安い値段なはずだ。マニラと貿易したほうが、商品は入手できるだろう。

九　警固兵たちとの交流

三月十日（文化二年二月二十三日）

朝、輸送用ボートが到着。七日間貸してもらえることになった。

警固兵たちと話をしながら、どこから鮫皮《シャグレーン》（きめのあらい皮で表面につぶつぶがある。刀の柄に使われていた）を手に入れるのか聞いてみた。

「一部中国からのものもありますが、ほとんどはオランダからです」

値段を聞いたのだが、知らないとしか答えなかった。おそらく教えることを禁じられているのだろう。

彼らは奉行から長刀や短剣をもらい受けるが、自分の先祖から代々伝わるものも持っていると言っていた。鮫皮《シャグレーン》はとてもぜいたくにつくられ、たいへん高価なものだという。ひとつひとつの柄《つか》全体に、黒い絹のあみひもが斜めに巻かれており、鮫皮《シャグレーン》はその隙間から見えるようになっていた。一番立派なものは、真ん中に大きい粒状の金色の球があるということだが、それがなくても柄の頭部にこの球がついている。鮫皮《シャグレーン》がない者たちは、柄に銀色の縁を飾りにつけている。

大事に扱えば、柄は百年ぐらいもつのか聞いてみた。

「いいえ、どんなに大事につかっても三十年以上はもちません。何故ならば金色の球が取れてしまうからです」

「鮫皮《シャグレーン》はそんなに高くないのか」と聞くと、「いいえ、とても高いです。役人や兵士は二本ずつ刀を差し、商人や農民たちは一本の刀を差していますが、このように刀を差せる身分の人は、誰もが鮫皮《シャグレーン》のついた柄をもちたいと思っています。これほど高い金額の商品はないでしょう」と答えた。

三月十一日(文化二年二月二十四日)

風がひどく強い。普通の屋根だったらだいぶまえに吹っ飛んでしまっただろう。しかしここの屋根は頑丈にできていた。屋根にはまず、板が敷かれ、すきまなく釘を打ちこみ、さらにその上を瓦でおおい、漆喰が塗られていた。庇《ひさし》もまた風が入り込まないように覆われていた。

バケツをひっくりかえしたような豪雨。ここも庇がなければ水浸しになるところだった。さらに強く湿気を感じることになり、リュウマチの発作がぶり返してしまった。

風は絶え間なく吹き続けた。湾がこのように高い山々に囲まれていなければ、さらに強い波が押し寄せてきただろう。また台風が来たのではないかと思ったくらいだ。住民たちの話では、春分前に台風が来ることはないが、ここではこのような嵐は五月の終わりや六月によく起きるという。

三月十二日(文化二年二月二十五日)

快晴。町に様々な色の旗が立てられているのに気がついた。そして夕方になるとあちらこちらに、いろいろな色をした提灯に火が灯された。ひとつは私たちの屋敷の上にある山のてっぺんに飾られていた。

なんのお祭りか尋ねてみたところ、この日はデピリエフ(ロシア語ではなく日本語を表記したものであるが、なにを意味するかは不明)の祝日で、テンシサマ祭り、もしくはテマンゴ(天満宮のこと。二月二十五日は天満宮の祭日だった)と呼ばれているという。実にタイミングのいいことに、私たちもちょうどアレクサンドル一世即位の記念日を祝っていたときだった。

夕方になって町中に鐘がすさまじい音を立ててなり響き、それは一晩中続いた。これは、僧侶が祈禱しているためであり、町に広がっている流行《はや》り熱のためだという。つまり僧侶は鐘の音で病を追い払い、藁の船を清め、行進し、明日にはそれを病とともに海に送り出さなくてはならないということである。

この日、見習いの通訳（通詞見習い）が木蠟を半斤持ってきた。それは驚くほど白く、光沢があった。ビーワックス（蜂のワックス）と見分けるために専門家が必要なくらいだ。これで蠟燭をつくらせるため艦に持っていかせた。こうした蠟が木製であるのかどうか、そしてどうやって集めたのかと通訳に尋ねると、この木には実がなり、その実の殻に白い物質があるので、これを熱して溶かすということだった。

「いまからあなたにビーワックスと木の蠟燭のちがいをお教えしましょう。蜂のは黄色く、木のは白い色なのです」

彼に謝辞を述べたが、彼らは蠟の漂白について全く理解していないことを知った。もし値段の折り合いがつけば、蠟の貿易は利益あるものとなるだろう。（シーボルトも、木蠟の商品価値を高く評価していた。「櫨《はぜ》の木の種子から作られる。当初、木蠟は光源として蜜蠟と同等であると思われていたので、一八二六年から一八三〇年の期間には、その輸出で多額の利益が得られた」と『日本国の産業に関する物品および生産物の展覧会目録』(一八四五年刊)の中で書き、さらに「この商品は輸出品として特に注目すべき存在であり、製造者の関心を惹いている」としていた。『黄昏のトクガワ・ジャパン――シーボルト父子の見た日本』より)

通訳に大名(目付遠山のこと)はまもなく到着するのかと聞いてみた。彼は四日後にはと答えた。しかし警固役人たちが、通訳を厳しく叱責した。この通訳はこのあと、これは町の噂で、これが正しい報せではないと叱られたと、いま自分が言ったことを否定した。そこで警固役人たちに尋ねると、「九日以上はかかる」という答えだった。

この日、役人たちとの話の中で、彼らは、木綿、いろいろな色の靴下、ズボン、手首まである手袋などを持ってきてもらえればありがたいと語ってくれた。英国製の靴下を与えるよう命じた。彼らはとてもそれを喜んだ。しかし親指のために少しだけでも切り目を編みこんでくれたらと言ってきた。これが一足二ルーブル五十カペイカだと言ったら、彼らはそのような値段は聞いたことがないと言う。ギジガ(地名――オホーツク海シエリホフ湾に面している)の鹿革の手袋を与えるように命じた。これもとても気に入り、皮もあったらいいので、皮も持ってきてもらいたい、これに対する需要は多いだろうという。カムチャツカとの貿易の芽生えがひとつ生まれたことを喜んだ。

三月十三日(文化二年二月二十六日)

艦長が、木蠟からつくった蠟燭を届けに来た。この蠟燭は、私たちの白い蠟燭よりは、少し黒ずんでいた。注意しないと、この蠟はまわりを汚してしまう。火をつけてみると、私たちの蠟燭とはちがって、溶けて流れることがなく燃えつづけた。

合間を縫って、また以前のように警固兵たちから日本語を学び続けた。彼らは、貿易のことに話題を向けた。そして次のように語った。

「私たちはずっとロシア船が来ることを待っていました。このことは信じてください。私たちはこの日が来るのを待ち望んでいたし、あなたが考えているよりも、ロシア人のことが好きなのです。しかし私たちの通訳たちは、とんでもないペテン師で、彼らはオランダ人たちのことが好きなのです。彼らの関心は、ただ屈伏しないことだけなのです。彼らはあなたのことを邪魔しています。余計なことを言うようですが、あなたは私たちを滅ぼすことだってできるはずです」

これに対して私は、「そんなことはしません。あなた方の誠意あふれる気持ちはよくわかっています。私たちは通訳たちにすべてを委ねてはいません。彼らを、卑劣漢だと思っています。通訳たちはあまりにも軽率に自分たちの政府について話しすぎますし、ロシアに行きたいとも言っています。私たちが連れてきた日本人(漂流民)から聞いたようで、ロシアでは自由が支配しているし、慈悲あるアレクサンドル一世が帝位にいるからだと言っていました」

警固兵たちのほぼ全員が、私に対して、自分たちの気持ちをありのまま誠実に話してくれた。そこで話題を将軍《クボウ》のことに転じてみた。「あなた方の国では、皇帝《インペラートル》がふたりいますね。ふたりともそれぞれ自分の能力や弱点をもっていることでしょう。ふたりのうちどちらが慈悲深いのですか」と聞いてみた。

これに対して彼らは「私たちの国に皇帝はひとりしかいません」と答えた。私は「それは誰ですか？　ダイリですか、テンシサマですか？」と訊ねた。

彼らは「クボウは、テンシではありません、天下さまです(将軍のこと)。天下さまは、この国で一番偉い大名です。私たちの国で皇帝は、テンシのことです。クボウはテンシの許可がなければなにもできません。それで彼のもとに許可を求めに使者を出しているのです」と答えた。

「しかし、クボウがあなたに腹を切れと命令すれば、あなたはそれに従わなくてはならないのでしょう。ということは、彼がすべてを支配し、ダイリよりも力があるということではないのですか」と聞いた。

「テンシは神に仕える人間なのです。彼は世事にかかずらうことはありません。彼は私たちのために神に祈り、私たちは彼の祈りによって幸せになれるのです」

「しかし以前は彼自身が支配していたのではないですか?」

こう私がたずねると、彼らはもごもごしながら、こう答えた。

「もちろん支配していました。しかしいまのように神に仕えるほうがよかったのです」

「もう十分でしょう。クボウとテンシを比べることができる人なんて誰もいません」

と彼らが言ったので、この話題についてはこのままになった。

何時間かして、ひとりの警固兵が部屋にやってきて、愛情をこめてリボンでくるんだ紙包みを、静かに手渡してきた。この贈り物を注意深く見たが、なかに飴が入ったちいさな箱がはいっているのがわかった。それに気づいて、私から奥さんへの贈り物として、イギリス製の小瓶を受け取ってもらいたいと申し出た。彼はそれを受け取るのを拒んだ。贈り物を受け取ることは彼らの厳しい掟を破ってしまうことになる、あくまでも彼は、ロシア人に対する親愛の情のためだけに贈り物をしたというのだ。

彼の決意の固さに驚いた。ここではなにをしても腹を切らされてしまうのだから。そしてここでは本来人間に備わっているべき自由を奪われており、この厳しさのため私の贈り物を断ったことに間違いなかった。

この日また別な役人たちと貿易について話をした。羅紗でできた手帳が話のきっかけになった。彼らはいい羅紗が欲しいと言ってきた。(オランダからの輸入品の主体は各種織物であったが、なかでも羅紗の占める割合は大きかった)

「少しは羅紗を持ってきている」と答えると、「どうして少しなのですか」と彼らは訊ねた。

「なぜかって、そんなにたくさんつかうことはないと思ったからです」

「どうしてですか？　私たちは羅紗の外套(合羽や火事羽織のこと。羅紗製の羽織は高級品であった)を着ています。オランダ人たちは羅紗をみんな京《ミヤコ》に送って、その代わりに自分たちのために銅や他の商品を受け取っていることをあなたは知らないのですね。私たちはこの手帳に使うためにほんのわずかしか羅紗を受け取ることができないのです。もしあなたが江戸に行けば、多くの人々が羅紗の外套を着ているのを目にすることができるでしょう。江戸はここより北にあるので、羅紗を着る人が多いのです。あなたの手元にあるぶんだけでも、持ってきて下さい。

また私たちはあなたに、モロッコ革のことでもお願いがあります。私たちは通常夏に手帳と、煙草を入れる袋とキセル入れをもらいます。これはみんなモロッコ革でできています。この革が冷たく感じるのです。私たちの国ではすべて季節で変化します。いまあなたがよく目にするのは、固い毛織でできた手帳です」

「オランダ人たちは、モロッコ革をたくさん持ってきているのですか」

「去年は六千、三年前は一万反《ベエレト》でした」

私は同じようにそれを手に入れようと約束した。この日ここから中国のジャンク船が一艘出ていった。

三月十四日(文化二年二月二十七日)

昨日から吹き続けていた風が、激しい嵐にかわった。ボートはすべて錨を下ろした。我々のボートも同じように錨を下ろした。三本の錨でやっと持ちこたえられた。朝方にはだいぶおさまった。

この日、食料担当の通訳が、昨日小倉より急使《クーリエ》を受取り、大名《ダイミオ》が到着し、二日後にはここに来るだろうと知らせてくれた。この報せは私たち全員を喜ばせた。やっと幽閉生活に終止符をうつことができるのだ。

この国の政府について調査を続ける。いままで誰かと面と向かって会話する機会などめったになかった。いつもだとすぐにもうひとりの者がやって来て、話を中座させてしまうからだった。

ひとりに、京《ミヤコ》では派遣されてくる高官は何と呼ばれているのか、幕府ではかなり高い地位にあるのかどうかを質問した。

「ええ、とても偉い高官で、私たちの奉行よりはるかに位の高い方で、政府の筆頭大名の一人です」

「ということは、彼は将軍の次にあたる官職の方か」と尋ねた。

「いいえそうではありません。大名五人によって評議会がつくられます。このうちのひとりがご老中《ゴロオジヨオ》の職務を行ないます。他の四人の大名は、彼が死んだ場合に代わってこの地位につくことができます。しかし将軍の次に重要なのは、御三家《ゴサンキサマ》さまと呼ばれる三人の重臣です。三人のうち一番偉いのは、尾張《オアリ》で、次が紀州《キシヨオ》、三番目が水戸《ミツトオ》です。

彼らによって国家の評議会が構成され、国を運営していくのです。これに加えて四番目には越前さま《エチジエンキサマ》、五番目に加賀さま《カガサマ》がいますが、彼らは大名の中でも最も高い地位にあります。大名はここの奉行よりも高い地位です。つまり奉行は大名ではなく、旗本《ハタモト》なのです。ご老中は、将軍から委任され、京《ミヤコ》にいますが(明らかにこれは誤解)、内裏《ダイリ》(天皇のこと)の使節のようなものです、しかし彼はすべてを取りしきり、聖人(天皇のこと)の安泰を守るのを手助けしている」

今日も嵐が続く。昨日の強い向かい風のため、病いを送りだす儀式は取り止めになった。もし長い間これが続いたら、どうするのか聞いてみた。

「僧侶たちは別な方法を考えるでしょう。彼らはこれについてたくさんの方法を知っています」

三月十五日(文化二年二月二十八日)

朝方、松田東三郎《マウトサブロウ》(佐賀物頭)と名乗る一人の役人が十五人ぐらいの家来を引き連れて来訪。大名の到着に際して、家の点検をするためであった。竹が一本倒れていただけでも、また私たちの目にはしっかりしているように見えるところでも、彼が不十分だと判断したところをすべて修理するよう命じていた。

十一時、為八郎来訪。奉行から「将軍から全権委任された大名が、交渉のために明後日到着する」という正式な報せ(『通航一覧』によると遠山景晋《かげくに》は、二月三十日長崎着とある)を持ってきた。

それとともに彼は、奉行から預かってきた二つの花束と、二本の木の枝を携えてきた。ユリに似たバラ色と白色の花がついた木、ヨドガワ(ヨドガワツツジのこと)と、タキツバソウ(カキツバタのこと)と呼ばれた白色と青色の二本のユリ、カイドウと呼ばれた木は、リンゴの木と似ており、白色とピンク色の花が咲いていた。もう一本は、キンシエンカという花で、わが国ではナガトーク(キンセンカのこと)として知られているものだ。

奉行にお礼するよう伝え、私自身、そして奉行にとっても、やっと決着がつくことを喜んでいる、何故ならば奉行もこれで家族のところに帰れるからだと申し伝えるよう命じた。(ロシアとの交渉のため江戸に戻るのを引き延ばしていた成瀬正孝のことをここではいっている)

為八郎との話の中で、塩二千袋、米をある量購入できるかと尋ねたところ、彼は、それは問題ないし、これについては彼が手配できると確約した。

さらにオランダ人たちが、銅と楠をたくさん持ち出しているのか尋ねた。これに対する彼の答えは、次のようなものだった。

去年は銅を八千貫《カウト》(一貫は百斤《カチ》)、楠は一万二千斤《カチ》持ち出している。銅はここでは一斤が二・五マスで売られている。しかしオランダ人たちは、古い協約によってかなり廉価で購入している。奉行は商人たちに対して、国庫から足らない分を支払っている。

鉄についての私の質問に対し、彼はここにはたくさん良質なものがあり、一斤は一マスするが、かなり高いと答えた。

私はさらに質問を続けた。

「紙や絹の織物を入手することができますか?」

「おそらく、そんな難しいことではないでしょう」と彼は答えた。

魚膠《ぎょこう》(魚の浮袋から作る、宝石の接着剤)を持ってくるのはどうかと持ちかけると、日本でもたくさん作られているという返事がかえってきた。オランダとの貿易の品目について尋ねると、為八郎によるとオランダ人が持ってくる品物は次のようなものだった。

羅紗、更紗、単色の絵模様をプリントした更紗、モロッコ革、釘、乾燥チョウジのツボミ、ニクズク(ナツメグの乾燥皮――香辛料)、ナツメグ、砂糖、さまざまな毛織物、鉛、錫、水銀、ガラス食器、シャンデリア、辰砂《しんしゃ》、山蠟(山中の岩の割れ目から発見される樹脂様物質、さまざまな有機物を含む古来の民間薬)、石臼、ツチハンミョウ、中国の根、アンモニア水、ビャクダン、インジゴ(インド藍)、ラザリ、胡椒、時計などだが、他にもたくさんの品物がある。[1] その中には鉄もあったという。オランダ人は三年間にわたって鉄を持ってきたが、品質が悪く、日本人たちに合わなかったため、いまでも使われないまま放置されているとのことだ。

白銅について、オランダ人たちがこれを持っていくかどうか尋ねてみたが、そんなことはないという。

赤か青の染料の見本を手に入れてもらえないか頼んでみた。なぜならば彼から、日本にはインド藍にも負けない青色の染料があると聞いていたからだ。

モロッコ革について、去年オランダ人がそれを六千持ってきたというのは本当かどうか聞いてみたが、それは正しくなく、三千だけであり、しかもこのモロッコ革はたいへん粗悪なものだという。モロッコ革を供給することはそう簡単なことではなさそうだ。

「明日中国のジャンク船がここに来ます」と彼は言った。

「海草類です」

「何を積んでくるのか」

「乾鮑《ほしあわび》です。これは貝の一種です。それと乾魚、ナマコ、コンブか、海草類です」

紀伊《キスプニ》の国と駿河《スルンガ》で、良質の銅が採掘されるというのは本当かと聞いた。

「良質なものがとれます。しかしその他にも、北国の方で、仙台《シャンダア》から松前《マトスマウ》の間にある出羽と加賀でも大きな鉱山が発見され、そこからも良質な鉄を手に入れています」

もし私たちが必要になり、彼がほんとうに協力してくれるのなら、特別な褒美を与えることを約束した。彼は、大名が到着したらずっと私のそばにいたいと思っていますと答えた。

残りの時間は警固兵たちと過ごした。おかげで自分の辞書(2)の語彙を増やすことができた。できるかぎり風俗や習慣、統治形態などについて質問してみた。

彼らの話では、日本では妻はひとりしか持てないのだが、望めば妾を持つことができるという。しかし妾を持つ人はほとんどおらず、また十四歳未満の結婚は法で禁じられている(男子十五歳、女子十四歳から結婚することができた)。遺産については父や母の死後、男と女の子どもでは対等の権利を有しているわけではない。父が受け継いだものは、年上の息子に与えられる。もし兄弟がいないときには、妾の生んだ私生児に財産が贈られるかどうかは両親の意思による。しかし妻に男の子どもがいない時には、妾の子が跡を継ぎ、この場合彼は養子ということになり、法律上の権利をすべて行使できるということだった。

もうひとりの者に「琉球諸島は将軍の支配下にあるのかどうか」と聞くと、「薩摩に属している」と答えた。琉球の人々は毎年薩摩に年貢を払い、島にも薩摩の支配人が住んでおり、戦争が起きたときには薩摩領主の命令により、日本を防衛するために戦艦を差し出す義務がある。これは通訳たちから前に聞いたことだが、新たに将軍が就任するときには、琉球は宣誓のため代理人を送るという。

三月十六日(文化二年二月二十九日)

奉行から使いが来て、三日と四日(露暦三月二十・二十一日)はムスメマツリ(雛祭り)のお祝いの日なので、艦でも岸辺の艀でも作業しないでもらいたいと言ってきた。これがなんの祝いで、どんなときに行なわれるのか尋ねてみたが、昔からおこなわれているものので、僧侶だったら知っているだろうと言うばかりで、誰も説明できなかった。

ムスメとは、娘のことで、これは娘のための祝日ということになる。娘がいる家では、朝から食べ物や干菓子を載せたテーブルを置き、毎年この日のためだけに保管されているいろいろな人形をこのうしろに飾る。この二日間はこのテーブルは出しぱっなしのままだ。ダイリやクボウの人形が陳列されるときもある。二日間とも家の窓は開け放たれる。親戚や友人たちが訪ねてきて、家の主人は酒を御馳走するということだった。

食料担当の通訳が、大名がここから五マイルのところに泊まり、明日には町に入るだろうと知らせてくれた。

三月十七日(文化二年二月三十日)

今日昼間に遠山金四郎《トオヤマキンジロウサマ》という大名(目付遠山景晋〔一七六四―一八三七〕、文化九年〔一八一二〕から十二年まで長崎奉行も勤める。江戸町奉行遠山の金さんこと遠山景元は、実子)が到着した。儀仗兵たちは正装で私のところにやって来て、到着をお祝いしようと思ったのだが、今日大名はふたりの奉行と一日を過ごし、酒を飲むというので、彼らの観閲は断られたと報告した。

艦の食料として米の乾パンが百十九斤《カチ》運ばれてきた。もし航海中にハムが必要であれば、前もって言ってもらいたいという。船の食糧の貯えがだいぶ少なくなっていたので、この申し出は私たちを喜ばせた。いろいろな食料の値段を尋ねたのだが、通訳たちは、何も知らないし、私たちに値段を教えることは固く禁じられていると言うのみだった。

この日、十二人の随員を伴った役人が、屋敷の古くなったところを点検し、またそれを修理するためにやって来た。彼らは門に板切れを釘打ちし、塀にあったいくつかの隙間を塞いでいた。

この日、警固兵たちと話していたときに、彼らもいつかは大名になれるのか尋ねると「いいえ」と答えたので、「奉行にはなれるか?」と聞くと、「これもありえないことです」という返事だった。彼らは旗本出身で、この階級は生まれつきのもので、子供たちにこの地位を譲るのだ。

「私は代官方《タイトグン》という地位にいるが、私の息子はこの地位を受け継ぐことになる」

要するに彼らの官位が、すべて相続されることを彼らは説明してくれた。

下着の洗濯のため、艦から来た二名をここに残す必要がおきた。このため艦に泊めるのに、同じ人数を派遣しなければならなくなった。それで私は警固兵たちに、どうしても人手がいるので、艦に誰かを派遣させてもらえないかと頼んだ。彼らはこれに同意した、こんな寛大な態度は初めてのことだった。

三月十八日(文化二年三月一日)

今朝方、大きな番船が私たちの艦の回りをぐるぐると回っていた。また一日中肥前藩の紋章をつけた番船が梅ケ崎に向かって航行していた。この番船は、私たちと向き合うように錨泊し、たえず私たちを監視していた。これはおそらく大名の随員たちなのだろう。何故ならば私たちはここで六カ月も過ごしていたので、大体の長崎の住民たちの顔を知っていたからだ。

午後大名の家来が一隊を率いて、警固ぶりを点検しにやって来た。でも目的は、警固の点検ではなかったはずだ。我々はここに厳重に閉じ込められていたのだから。通訳たちは来なかった。

この日、警固兵たちは、版画になった私の肖像画を見たと言う。その中で、私はリボンをかけた勲章をつけて、描かれている。ひとりの警固兵は私に深く頭を垂れた。さらに彼らは多くのものが江戸や京《ミヤコ》に送られ、中国人たちはたいへん多くのものを買っていって、ここに来るジャンク船で南京に送りだしていると話してくれた。見本をひとつ手に入れるよう頼んだが、役人たちは、それはぜったいにできない相談だと答えた。

三月十九日(文化二年三月二日)

夜、町の入口に十八艘の番船が一線にならんでいた。この日で重臣が到着して三日になるというのに、使者も来なければ、通訳たちも姿を見せなかった。

土砂降りの雨。しかしこの天気が使者の訪問を妨げているのではないだろう。

いつものように警固兵たちと話しながら、中国人たちがネズミの毛皮を持ち込んでおり、たったいまも京《ミヤコ》に運ばれていったことを知った。このことは、私たちのところでとれるリスやオコジョなどの薄い毛皮だったら、ここで受入れられるかもしれないという希望をもたらしてくれた。

オランダ人たちと手真似で話しているという疑いから、出島の屋敷の前に、高い矢来がたてられた。

三月二十日(文化二年三月三日)

日本暦で三月三日、日本では「モモノシェノ」と呼ばれている、すなわち桃の休日。

今日と明日の二日は、「エリンノ　マツリ」(上巳《じょうみ》の節句、雛祭りのこと)または「ムスメマツリ」と呼ばれる。

私たちの警固兵のためにあてられている、梅ケ崎近くの屋敷の中に、人形がちらっと見えた。しかし窓が屏風で遮《さえぎ》られていた。この屋敷は唐船を監視する役人のものだった。彼にはひとり娘がいる。この娘のところに近所の娘たちがやって来て、娘が彼女たちにお菓子をふるまっていた。

十時。町から大きな軍艦が曳航されていくのが見えた。その数十艘あまり。先頭の船は、さまざまな色をした絹織物が盛大に飾りつけられており、船尾には肥前サマの金色の紋章が掲げられ、下の方には白い紋章をあつらえた光沢のある幕が飾られていた。船尾にはたくさんの旗や幟がたてられており、またそこで鉦《タンバリン》が打ち鳴らされていた。

二番目の船は深紅の織物で飾られ、それ以外の船は肥前の白い紋をつけた青い織物が飾られていた。この船は港の端まで曳航され、午後一時に戻ってきた。江戸から到着した役人たちが、遊興を楽しんでいたのだと思っていたが、肥前の殿様が船でやって来たため、殿様の小艦隊が、彼らの主人を歓迎するために、出向いたものだったと、あとで知った。

今日は、通訳たちがいなかった。

警固兵たちは、まだ大名が皆からお祝いを受けており、その後も旅の疲れを癒すため休息をとることになっているが、明日は通訳たちもきっとやって来て、まもなく回答を得ることになるだろうと言った。

今日警固兵のササキ・イツジと、ふたりで差し向かいになり、とても打ち解けた雰囲気のなかで、貿易の話をすることができた。通訳たちは、私たちの邪魔をしようとしており、それは彼らに、欠かさず付け届けをしているオランダ人たちのために、役に立ちたいと思ってのことだという。しかし日本の商人たちは、ロシア人との貿易を望んでいる。こう彼は、私に打ち明けてくれた。役人たちみんなが、通訳たちに対してこのような妬《ねた》みをもっていることに驚いた。

こんどは私の立場から、彼ら自身にとっても、この貿易がいかに儲《もう》かるか、皆にその有益さを吹き込むようにできるかぎりわかりやすく説明してやった。

次に彼が言ったことは、絹織物や綿織物、それも白のものと色つきのものを半分ずつを持ってくればいいということだった。男たちは無地の織物を買って、自分の好きな色に染めるという。しかし家名の紋章の部分は、無地のままになっている。彼の話によると、それはこんな具合にできるという。つまりどんなペンキでも剝《は》げない、なにか白い軟膏のようなものを貼りつけて、それから染色をし、乾かしたあと、この膠《にかわ》のようなものを剝がすと、紋章は無地のままで残るというのだ。

柄ものの織物は女性が購入する。彼女たちは紋章を白い絹で縫い込むが、男性は紋章を糸で縫うことを不作法だと考えているのだ。

錦は、少し持ってくればいいと言う。気に入ってもらうと、その時は問屋が間に入ってただちに注文することになる。女性が錦を買うのは、帯にするためである。この帯は、マット二枚分、つまり五アルシン六ヴェルシコーフ(約三八二センチ)ぐらいの長さだ。男たちは錦を手帳や袋入れ、煙草入れに使っている。ササキが持っている袋入れは、馬の毛で編まれたものであることに気づいた。とてもいい品だが、これは祝日ということで、特別に持っていたものだという。値段を言わなかったが、よく見ると、この商品は、私たちの国にたくさんあるもので、持ってくることができると思った。

三月二十一日(文化二年三月四日)

ムスメマツリの祝日が続く(「裏節句」と呼ばれていた)。この日、私たちの屋敷の隣の二階に、人形と干菓子を載せたテーブルが置かれた。しかし私たちから見えなくするため、窓ぎわに屏風が立てられていた。ここの娘オヒサのところにお客さんが来て、お菓子を御馳走になっていた。私たちが興味をもっていることに気づいたオヒサは、人形を窓のところまで持ってきてくれた。

一階では警固兵たちが酒を飲み、ほろ酔い気分になっていた。

食料担当の通訳が、今日二日分の食料を持ってきた。彼の話だと、私が町に行って、大名を訪問する日が明後日と決まり、この日はすべての通りが閉ざされ、買い物ができないのだという。私たちの問いに対して、彼は私がまず舟に乗って行き、そこから私が通ることになる道は、すべてきれいに掃除され、窓だけでなく、すべての門のよろい戸も閉ざされることになると答えた。彼が聞いたところによると、会見は二回で終わるということだ。また今日か明日には通訳たちが来るだろうと言う。この急な知らせに私は驚いてしまった。こうなれば待つのに苦はない。

今朝方、大名から派遣された、正装したひとりの役人が、十五名の家来を引き連れ、警固ぶりを調べに来た。今日も通訳たちは来なかった。

一〇　日露交渉会談

三月二十二日(文化二年三月五日)

朝、大通詞《オーベルトルク》の三人、助左衛門、作三郎、多吉郎が来訪。大名(遠山景晋)の到着を報告した。彼がこの町に着いてもう六日になる。ヨーロッパでは、六カ月も待っていた人物に対して、着いたその日に報告するのが礼儀なのだがと言ってやったが、彼らは、日本の習慣では、到着を報告したあとで、会見を待たせることこそ非礼にあたると答えた。今その会見を準備するにあたって、大名とふたりの奉行は、明日、私に奉行所もしくは奉行たちの屋敷に来訪賜りたいと言っている。朝八時に御用船で迎えに来るが、そこには応接のためにふたりの重臣が乗船し、私に同行する、町に着くと、豪華な乗物《ノリモノ》(駕籠のこと)に乗ってもらうことになるが、靴や靴下は脱がないでいいとのことだ。

まず控室に案内されるが、上官たちには別の部屋が用意され、そこでもてなしを受ける。そして廊下を通って会見が行なわれる広間に案内される。そこは間仕切りがしてあり、大名とふたりの奉行はこの仕切りの向こうに座っている。私はそこから一番近い部屋に控える。私が随行できる上官はわずか五名だけで、兵士の武装は許されず、私たちの身の周りの世話は、日本人たちが行なうという。これはすべて彼らの慣例によるものですと付け加えた。最後に彼らはポケットから屋敷の見取り図を取り出し、この式次第は江戸で十分に吟味されたものだと語った(1)。

これを聞きおえ、同意はしますが、いくつか注文がありますと答えた。まず第一に旗を常に私のそばに置きたいこと、軍帽制服を着た下士官にそれを持たせることを要求した。「それはできません」というので、この件については大名に申し伝えてもらいたいと告げた。第二に、オランダ人たちが江戸に行くときに乗る、乗物《ノリモノ》に何故私の部下たちが乗れないのか。日本人たちは乗物《ノリモノ》は旅のときつかうのであって、今回はとても近いところだし、そのために船をつかうことになったのだし、歩くといってもそんなに遠くはないと答えた。これについては了解した。第三の問題点、私は特別な部屋で待ちたくないし、そこで接待されることも望まない。直接大名と奉行たちがいるところに行って、そこで御馳走になっても別に構わない。彼らは「あなたに応対するのは将軍《ガスダール》から全権を委任された人間です、ごちそうするのは彼ではなく、将軍《インペラートル》なのです。これは私たちのなかではたいへんな礼節であり、名誉なことでもあるのです」と言った。

「私の部下たちは、何故私と一緒でなく、別な部屋に通されるのですか。誰が私に付き添うのですか」

「いいえ誰もご一緒しません。何故ならば高貴なかたとは誰もご一緒できないのです」

「長いこと待つことになるのか」

「いいえとても短い間です」

「日本式の短い間か?」と尋ねると、「いいえそんなことはありません。これはひとつの儀式なのです」と答えた。

日本の壁が動くこと(襖のこと)を知っていたので、襖《ふすま》を取り外し、なにか必要があった時にすぐに部下のだれかを呼ぶことができるように、部下たちを別の場所に待機させることを要求した。これについてはすべて受け入れられた。

第四の問題。大名のいる部屋では、彼らと一緒に座らなくてはならないということだった。彼らは紙を取り出し、広間の端にある三つの場所、それに対面するところに私の場所を書いてみせた。襖を取り外すこと、私の座る場所を、彼らから一歩分ぐらいの近いところにしてもらいたいと要求した。

最後に剣を外し、最初に入る部屋にそれを置いていくようにと言ってきた。これには決して同意できないと答えると、それはできません、これは彼らの習慣に反することであり、オランダ使節は、奉行の屋敷に入る時は、最初に入る控室で剣を外すと食い下がった。譲歩して、会見する部屋の近くまでは、私たちは全員剣を身に着けたままとし、あとは、彼らのやり方に従うと言った。彼らは私が同意するようにさらに説得を続けた。

「それでは大名も長刀をお取りになればいいのでは、刀を彼の近くに置いておけばいいのではないですか」

「いいえ、違うのです。部屋に入るときは長刀は身に着けていません。ただ帯に短刀を差しているだけです」

「それはいい。それでは明日、私も短剣を身に着けることにしよう。そうすれば喜んで剣を外し、置いていきましょう」

彼らは吹き出したが、また真顔になって同意するよう懇願した。日本ではサーベル、もしくは刀は役人たちの体面を意味しており、小さなもの、わかざめ(ワキザシのこと)は、農民が持つという。

「ご理解いただいていると思うのですが、これは決してあなたを侮辱することにはなりません。日本では、剣を外すことが、寛大さをしめす唯一の作法なのです」

「ロシア君主は世界でひとりしかいません」と答え、そして次のように大名に言ってもらいたいと、話を結んだ。

彼らと相まみえることをたいへん嬉《うれ》しく思っているが、このことだけはわかってもらいたいし、公明であって欲しいと願う。つまり私たちは、互いに偉大な国家から全権を委任されており、相互関係以外のことはお互いなにも要求する権利がないということである。しかしながらもし彼が、私の日本の将軍に対する特別な尊敬や、私を派遣した慈悲深き我が皇帝の好意のあかしを見たいというのならば、私はそれを行なう準備があります。なによりもこの点だけは将軍《テンジンクボウ》閣下にお伝えしていただきたい。

彼らは、すべての要求は伝えますが、将軍が同意したすべての要請には、従わざるをえないと言った。

話題は転じて、何に座るかということになった。

「床の上ですが、座布団が敷かれています」と言うので、「大名はどうするのか」聞くと、「まったく同じです」というので、これは受け入れた。

そのあと誰が部屋に入れるのか尋ねた。

「私たち、大通詞《オーベルトルク》三人だけです。そして私たちが通訳します」

「私の側には?」

「あなたお一人です。あなたはオランダ語を十分に話せますし、私たちもあなたの言うことは理解できます」

「いいえ、だめです。いいですか私はロシア使節なのです。ロシア語でしゃべらなくてはならないので、そのために私の随員のなかから通訳を出さなくてはなりません」

「それは絶対に許されません」

「いいでしょう。それでは日本語で話します」と私は答えた。

「これも絶対無理なことです」と食い下がり、さらに「これは我々の掟《おきて》に反することであり、そんなことをすれば私たちが必要でなくなります」と返答してきた。

「どちらでもいいですよ」と言ってやった。

長い間議論して、やっと彼らはフリードリッヒ少佐を同席させることを認めると言ったが、まず大名を説得しなくてはならないという。大名に、随員全員を部屋に通すことができるように頼んでほしいといったが、これを聞いて彼らは怯《おび》えてしまった。私は通訳が三人なのだから、同じ数の随員を入室させるように求めた。彼らは、三人の高官がいるので、私たちも三人なのだと言ったが、私は頑強に、宮中顧問フォッセを同席させることを主張した、何故ならばフリードリッヒが通訳出来ないときは、フォッセが助けることができるからだ。彼らは大名に申し伝えると言った。

このあと話題はお辞儀のことになった。彼らは私に深々とお辞儀するよう求めてきた。吹き出してしまった。彼らは驚いて私を見つめた。

「いいえ、そんなことはできません。神の前でもお辞儀をする時は、身体ではなく、心によってです。こんなことは願い下げにしてもらいたい」

彼らは三人で床に座ってみせて、これがいかにたやすいかを示してくれた。

「これに慣れている人にはたやすいことでしょう。あなた方は膝で立ち上がれるし、手で床に触れることもできるでしょう」

私は笑いだした。

「でもあなたはどのようにお辞儀なさるのですか」

「礼儀に適ったやり方です」と答え、「私はこんな馬鹿げたことにかかずらうことが恥ずかしくなってきました。お辞儀を習うためにここに来たのではありません。両国の利益になるような土台を築くためなのです」

「しかしあなたは日本式に座らなくてはなりません」

「いいえ、足を折り曲げることなどできません」

「十字にして足を組めばいいのです、そうすればずっと楽になるはずです」

「いいえ、どんなにお望みでも、私は横になった方がいい」

「いいえ、足を伸ばして座ることはなりません。重臣たちの間では正座しなくてはならないのです」

「わかりました。いいでしょう」と笑いながら、私はこう言った。「横向きに座りましょう」

「いいえそれも無礼になるのです」

「足を折り曲げることができないといっているのに、一体どうしろというのですか。四十歳にもなっているのに、足を折り曲げろといってももう遅い」

「やろうとしないだけです」

三人は、一人ずつ座ってみせて、私に試すように頼んできた。あなたがたを信用しよう、とても結構なことだ。明日だけはなるたけ窮屈にならないように座ってみましょう。

(大黒屋光太夫を連れてきたラクスマンは、根室で開かれた日本側との交渉の際、靴を脱ぎ平伏

することを要求されたが、それを拒否、会談は日本人は日本式に畳に座り、ロシア人はロシア式に椅子に腰掛けて行なわれた)

最後に衛兵たちが、私を迎えるとき行列をつくっていいかどうかを尋ねた。〔原注――この答えについてははっきりしない〕

どうしても国書の写しを渡してもらいたいと言ってきた。

「私が到着したときに、それは渡したはずですが」と答えると、「もう一部欲しいのです、前のは江戸に送ってしまったのです」

「もう一部といわれても、いまそれはありません。写しがなくても、内容は覚えていますが、どうして送ったのですか」と答え、大名と奉行が私を表敬訪問するのかどうか尋ねた。

「もちろん彼らはあなたのところに伺うことになります」と通訳たちは答えた。そして彼らは別れの挨拶をして、また答えを持ってくると約束した。

彼ら三人が再び来訪してきたのは、午後七時のことであった。そして大名が、通訳のために随員のうち二人を私に付かせ、私の背後に座っていいことに同意し、また下士官たちが正装して旗を持つことにも同意したと伝えた。しかし食事をとる部屋の襖を取り外すことはできないこと、しかし私の要求に応じて、何か用事ができたときに、動けるように二人の人間を付き添わせることにした。(2)

彼らに、明日は貿易について突っ込んだ話し合いになるのかどうか聞いた。

「いいえ、それは別の日でしょう」と彼らは答えた。

雨が降ったときは、もうひとり従者を連れていってもいいという。

この日、帆を張った二艘のボートが町に入った。

三月二十三日(文化二年三月六日)

朝七時、町から大きな豪華な御用船が曳航されてきた。以前梅ケ崎や、他の場所に行ったときにもこの船に乗ったことがある。もしかしたら少し小さかったかもしれないが、さまざまな色の絹の織物や肥前のお殿様の紋章(梅ケ崎の宿舎から、大波戸まで使節一行の海上輸送は、肥前藩が受け持った)が飾られていた。

八時に高官二名(松崎伊助、上川伝右衛門)が、出発の準備が万端整ったことを告げに来た。ここの庭に集まった通訳たちのためにも何艘か挽船が用意されていた。彼らの案内で私と随員たちは(この日会談に出向いたロシア側の随員は、フリードリッヒ少佐、フォッセ宮中顧問、フョードロフ大尉、コシェレフ中尉、ラングスドルフの五名、その他旗持一名、沓《くつ》持《もち》一名、儀仗兵六名が付き添った)たくさんの挽船に曳航された御用船に乗り込んだ。衛兵たちは、私に敬意を表するために太鼓を打ち鳴らし、艦では二本マストの上に整列した水兵たちが、見送った。

水位は浅かった。先頭の深紅の絹で縁取りされた豪華な船のところに着いて、まず船に軍旗と椅子が運び込まれた。それから私たちはこの船に乗り移った。出島では、使節に敬意を表するために旗が掲げられていた。やっと私たちは大きな船「関船《セキブネ》」に着いた。この船の中で陸に着くまで、お茶とたばこがふるまわれた。船尾では日本の太鼓が鳴らされた。私たちが出島にさしかかった時、オランダ人たちがヴェランダに出てきて、私に向かってお辞儀をした。私たちもこれに対して返礼した。

船は広い広場(大波止のこと)に着いた。広場には青い縞がついた織物が垂れ下がっていた。岸の下は、たくさんの兵士たちや下士官たちが群がっていた。私に乗物《ノリモノ》が与えられた。それに乗りこみ、町の中を進んでいった。町中のすべての窓は藁の日除け(簾)で閉ざされ、通りには人ひとりいなかった。十字路は板で塞がれたり、幟が垂れ下げられていた。私が来るということで、すべての通りがふさがれていたのだ。深い沈黙。通訳たちは、みな二人一組になり、二列になり、前を歩いていった。たくさんの役人たちが彼らに付き添っていた。彼らの着ている黒装束はまるで葬列を思い起こさせる。通りのあちこちには、たくさんの兵士たちが立つ哨所があった。ここで兵士たちは列をつくり、彼らの背後には上司たちが立っていた。

こうして奉行の屋敷に到着した。私は乗物《ノリモノ》から出て、広々とした広場に続く階段を歩いた。この広場からの行進も、整然としたものだった。広場の端のところにも兵士たちがいた。私たちは、山の上に建っている奉行所の庭へつづく石の階段を登っていった。ここでも両側に沿って兵士たちが座っていた。玄関に着いて、私たちは最初の畳のあるところで靴を脱いだ。大通詞《オーベルトルク》たちが、私たちを出迎えた(図16)。

私たちは大きな部屋に入った。そこには四十人近くの高官たちが座っていた。そこから広い廊下に沿って進んでいった。廊下に沿って少しへこんだところがあり、ここにも役人たちが座っていた。ここから渡り廊下に出て、衝立で仕切られた控室にたどりついた。最初の部屋が部下たちに、そして次の部屋が私と随員のふたりに与えられた。そこで砂糖が入っていない茶とタバコをごちそうになった。彼らの応対は、無愛想だった。私は長く待たなくてはならないのかと尋ねた。そして通訳たちに、前に彼らが言ってい

図 16　使節の行列

たようにこの部屋は、壁で閉ざされておらず、襖があるだけではないかと指摘してやった。彼らは笑いながら「確かにそのようですが、実際は密閉されるようにつくられているのです」と答えた。

このあと、遠くの部屋からたくさんの役人たちがやって来て、通訳たちに静かに話しかけた。通訳たちは(この日通訳をしたのは、石橋助左衛門、中山作三郎、名村多吉郎の三人)彼らにお辞儀をして、ささやくように答えていた。このあと高官たちのもとに呼ばれ、前に取り決めをしたように、これは重臣のためではなく、将軍のためにすることなのですが、サーベルを外すようにと頼んできた。私たちは細長い部屋に入っていった。渡り廊下から部屋の入口は、大きな衝立で遮断《しゃだん》されていた(図17)。

通訳たちは私に、もっと低くお辞儀をするように、これが将軍のためだと言った。彼らに、オランダ人と同じようにロシア人を教育しようなどとは思わないで欲しいと答えた。ふたりの奉行と、彼らの左手に座っている重臣にお辞儀をした。彼らも同じようにそれに応えた。通訳たちが引きとめない間は、私は前に進んでいった。通訳たちは私が座る場所を示した。重臣までは、前に約束したように畳一枚分ではなく、畳二枚分の距離があった。通訳はもう一度ここでお辞儀をするように要求した。私はこれに対してた

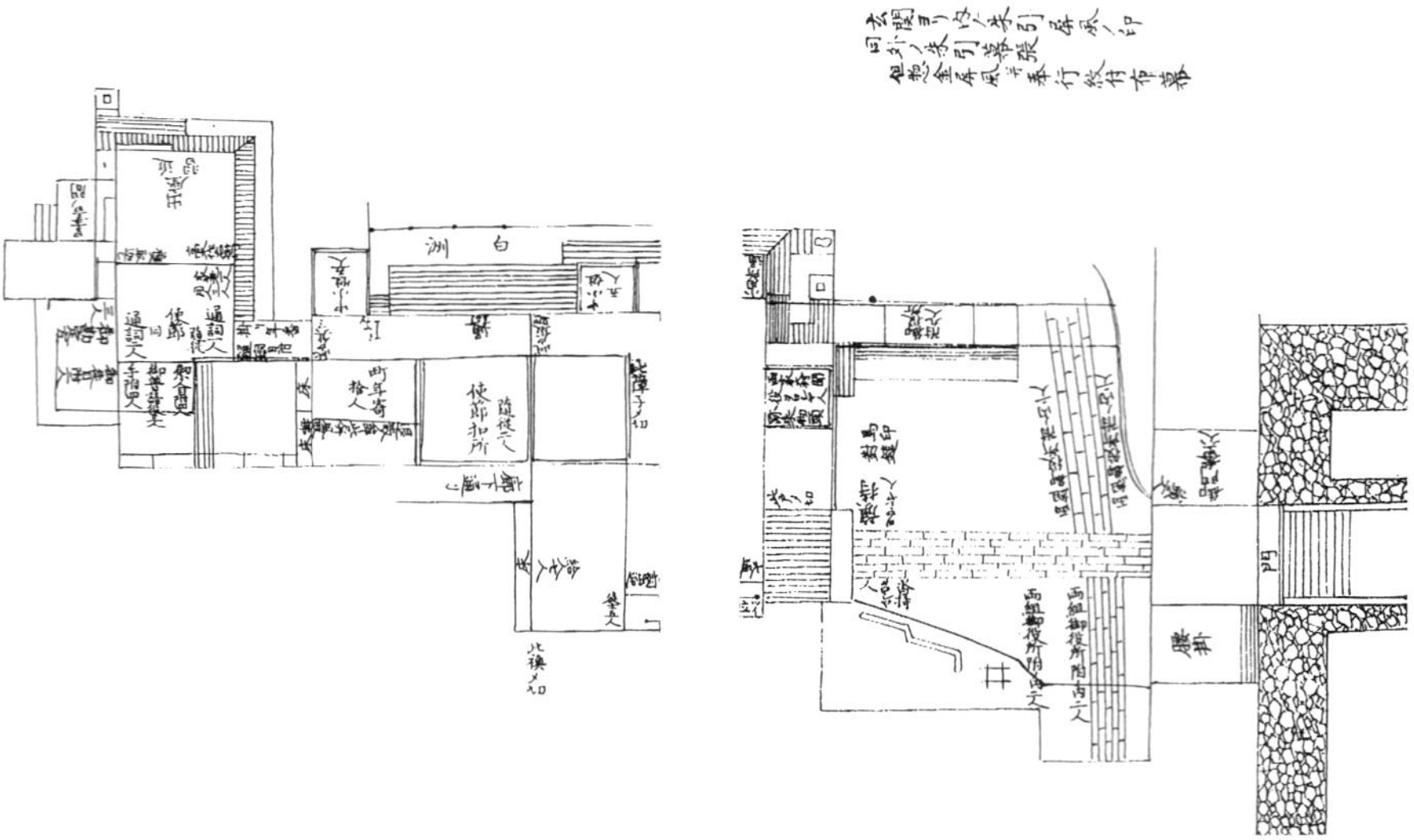

図17　奉行所での配置図(「御奉行所座配図」『長崎志続編』巻十三ノ上，内閣文庫蔵)

だちに座りたいといった。フォッセとフリードリッヒが私の後ろについた。深い沈黙。部屋にはたくさんの役人たちが座っていた(肥田、成瀬両長崎奉行、遠山景晋、代官高木作右衛門、勘定方、徒目付、普請役たちが列席した)。重臣の後ろにも同じように列ができており、その中の三人は手に長刀を持っていた。前に同意をみたように、部屋の中には私たちだけがいるのではなく、たくさんの役人たちがおり、さらにサーベルは持ち込まないというのも、すべてまやかしではないか、私も、部下たちもサーベルを持ってこの部屋に入ることができたのではないかと通訳たちに文句を言った。

この様子に気づいた肥田豊後守《ヒダブエンゴノカミサマ》奉行は、私に挨拶の言葉を述べ、日本の習慣により、私の滞在中にここで随分と退屈させてしまったことを深く遺憾に思っていると、切りだした。

「まさにその通りです。あなたの言ったことは本当です。私の人生でここで味わうことになった、このような退屈は初めての経験です。しかしまた見ず知らずの私に対して、ご奉行たちからたくさんのご厚意を授かったこともまた事実であります。私は今日こうして、お世話になったあなた方とじかにお会いできて大変嬉《うれ》しく思います」

これに対して彼らも謝辞を述べた。このあともうひとりの奉行が、「私たちはあなたの来日の目的を知っているのだが、江戸から派遣された大名は、直接あなたからその目的を聞きたいと申しておりますので、それを言っていただけないだろうか」と尋ねてきたので、「もちろん喜んでお答えします」と言って説明した。

私の話を聞いて、彼がちょっと話し、そしてそれを通訳たちが訳した。それによると将軍《クボウ》は、ロシア皇帝が通商のことに触れ、それに対して感謝していることに驚いている。通商の許可を認めてはいないが、将軍に書簡を出すことだけは許した。ラクスマンにも、このことは念を押して申し伝えたはずだし、誰も決して日本と書簡のやりとりはできないことを、直接言い渡して、そのことは彼も承認したはずであった。ただこの前提を認めたうえで、将軍《クボウ》に書簡をだすことだけは許したのだ。これにより最初交わした約束が反故にされたことになる。しかし将軍はこれについては寛大に処してきた。

使節団を受け入れず、貿易も望まない、これは私に出ていってもらいたいということを意味する。私は微笑みを浮かべ、彼らを見つめ、「これがなにを意味するのか、私に理解できません。このような失礼な対応に驚いている。これは特別な名誉をもつ者を侮辱することにはならないだろうか。ヨーロッパの皇帝や女王たちは、ロシア国と書簡のやりとりすることを、身に余る光栄と見なしている。またロシア皇帝の名誉に関することを、将軍《クボウ》がラクスマンに果して命令できるのでしょうか。皇帝も将軍《クボウ》も同等であり、どちらが偉いかはいまここで決められることではないはずです」

私はこうしたことをかなり激烈な調子で言った。私の言葉が通訳されるのを聞いて、肥田豊後守は、調子を変えて「使節は日本式の会見にお疲れでしょうから、ひとまず今日はここで打ち切りにして、また明日会見ということにしてはいかがでしょう」と言ってきた。「それは甚だ結構」と言って、立ち上り、退出した。その時、不愉快なことが始まったと確信した。何故ならば彼らは喧嘩を始める口実を探しているからだった。私たちは来たときと同じように整然と帰途についた(3)。

夕方庄左衛門と為八郎来訪。大名と奉行が明日もう一度謁見にお出でいただきたいと申し上げていること、通訳たちも私に同行することになりますと告げた。

「いいえ、ふたりの通訳は必要ありません。もう私は出向きませんから」と答えた。そして彼らに今日の重臣たちとの会談の結末を説明し、一体彼らがなにを望んでいるのか、こうした話し合いは決して満足な結果をもたらさないし、さらに彼らは自分たちの言葉に対してあやふやであるし、会見の作法からいってもなっていないと言ってやった。

彼らはこれに対して、すべて古くからの習慣に依存しているからなのです。これによってその権力を維持することができたのです。そしてこんなことを言った。

「赤道では円周が大きく、両極では小さい、しかしどちらにとっても三百六十度であることにかわりなく、大きくもなければ小さくもないのだ」

「まさにその通りだ。大きい円周側にいるものにとってはそれを測ることは簡単なことなのだが、それ以上に小さいところにいるものの方が、もっと簡単にそれを測ることができる」

少し話しているうちに、ふたりは、私が会見での日本人たちの無愛想な応対にさほど驚いていないと感じたようだ。明日朝七時出発するのでよろしくと言い残し、通訳たちは帰っていった。

三月二十四日(文化二年三月七日)

夜中、雨と風、朝には嵐になり、滝のような雨が降った。今日の会談は延期されるだろうと思ったのだが、九時には少しおさまり、船が曳航されて、ふたりの高官がやって来て、出発の準備が整ったと告げた。庭は役人や兵でふくれあがっていた。ひどい天候だったし、以前言われたように、部下たちが歩いていくのに、そんな近くでもないので、部下たちにも乗物《ノリモノ》を用意してほしいと言った。彼らは、もう遅い、乗物を探すことができないと答えた。

「いいえ、このような大きな町だったら、五百ぐらいはあるはずです。私が海上を通っていくあいだに、乗物《ノリモノ》を岸に用意することぐらい十分可能なはずです。もしもそれができないのなら、私は船から一歩もでません」

このように反論した。彼らはじっと私の目を見つめた。私はもう一度同じことを主張したし、フリードリッヒも、前の方でのろのろ歩く日本の役人ではなく、皇帝の士官であることを日本人たちに思い起こさせた。私たちが頑強なのを認め、彼らは私たちを落ちつかせるため、乗物《ノリモノ》を準備すると言った。

十時に出発したが、水位が浅く、大きな船に乗り込むことが出来なかった。土砂降りの雨が降り、稲妻と雷鳴が絶え間なく鳴り響いていた。雷がすこしおさまってきたので私たちは投錨し、町から乗物《ノリモノ》の準備が整ったという知らせを待つことにした。この間、日本の絵師が来て、私をスケッチしていたが、彼は私の服の刺繍に手こずっていた。それがわかったので、彼をそばに呼んで、もっと近くにきて見るように言ってやった。彼は恐縮して感謝の言葉を述べた。日本人たちはみな、どれだけロシア人が親切かと語っていた。このあと絵師は部下たちの帽子や剣をスケッチしたが、彼らは私以上にさらに親切であった。船長が、私になにか一言思い出のために書いてもらおうと、たくさんの新しい扇を持ち込んでいた。彼らに賛辞と友情を意味する格言を書いてあげた。彼らはとても喜んでいた。

一時になって一艘の舟が到着し、岸で行列のため、すべての準備が整ったと告げられた。私たちはただちに接岸し、乗物《ノリモノ》に乗り、奉行所に案内された。大通詞《オーベルトルク》が私たちを出迎えた。あとの儀式は昨日と同じだった。まもなく奉行の家老が入ってきて、大名とふたりの奉行の名を以て、挨拶の言葉と、嵐になったことに遺憾の意を述べた。そして国事を論じ合うことになるので、今日はいかなる社交辞令も必要はありませんと言った。これに対しては、案件に早く取りかかることはとてもいいことです、私たちは六カ月も何も知らされず不愉快な思いでいましたからと、答えた。

日本人たちは以下のことを決定した。(最初に幕府の決定として「御教諭御書附」を肥田豊後守が、次いで長崎奉行所の決定として、「長崎奉行申渡」を成瀬因幡守が読み上げた。付録四参照)

一、もしロシア皇帝が献上品を携えた使節を派遣したということであれば、日本の法では直ちに、これに返答しなくてはならないのだが、ロシアに使節を派遣することはできない。何故ならば、日本人は誰ひとりとして、出国することを認められていないからだ。それゆえ国書、並びに献上品は一切受け取れない。これは将軍が召集したすべての官職にあるものの衆議によって決定されたことである。
二、将軍は、昔から朝鮮、琉球、中国、オランダとだけ貿易をしていたし、現在は中国、オランダの二カ国とだけしか貿易していない。新たに他の国と貿易する必要がない。
三、日本国内を異国のものが通行することは禁じられている。したがってロシア人に対しても祖法にしたがい、そのように扱わざるをえない。しかしながらロシア皇帝の善良な取り計らいに敬意を払い、帰りに必要な食料を提供し、艦を帰すことに同意する。しかし二度とロシア人が日本に来ないことを条件とする。他の国であればこのように六カ月も日本に船を留めておくことは許されないことだったが、これは慈悲だと受け取ってもらいたい。
　これを聞いて、私は次のように答えた。

　ロシアとの貿易は必要がないというが、ロシア皇帝はたくさん必要なものを入手できないでいる日本人に対して、慈悲の心から申し出たことであり、それを断るのは、日本にとっては賢明なことではないだろう。

通訳たちが「たとえ日本と貿易できたとしても、ロシアのために漆器を入手できない」と言ってきた。

「そんなことは私にとってたいして必要なことではない。それよりも皇帝の献上品について、将軍は我が皇帝が、それに対して献上品をもって使節を派遣してもらうことを意図していると誤ってお考えなのではないか。日本が誰にも入国を許さず、使節も派遣せず、他にない独自の風習を持っていることは、世界中が知っていることです。しかしながら友情を約束した偉大なる皇帝から贈られた献上品であることを踏まえて、これらを受け取るべきではないか」

「よろしいでしょうか?」

通訳たちが口をはさんだ。

「友好の結び目があるとするなら、一方が端から全力で引っ張ろうとしているのに、もう一方は、何の可能性もないまま、屈するほかないというのでは、結び目をうまく結びつけることはできないのではないでしょうか」

そうしている時、通訳たちは重臣たちに呼びつけられ、また私は質問された。大名は一枚の書類を読み、それを大通詞《オーベルトルク》に渡した。通訳たちは再び翻訳したいので退座を願い出た。そして彼らは、将軍が我々の帰国のために米と塩を賜ると申し出ていることを明らかにした(米百俵、塩二千俵、真綿二千把を薪水料として与えることを申し出た)。私たちはここでこれからも生活していくわけではない、重臣の皆さんへ、私がお持ちした献上品をさしあげましょうと言った。

「それはできないのです。私たちは受け取ることを禁じられているのです」

「私たちが受け取るものの値段はいかほどなのですか。それを支払います。自分のお金を払ったうえで、食料を受け取りたい」

「日本ではそれは出来ないのです。あなたは無償でそれを受け取らなくてはならないのです」

「私たちに六カ月も苦しみを与え、皇帝の好意に対して、不遜な態度をとりつづけるような人たちから食べ物を恵んでもらうなど御免被る」

大通詞《オーベルトルク》はすっかり動揺していた、多吉郎はフリードリッヒのところに近寄り、「私たちの条件を受け入れるよう使節にお願いしてください。使節は知らないのです。日本では、たったひとつの火花がもとで、おそろしい、あとで消すことのできない炎になることだってあるのです」と言っていた。

彼の話を聞いて、私は少し言い方を変えて自分の主張を繰り返した。つまり善意でしたすべてのことが、全く反対に受け取られるほどやり切れないことはないだろう、だから奉行らは、私たちに友好の証をしめすために、少なくともほんとうに取るに足らないような品物を受け取ることだけは拒絶しないでいただきたいと語った。

彼らは、これは特別な許可がないとできないことであり、江戸に手紙を書けば、また二カ月待たなくてはなりませんと答えた。

「そんなことは受け入れられません」と答えたのだが、彼らは執拗に同意を迫った。これについては次回返事することにした。

今度は私から二つの事項に関して決定を迫った。ひとつは、特別保護証を与えてほしいということだった。思いがけず嵐や強風に遭って日本のどこかに漂着するようなことになったときに、ロシア人を友好国の国民として受け入れ、いままでのように長崎に連れていくのではなく、ロシアに帰していただきたい。後でこの分にかかった金は支払います。

「これについてはすでに明らかにしましたように、ロシアは友好国として受け入れられます。しかしこれについては再度確認いたします」

「それで結構です。しかし日本の近隣にあるふたつの国に対してこのことを報告しなければなりません。何故ならば、私たちは朝鮮の海を通って航海するつもりなのです」

彼らはこの言葉を聞いて、お互いにみつめあって、やがてこう答えた。

「すべては、間違いなく重臣たちに決定してもらうようにします」

第二点は、今後船が座礁して、ロシアの沿岸で日本人が救助されたとき、どこに届ければいいかということだった。

通訳たちは歩き回り、戻ってきて、今日はこのへんで協議を終わりにしましょう、私も休息しなければならないし、すでに実際午後五時半になっていますし、明日にはこれらに対する返事をしましょうと言ってきた。

彼らはお茶と、タバコ、お菓子をご馳走してくれた。私が不満を抱いていることを知ったのか、実に礼儀正しかった。彼らも厳しい結果を恐れていたのだ。何故ならば長崎の町に来る途中で、庄左衛門が部下たちに「もし通商が拒否されたら、ロシアの法律では、戦争になるのですか」と質問していたのだ。このときフリードリッヒが彼に対して「ロシアに必要なこと、それは誰も拒絶することができないのだ。皇帝にとって日本との通商は必要なことではない、ただ日本人に対して慈悲を示しただけなのだ」と答えていた。

「あなたの国で戦争があったのはだいぶ前ですか？」

「わが国は概して平和を愛する国民で、それは今でもそうですが、最近ではトルコとスウェーデンと戦争をしています（一七〇〇～二一のスウェーデンとの北方戦争、一七六八～七四、八七～九一にトルコとの間で勃発した露土戦争のこと）。戦争はいつも、いくつかの土地を獲得することで終結しています。それらの土地をそのまま自分たちのものにしておくか、慈悲によって返還するか、すべてこれを決定するのは皇帝の意思です」

私たちは長崎を出発した。私たちが乗っていたのはかなり大きな船だったので、水位がまたすこし下がり、岸に近づいているうちに浅瀬に乗り上げてしまった。この事故が起こったときに、何人かが水に飛び込み、船を岸のほうに引っ張ってくれた。屋敷の近くに用意されていたボートが可能なだけ集められ、これで橋をつくった。この光景を見て、さらにたくさんの民衆が集まってきた。

私たちが部屋に入ろうとしたときとほとんど時を同じくして、奉行と幕府から二通の文書（「御教諭御書附」と「長崎奉行申渡」のこと）が到着し、読み上げられたのち手渡された。この日の結果は、私たちのまわりにいた日本人たちの間で大きな不満を引き起こした。警固兵たちは、この結果を知り、泣きだして、こう言った。

「幕府はいったいぜんたいなんということをしたのでしょう。私たちをロシアに連れていって下さい。ロシアだったらずっと幸せに暮らせることでしょう」

夕方になると番船の動きが活発になった。町では、戦争は避けられないだろうと囁《ささや》きはじめられた。こうした恐怖から、これから最終結論が出される前に、何か悪いことが起こるのではないかと、だんだん心配になってきた。特に湾を出ないうちには火薬を返してもらえないことを知ってからはなおさらだった。何故なら嵐の時を見計らって私たちを殺害することもできるし、船を沈めることだってそう難しいことではない。食料を積んで私たちがここから出発したと、オランダ人に言うことだってできる。こうしたことから私たちには慎重さが要求されたし、話をする時もさらに用心深くしなければならなかった。

三月二十五日(文化二年三月八日)

大通詞《オーベルトルク》三人来訪。奉行からの返事を知らせるためだった。(4) これから漂着する日本人たちをどこに連れていけばいいかという第一の質問については、奉行自身が答えるという。次に我々がやむをえず日本の沿岸に漂着した時のために、特別保護証(日本側は捨切手と呼んでいた。『通航一覧』)を与えるかどうかについては、幕府に相談しなくてはならない。ただ今回の日本側の返書を見せれば十分解決することであり、もちろん拘束されることもないという。しかし私が、それだけでは不十分で、実際に今回の返書の翻訳文をもっていないと言うと、彼らは「またあなたを待たせることになり、手間をとらせてもらってもいいのなら、私たちは翻訳文を入手することはできます」と答えた。そして実際に手間どった。その本当の内容は〔原注――以下判読できず〕

生鮮品を支給してもらえるのかどうか、尋ねた。

「もちろん、必ず支給されます。あなたは友好国にいるのですよ」

「急いで荷積みをする必要がある。そのために船や人夫も手配してもらえますか?」

「ええ、もちろんです」

奉行たちが献上品を受け取るかどうか、最悪でも滞在中に優しく世話をしてくれた高官や役人全員に献上品を贈ることは可能かどうかを尋ねた。彼らには、ほんとうに満足していたのだ。しかし法律で通訳以外の誰も、外国人から物品を受け取れず、それをすれば死罪を免れないので、誰ひとり受け取る者はいないだろうという答えだった。「いいえ、もしそうであれば食料をこれ以上受け取るわけにはいかない。これはどうしても必要なことなのです」と語ったところ、与えようと望んでいる物が何なのか知りたい、もしそんなに重要なものでなければ、奉行に報告しようという。

「ほんとうに取るに足らないロシアの工芸品ばかりです。例えば鏡とか、釣燭台、羅紗、錦、大理石の机です」

彼らはこれらを書き留め、私の善良な気持ちに大変感謝していると述べたあと、江戸で今回このような決定が下されたことに対して、心の底から遺憾の意を表した。そのあとで彼らは、今回は拒否されるかもしれないと大方予想はしていたが、正確な内容については全く知らなかった、このことは誓って申し上げたいと言った。

「そんなことはありえない。あなたたちは、奉行と近しいし、ずっと前から知っていたはずだ」

「冗談をおっしゃっているのですか。国家の命令を知ることができるとでもいうのですか？　これは誓って申し上げることができますが、奉行たちも大名が到着するまでは、何も知らされていなかったのです。私たちも推測はしていましたが、内容を知ったのは、あの時が初めてだったのです(文化二年一月十九日に到着した幕府からの最終下知状で、幕府の意向が通商拒否であることは知っていたはずである。七注六参照)。そしてあの返事に私たち自身がたいへん驚いているくらいなのです」

奉行のところに行って、献上品のことで許可をもらえるようお願いしてきますが、ただ私たちのこれからの航海のことを考えると、食料の受け取りを拒否すれば、たいへん不幸な結果を招くことになるでしょう、何故ならそれは通訳自身の怠慢ととられ、また将軍の意思を正しく通訳しなかったということにもなりかねませんと言い残して、別れを告げた。

夕方六時再び大通詞《オーベルトルク》たち来訪。奉行が、一人にだけだったら、贈り物を受け取ることを許可すると言っていること、それを通訳たちがあとで分配する、と告げた。

「いいえ、全員に一つずつです」

彼らはまるで言っている意味が分からないとでもいうようなふりをして、あらためて奉行に報告できないと言った。これは、ロシア人来航を思い起こさせるような品物をなるだけ少なくしようという計略であった。しかし同意せざるをえなかった。

最後に彼らは、明日私が大名と奉行に別れの挨拶《あいさつ》を告げ、すべてに対する返事をもらうことになると言った。

「早ければ早いほど良い。ただ出発の準備を手助けしてほしい」

通訳は、大名も奉行も今回の決議が両国の皇帝にとって何の利益も生み出さなかったことに深い遺憾の意を示しており、彼らがロシア人とひんぱんに会うことは大事なことだと思っていること、そしてなによりも友情は永遠に保たれると断言した。彼らは私が食料を拒否しなかったことに対して感謝の意を表した。そして続けて、ここでなにかお土産を購入したい、また長崎のお寺を見学したいという私の申し出については、幕府と交渉しなければならなくなり、実現できなくなってしまった。これに関して、彼らの怠慢だったと思わないでもらいたいと言ってきた。一度ならず江戸に伺いをたてたのにもかかわらず、決裁をもらうことができなかったという。同様に出島のオランダ人のところに行くことも許可を得られなかった。何故ならばこれについても幕府は何の回答もくれなかったのだ。

三月二十六日(文化二年三月九日)

昼過ぎふたりの重臣来訪。町への出立の準備がすべて整ったことを知らせる。日本の役人たちが庭のところに鈴なりに集まっていて、まもなくロシア人たちとお別れしなければならないことが、とても残念であると述べた。

私たちは前と同じ御用船に乗って出発した。この船には肥前藩の役人たちがおり、礼儀正しく、われわれにさまざまなものをふるまってくれるなど、世話をしてくれたのだが、彼らは自分たちの船で私を応援するのはこれが最後だという思いがこみあげてくるのだろう、これは心の底から申し上げることですが、ロシア人はみんな親切な人たちばかりで、私たちは決してロシア人のことを忘れないだろうと口をそろえて言った。この言葉に、日本語で感謝の言葉を述べ、彼らの言っている意味が完璧にわかったとはいえないかもしれないが、日本人たちが、私たちと別れることをどれだけ惜しんでくれているかは、十分に理解できたと、明言した。

こうして町に到着した。全員が乗れるように乗物《ノリモノ》が用意されていた。前の時と同じような儀式をしたのち出発した。住民たちが格子戸や簾の影から、私たちを見ているのだが、優しい眼差しだった。

奉行所では前と同じように受け入れられたが、入る時に気がついたのは、役人たち全員の表情が悲しそうだったことだ。こうした役人たちの多くは顔なじみだった。至る所で座り、お辞儀をする役人たちの表情には不満が隠されていた。

応接室に入ると、茶とタバコが出された。通訳たちはこの間に、奉行と大名は幕府と連絡できないので、私の要求については何も決定権がないし、便宜をはかることもできないと、前もって教えてくれた。彼ら自身大変遺憾に思っているということだ。

奉行たちのところに赴いた。将軍に、艦に届けてくれた食料と綿に対して、感謝の意を表した。そして我が皇帝が隣国日本の国民全員のためを思い、有り余るものを分け与えようとなさった、自己犠牲に満ちた善意の心が、受け入れられなかったことに遺憾の意を表明した。しかし少なくとも日本人たちが、理由なく友情だけは破らないように望んでいる。それ故、来るべきときのために私たちの艦に特別保護証を与えていただきたい。私たちの戦艦もしくは商船が、日本の沿岸にやむをえず接岸したときに、条約違反だと判断されないことを証明してもらいたい。そしてロシア人に対して、友好国としてあらゆる援助を与えることを約束してもらいたい。こうしたことからすでに高官の方には前もって知らせていますが、一刻も早くロシアに帰りたいので、佐賀湾に出て、日本海を通って帰国します。その際、強風や潮流、逆風にあって、陸地の近くに投錨することも十分に考えられます。もしその時にまた長崎に連行するために、私を捕らえることにでもなれば、私は自分の身を守らねばなりません。そうすれば両国の皇帝にとって、とても大きな問題になるでしょう。これを避けるために、私は特別保護証を要求するのです。このように発言した。

通訳たちは私の言葉を訳したあとで、重臣たちはこうした要求が道理に適ったものであると思うが、すでに決定事項として伝えたように、日本が、あらゆる援助をするという保証を与えることは無理だと主張した。

私はこう答えた。

「これはとても重要なことなのです。重臣の皆さんに、私が理解できるように、わかりやすく日本語で話すようお願いします。言っていることが私にもわかれば、わたしも日本語で答えます」

通訳たちは「それはできない相談です。外国人は通常私たちを通して話すのです」と答えた。彼らに私の話を通訳するよう頼んだ。そうでなければ私自身が自分で説明すると言った。彼らはこれを報告すると、重臣たちは、微笑みながら、これに同意した。

肥田豊後守が、話の口火を切った。

「思いもかけない決定が下され、そしてここで六カ月も無為に過ごされながら、お互い望んでいたような結果を得られなかったことに対して、私およびほかの二名も深く遺憾に思っております。ロシア人の安全をはかるため、どんな書面でも出したいのはやまやまなのですが、厳しい法律のためそれはできません。あなた宛てに出される今回の返事を記した国書は、いまあなたがおっしゃられたことに対して、十分効力を持っています。もちろんなにか不測の事態がおこらないとも限りませんので、あなた方を援助するようにというお触れは、幕府から出されます(5)」

彼らに日本語で謝辞を述べた。友情の継続を確信しながら、私の側で働いてくれた高官たちや、他の役人たちに、彼らから受けた数多くの親切に対して、私から贈り物することを許してもらいたい。さらに加えてもし彼らのために、何か記念品をここに置いていくことが出来なければ、これは私にとって侮辱以外のなにものでもないと言った。彼らはこう答えた。

「ロシア人の善良な心はよくわかります。私たちは感謝の意を込めてこの気持ちを受け取りたく思います。幕府から許可なしで、このような贈り物を頂戴するわけにはいかないのです。しかしながら一般の役人たちに贈り物することに関しては、許可しましょう。法律で受け取ることが認められている通訳たちになにかささいな品物を置いていって下さい。しかしながらこれはあなたの優しいお心に応えるためだけに特別に許されたことです。わが国では、通訳だけが、唯一外国人から贈り物を受け取れる資格を持った役人なのです」

返書のオランダ語訳を要求すると、彼らは必ずこれを行ないますと答えた。そしてお互いの幸運を祈って、別れた(6)。

部屋を出るとき、壁に飾られた絹の織物を見せられた。これは将軍から私への贈り物だということだが、通りがかりにちらっと見ただけで、すぐに乗物《ノリモノ》の準備ができているかどうか尋ねた。そしてまもなく私たちは帰途についた。

肥前船の船長と役人たちが私に別れを告げるためにやってきた。彼らは決してロシア人のことを忘れないと誓った。ひとり残って、警固兵たちと話すために門のところに行った。彼らが語るところによれば、民衆の間では不満が広がり、長崎の住民、特に商人たちや職人たちはとても不満を感じているという。そして京《ミヤコ》からたくさんの商人たちが貿易しようという思惑を抱いてここに集まっているとのことだ。また奉行たちや大名も今回の幕府の決定には、まったく満足していなかったという。夕方六時に綿の入った箱が二十五個運び込まれた。

一一　通詞たちの秘密工作

三月二十七日（文化二年三月十日）

　役人が五人やって来た。役人と一緒に大通詞《オーベルトルク》とその部下の通訳たちが同行した。役人たちのなかには、日本人たちを引き取るために江戸から来た（遠山景晋は長崎に徒目付二名、小人目付四名を伴った）三人の役人も含まれていた。年長の者は増田藤四郎《マシダトシロウサマ》（徒目付）で、あとのふたりは、近藤嘉兵衛《コンドウカヘ》（小人目付）と末次左吉《スエツグサカキ》（小人目付）である。彼らはとても感じのいい人たちで、非常に礼儀正しかった。彼らはながい時間、私の部屋で過ごした。そして将軍がロシアのような大国と通商交渉を結ぶことで、多大な利益を得ることができたのにもかかわらず、今回私たちが通商を断られたことは大変残念であると述べた。

　ロシア人に救助された日本人たちを役人たちに渡すように命じた。彼らは私に受取の書状を手渡した。

日本人たちは私の足元に身を投げ出して、別れを告げた。それに応えて、息子を思う父親のように、彼らに気を配った。(1) 役人たちは私に礼を言った。そのあと彼らの身回り品が運ばれた、全部で二十人の手に渡り、皆の前で吟味を受け、書き留められた。役人たちや大通詞《オーベルトルク》は、日本人たちが薄紗の着物を来て、時計や他のものを身に着け、さらには金や銀の硬貨を持っているのを見て、かなり驚いたようだった。儀兵衛ひとりで二十枚の十ルーブル紙幣と三百七十ルーブルの銀貨をもっていたのだ。(2)

門の外には人だかりができて、この様子を見ていたが、「ロシアで暮らすとはこんなことなのだ」と口々に言っていた。

大通詞《オーベルトルク》も、こんなに金持ちであれば、漂流民たちは、もう働く必要がないだろうし、この先もずっと幸せであることだろう、と認めていた。

病気の太十郎は駕籠《ノリモノ》に乗せられた。彼は日本人たちと一言もしゃべろうとはしなかった。太十郎は押しこまれるように駕籠《ノリモノ》に入れられた。

最後に役人たちは、通訳によって選ばれた贈り物を見せるように申し入れてきた。それもまた慣例で、書き留めなければならなかったのだ。それらはすでに準備されていた。通訳によって選ばれた箱が全部で七つ運ばれてきた。役人たちは、三・五アルシン（約二四八・五センチ)ある鏡、金モール、英国製の羅紗、豪華なシャンデリア一組、枝付の燭台、金の入った磁器の鉢、大理石のテーブルなどを見て、すっかり仰天していた。彼らは、ロシア人が裕福で気前がいいと思ったにちがいない。全員に、望遠鏡、小瓶、小さな装飾品をプレゼントした。役人たちは、こうした贈り物を大変喜んでいるようだった。(日本側が受け取った献上品は以下の品々であった。〔『通航一覧』巻二八二より〕「通詞共に硝子釣燈籠二、硝子細工燭台一、角大鏡一、木工目石板二、金毛フル一切、藍海松茶〔アングリチャヤ――イギリスのこと〕大羅紗一端、茶器一揃、但し、金絵焼物丸盆一枚、同手付茶碗二、同皿二枚、同茶出し二〔内蓋位一有〕、同砂糖入蓋物一、右之分は所預、天地球二、地図、人物絵、右の三品は御役所留置に成、カピタンへ大鏡一面、石細工二枚、ボタン二鎖、硝子釣燈籠一右は、出島に相送らせる」)

昨日庄左衛門が、こんな決定になるとは思ってもいなかったのだと、フリードリッヒにその悲しみをぶちまけた。そしてある秘密を明かした。

ラクスマンが来訪時に受け取ったものは、まぎれもなく貿易許可書だった、という。しかしその許可はどっちにでもとれるような内容になっていた。その時幕府のなかでは、多くの意見があった。しかし当時幕府の中で、権力を持っていた二人の幕僚が、ロシアとの通商が日本にとって有益であると強く主張した。そして多くの人がその意見を支持するようになった。あれから六年、すくなくとも八年後に私たちが日本に来ていれば、間違いなく歓迎されていただろう。しかし六年後にロシアとの通商を主張していたひとりが亡くなり、八年後にはもうひとりの支持者が死んでしまった。いまはそれに反対していた者たちが権力を握っている。私たちが日本に来たとき、彼らにとっても以前に決められた意見を覆すのは大変困難なことであった。何故なら将軍自身ロシアに対して好意を抱いていたからだ。彼らは国の役人たちを集め、その意見をまとめ、彼らの意見に従うように奔走した。しかしそれから六カ月経ってその力も弱くなっている。時が経てば、以前の意見が勝つに違いない。

この日、役人全員がいるところで、私は大通詞《オーベルトルク》たちにオランダ商館長への贈り物を渡した。それは二・七アルシン(約一九一・七センチ)ある大鏡、硝子燈籠《シャンデリア》、大理石のテーブル二つ、スチール製のボタン一セットであった。

家を出るとき、私が一人なのを見はからって、大通詞《オーベルトルク》の三人が私にこんなことを言ってきた。通商が拒否された日は、彼らにとってもたいへん不幸な一日となった。またいつかいい方向に転じるはずだ。きっと私も情勢の変化を知ることになるだろう。状況の変化をあてにしながら、私はオランダ人を通じて彼らと手紙のやりとりができるというのだ。オランダ人は信用できる、彼らはロシアにたいして、誠意をもった対応をしているが、残念なことに彼らは幕府のやることに何の影響力ももっていないこと（私もこれは確かなことだと思う）、いまだにドゥーフは、私たちが拒否されたことを知らないし、私の贈り物を受け取ったときに、はじめてこのことを知るに違いない。私は彼らの誠意に感謝した、そして庄左衛門のいつかの発言は、大通詞《オーベルトルク》の考えを踏まえてのものだと理解した。私は、こう請け合ってやった。何百万の人々が利益を得るようになったときには、賢明で善良な人間だけが得られる満足感だけでなく、あなた方にはきっと褒美が与えられるだろうと。

彼らはさらに通商のためありとあらゆる手段をつかうだろうし、これはかならずや成功するであろうと断言した。しかし私たちが以前のように好機を逸しないために、時間が必要なのだと言う。彼らは「手紙を書くだろう。天気が雨がちだと書くときには、これは同じ状況のことを意味している。いい天気だと書くときには、これは私たちが自分の手段を行使するのに、いい時だということを意味しているのだ」とも言った。

彼らは私の紋章を受け取った。友情の証としてこの紋章をもとに、なにかを作って私に贈り物をするというのだ。そして最後に、彼らはこう言って、別れを告げた。

「今回の拒否を不満に思わないような人間はひとりもいないことは知ってもらいたいのです。どこでも民意というものは重要であることを思い起して下さい。日本人は、そう簡単にこの不満を忘れたりしません」

私たちは、奉行たちや江戸から来た役人たちの気持ちに対しても、また同じようにあなた方にも応えることだろう。何故ならばロシア人をみんなが大切にしてくれたのだから。

この日、私は、私から奉行と大名に、二つの地球儀と、四枚のロシア帝国の地図とロシア民族について書かれた四冊の本を渡してもらいたいと役人たちに頼んだ。これは贈り物などではなく、ほんとうにつまらないものであり、これを受け取ってもらうことは、私にとってかけがえのない喜びであると力説した。役人たちは私からこれを受け取り、そして食事のあと彼らがこれを受け取ることに同意したことを知った。通訳たちやオランダ人に運ばれる贈り物は、民衆の目に触れないようにしまわれた。別の日に通訳たちは、品物を倉庫から船に運ぶために、三十人の人夫を派遣することを約束してくれた。

三月二十八日(文化二年三月十一日)

ふたりの高官湯川善五郎《ユカワジエンゴロウ》(御普請役)と山田吉左衛門《ヤマダキギザエモン》、たくさんの通訳、三十人あまりの人夫、十人の警固役そしてたくさんの下士官がやって来て、鏡の輸送を開始した。昼ぐらいには大部分を積みおえ、昼食後に残っていたものをすべて運び終えた。

為八郎が、ドゥーフからの挨拶を伝えに来た。

私たちが拒否されたことを知って、深く悲しんでおります。また贈り物に対しても御礼申し上げます。だいぶ前につまらないものですが、なにかお贈りしようと準備していたのですが、これは禁じられてしまいました。また彼は、私が二千ピアストルを置いていこうと考えていたことを知り、実は後悔していたところでした。ただこれが許可されなかったことを知って、喜んでいます。というのは、もちろんすぐに準備できるにはできるのですが、私たちにとって何か物を贈ることは、たいへんな労力を費やすことになるのです。彼はすでに京《ミヤコ》にしかるべき物を注文しました(レザーノフはドゥーフに小箱、煙草入れ、盆などの漆器類や扇子、絹布、縮緬などを購入するように依頼していた。レザーノフは次にオランダ船が日本に来たときにこれらの品を積んでロシアに運んでもらうためにお金をスペイン・ピアストルで支払おうとした。結局これは許可されず、レザーノフがロシアに帰国したのち支払うことになった。『ヅーフ日本回想録』より）。何が必要か彼に知らせてくれたら、たいへんうれしいのですがと言っています。

私は為八郎を通じて彼に手紙を送った。

作業中の日本人たちが、また来るのかどうか尋ねてきた。

「いいや、これから先私たちが会うことは決してないでしょう」

「そんなことをおっしゃらないでください。みんな、あなた様が日本にまた戻ってくることを望んでいるのです」

彼らはすぐに追い出されてしまった。

三月二十九日（文化二年三月十二日）

今日も荷物の運搬が続いた。昨日と同じように中庭はごったがえしていた。ふたりの高官松崎仲助《マツサカナカスケ》と辻民右衛門《ツジタミエモン》（御普請役）が私のところを訪ねていいかどうか聞いてきた。彼らを招き、お茶をご馳走してやった。彼らは、別れが近づいていることを残念がり、この町で私たちの出発を望む人など誰もいないと明言した。彼らはたくさんの白い扇子を取り出し、私たちがここに滞在した思い出をいつまでも大事にしたいので、扇子になにか書いてもらいたいと頼んできた。それにいろいろな格言を書き、庄左衛門がそれを日本語に訳した。

私たちは日本語で会話していた。ふたりの高官は、どこで学んだのか質問した。

「その竹柵の外に出て座りながら、日本人から教わったのです。日本に強い愛着があったからこそ覚えることができたのです」

彼らは「決してあなたのことを忘れないことだけは、信じてください」と言った。この話を歯の浮くようなお世辞だと思ってはいけないのかもしれないが、私は用心深かった。彼らはそれに少し傷つけられたようだった。

庄左衛門が私ひとりの時を見計らって、次のような内容のことを話した。

「今回の拒絶はあなたにとっては偶然の出来事であり、決して諦《あきら》めてはなりません。すべては変革をこうむるのです。民衆はあなたたちと、通商したいと望んでいるのです。これはいつか実現しなければならないのです。私たちはオランダ人を通じて手紙を書くことになるだろう」

「それはできない」と答えた。

「ではこうしましょう。手紙を受け取ったら、オランダ船にしかるべき人物を乗せてください。オランダ人たちが秘密を守ることは、私たちが保証します。この人物に私たちが行なおうとしている計画をすべて話します。それから日本で状況が変化したとき、遭難から逃れるという名目で日本の海岸にたどり着いて下さい。あなた方を受け入れることが、通商の始まりになります。幕府は自分たちの犯した誤りを正すために、その機会をのがさないようにするはずです。しかしこの時、北方のことは忘れないでください。私はこの大事な話を記憶に留めておいてもらうために、あなたに何かを残しておきます」

彼はこっそりと薄い紙を渡してよこした。その中には日本のお土産が入っていた。私も、こっそりと彼に数学の道具箱を贈った。いろいろ知恵を授けてくれたので、今度はその計画を、この道具をつかってより具体的に書いて、ロシアに送って下さいと一言付け加えた。彼はげらげらと笑いだし、そして感謝の言葉を述べたあとに、また何か言おうとしたのだが、他の通訳たちが入ってきたので、そのままになった。通りすがりにまた彼は「まあ見てて下さい、ただ北方のことをお忘れなきように」と繰り返した。これが何を意味するのか理解できなかった。

高官たちのいる前で庄左衛門は、何か書いてもらいたいと自分の扇子を渡してよこした。そこに二羽の鳥の絵を描いてあげた。一羽は枝にとまっており、もう一羽は飛んでいるもので、二羽とも口に紐《ひも》をくわえているのだが、それは真ん中で結び目がつき繫《つな》がっている、そして「遠ければ遠いほど、ますます緊密になる」と書いた。

彼は非常に満足し、この格言以上の真実はないであろう。いつか私たちがあいまみえることを楽しみに、そしてこの扇子を家宝として大事にしますと言った。

三月三十日（文化二年三月十三日）

またこの日も艦に索具類の積み込みが行なわれた。しかし雨のため、昼過ぎに仕事が終わった。この日再び庄左衛門と、通商を興すための新しい計画について話し合う。

「よろしいですか。あと六年すればまたロシア人と会えるでしょう。十年後だったら確実です、その時は私が責任者としてあなたと応対することになるでしょう」

「そんなに簡単じゃない」と私が言うと、彼はこう答えた。

「簡単じゃない、そうでしょう。しかし人間には知恵が授けられているではないですか。もし私が死んでしまえば、それはできないでしょうが。お聞きください。毎年あなたに手紙をお書きします。しかし天候のことを書くわけではありません。いいですか。

私たちの目的を達するためにいかに行動すべきか、ありのまま書くことになるでしょう。ご存じですか。私たち通訳は、ここではとても大きな力を持っているのです。したがってオランダ人たちは、私たちの言う事に従わなくてはなりません。あなたは、私の手紙があればオランダ人を乗せた船を送りこむこともできるのです。私たちはこのことをオランダ人たちに頼まなくてはなりません。幕府が同意したとき、今度はあなたが行動する番です。オランダ王がこれを許可すると思っていただいて結構でしょう。

いまここで明らかにしますが、私は通訳下士官の代表(小通詞筆頭)です、大通詞に欠員ができたとき最初に大通詞になれるのは私なのです。私たちの法では、小通詞筆頭が、大通詞に就任することになっており、私もこれに従うことになります(一八〇九〔文化六〕年に本木庄左衛門は大通詞になっている)。幕府が私に大通詞になってほしいと望んでいることは、私にとってどれだけ幸せなことか。あなたに自分の才能を自慢するわけではありません。ただ私がこれから通訳団をさらにまとめ、引っ張っていくことになると言いたかっただけです。

いまでも私は、ロシアと通商関係を結ぶことが、どれだけ利益をもたらすか、また今回の日本の行動が、いかに恥ずべきことかを、奉行に言い続けてきました。これからもさらにこのことを繰り返し吹き込んでいくことになるでしょう。要するに、いまからすべてが始まるということなのです。私たちがいかに熱心にこのことに取りかかるかを見て、あなたもきっと驚かれるはずです。

ただ手紙を書くときは十分気をつけて下さい。時間を貸して欲しいのです。昨日も触れたように北から(直接ロシアから)書かないで下さい。人生の価値を感得できる人間が何をできるか知ることになるでしょう。この価値がたくさんの人たちにとっても、役に立つとわかれば、人生はとても楽しいものです。あなたと机上の計画ばかり話し合ってきました。しかし邪魔されないうちに、具体的なことをできるだけ早く話し合わなくてはなりません。私を真のロシアの友人だと考えてください。長崎全体が同じように考えています。そしてこれはまもなくもっと遠いところまで広がっていくでしょう。あなたが私の手紙を持ってロシアに着いた時、私が真面目に考えていることがお分かりいただけるはずですし、どうしたらみんなが私と同じように考えるようになるか、頭を振り絞っているのです。ただ一人の人間が代わることが必要なのです。そうすればすべての障害が除去されるのです」

ここで私は口を挟み、この人間が誰かを尋ねた。

「あなたが知るに足らない人です」

と言ってさらに話を続けた。

「思い起こして下さい。あなたが滞在中に、あなたに対する対応がしばしば変わったことに気づいたはずです。私たちは度がすぎるくらいていねいな時もあり、時には冷淡に思われたこともあったかと思います。しかしこれは別にあなたのせいではないのです。幕府の策略が、右に左にと揺れ動いていたのです。それは時にはあなたに有利に、また時に不利になっていたのです。私たちは命じられた通り行動したまでなのです。思い出してください。あなたが自由を与えられず、竹柵の外に一歩たりとも出られないと不平をおっしゃっていた時に、私はあなたに言ったはずです(二二〇―二二一頁参照)。私たちはあなたに同情などしていません。あなたが、自由を束縛されているのは、一時的なことだけですが、私たちは永遠にそれに堪えていかなくてはならないのですと。私たちの父や祖父たちは、米を食べるだけを楽しみに生活を送っていたのです。そして私たちや私たちの子どもたちも同じようにこんな生活を送っていかねばならないのです。私たちは感情をもつことさえ禁じられているのです」

彼はこう熱をこめて語った。ほかの通訳が来たので、彼は話を逸らし、出ていった。

庄左衛門のこのあけすけな態度に驚いた。

　雨が降り、仕事は中断せざるをえなくなった。玄関のほうに行き、人夫たちに礼を述べ、雨宿りするように言った。彼らは玄関のところに群がってきて、口々に私に話しかけてきて、ある者はわたしたちのためにどれだけ喜んで働いているかを、またある者は長崎にまた来るようにと言ってきた。彼らは追い返されたが、また近寄ってきて、玄関のところに群がり、みんないろいろな質問をしてきた。ひとりが、いつ私たちが出発するのかを聞けば、もうひとりは「ロシアは遠くにあるのか」と聞き、さらにもうひとりは「仕事を下さい。いつでもあなたのために働く用意ができています」と言ってきた。これに対して日本語で答えた。小通詞たちが本気で彼らを追い出しにかかったが、彼らはこれに対して笑い、私の方を振り返りながら、お辞儀をしていった。

　庄左衛門と別れるときに、木蠟の値段を尋ねた。

「一斤《カチ》で二から三マスです」と答え、別れを告げた。

　午後六時、箱が届けられたが、この中には織物十丈、同じ数だけ袋がついたキセル六十、筒十二、紙扇子五十、彩色されたものと白いものをまぜた和紙十五、絹の巻物などが入っていた。

やがて助左衛門がやって来て、日本では、友情を証明するために相互に贈り物をすることが慣例になっていると語った。私が受け取りたくないと言ったら、彼はこれらはみな取るに足らないものばかりで、拒否することは大変な侮辱となります、これは彼らの好意をしめしたものなのですと答えた。もし彼らに贈り物をすることをお許しいただけるのでしたら、これらの品々を喜んで最後の日に受け取りましょうと答えた。

「こんなことはできますか、望遠鏡をあなたにお返しして、その日、私にまた与えるのです。それ以外に方法がないのです」

彼が贈り物が欲しいことがわかった。彼らはロシア人が気前がいいことを知り、それを口実に、私の好意に甘えようとしているのだ。

通訳たちは随員たちにもこれを分けてやるようにと申し出た。何故ならば彼らが随員たちに何か贈ろうにも、これに関しては奉行の許可がもらえなかったからだという。

オランダ商館長ドゥーフがたくさんの贈り物を届けてよこした。文箱、煙草入れ四箱、石鹸箱四箱、お盆二個、煙管二本、日本製の磁器で二つのお盆がついた茶碗十個、インク壺、美しい扇子三十本、記念品十個、寝巻、日本の家屋の模型、コーヒー二十フント（約八・二キロ）、細長い牛乳壺、私の子ども（レザーノフの妻アンナは一八〇二年十月に二十二歳の若さで亡くなっており、四歳と三歳の子供はレザーノフの母親のところに預けられていた)のための玩具だった。

助左衛門は、今回の拒絶を日本人と同じようにオランダ人たちもたいへん悲しんでおり、ヨーロッパに君臨する大国が、ここで通商を行なうことはオランダ人にとっても実に喜ばしいことだと思っていたことを私に分かってもらいたいと主張した。彼らの利益が、ロシアとの通商が実現することによって、決して邪魔されることがないこと、さらに彼らの通商がどれだけ制限されているかについても言及した。彼はこれに続けて、「オランダ人が実際にそれを望んでいることは、時が教えてくれるでしょう。あなたが今回のことでオランダのことを疑っているかもしれないので、彼らはこのことを証明するために手紙を書くと言っており、明後日それはあなたの元に届けられるでしょう[3]」と言った。

それについての謝辞をドゥーフに伝え、私が決してオランダ人のことを疑っておらず、彼らにとって私たちに損害を与えることが、何の益ももたらさないことを知っている内容の手紙を渡すように、助左衛門に頼んだ。

助左衛門は、明日奉行が日本人たち(漂流民)の証言を報告するため、二人の高官を派遣するので、その内容を確認してもらいたいと言ってきた。

「これは日本の法律で定められていることであり、これが果して公正なことかどうかは、私にはわかりませんが」と言い訳し、さらにこれを悪意にとらないでもらいたいと付け加えた。

「そんな風には決して思いません」と言って、今度は助左衛門に、艦のどこにも置く場所がなくなったので、通訳全員に大理石の茶碗二十個を置いていくことをお許しいただければ、誠に幸甚なのですがと、奉行に伝えてもらいたいと言った。彼はながい間いろいろ言い逃れしていたが、とうとう同意し、こう言った。

「ロシア人が気前がいいことがよくわかりました。私たちがたくさんの品物を受け取れるように、あなたはその方法を探してくれます。私たちは決してあなたのことを忘れません」

前に塩と米を艦に運んでもらう約束になっていたので、最初にこれを積んだあとで、私たちの荷物を艦に積み込むことになった。

彼はどうやって私が艦まで行くのかを聞いてきたので、全部準備が整えば、艀を用意してもらうつもりだったと答えた。私たちの出発を彼らがどれだけ悲しんでいるかと強調しながら、助左衛門は別れを告げた。

三月三十一日（文化二年三月十四日）

艦に塩と米が運び込まれた。助左衛門に洋上で家禽が積み込まれるのかどうか尋ねた。「間違いなく積み込みます。あなた方が高鉾湾にさしかかったときに、積み込むことになっています。そしてあなたの都合がいいだけ留まっていただいてかまいません。以前と同じように、毎日食料を受け取ることになるでしょう」

米三百八十フント（約一五五・六キロ）、塩千四百フント（約五七三・三キロ）が積み込まれた。

昼過ぎ助左衛門来訪。私が連れてきた漂流民たちの証言を持って、他の大通詞が来るはずだったのだが、来られなくなったので、そのお詫びの報告をするためにやって来たという。まもなく多吉郎と通詞の責任者（三島五郎助のこと）来訪。多吉郎は私の手をとり、握りしめ「日本のことを忘れないでください。日本はロシア人のことが好きなのです。きっとあなたに手紙を書きます」と言った。

助左衛門は、警固の見張りや、たくさんの見習い通詞たちの目を盗んで、「私たちに手紙を書いて下さい。私たちもあなたにあらゆることを報告いたします。決してオランダ人を疑ってはなりません」と語った。

これに答えて私は「短い手紙を書きましょう。あなたがたは詳細な手紙を書いて下さい」と言った。

「大変結構です。しかし私たちは人間です。手紙のやりとりが途絶えないようにしなければなりません。私たちの方から言わせてもらえば、あなたがいつもたくさんの手紙を受け取れるようにできます。ですからもしあなたがなんらかの理由でロシアを少し離れるようなことがあっても、ロシアでいつも私たちの手紙を受け取れるようにしてほしいのです」

「ご心配はいりません。これは国家の事業です、途絶えないようにしましょう」と答えた。

助左衛門が梅ケ崎から艦までは、前に上陸したときに乗った船に乗ってもらいたい、もしこれに同意していただかないと、侮辱されたとみなすことになります、また火薬と武器は事前に艦で渡すが、決して発砲しないでもらいたいという奉行からの申し出を伝えた。

これに対しては、武器類は高鉾湾にいるときに、運んできてもらいたい、双方同じ数の礼砲を射つということが取り決めされてない以上、私たちから礼砲を射つことはありません。しかしあなた方が礼砲を射つというのであれば、これは我が軍旗にたいする侮辱と見なします。そうすれば不幸な結果を招くことになるでしょう。彼らはこれを書き留めた。

四月一日(文化二年三月十五日)

この日も朝から荷積みが行なわれた。通訳の為八郎が友人たちと一緒に来訪。

「ラクスマンが受け取ったものが許可書であったことを知る必要があります。その時委任状を出した重臣は出羽《デワサマ》さまといいます。出羽さまは将軍の側近でしたので、将軍にロシアと通商関係を結ぶことがどれだけおおくの利益をもたらすかと説得しました。将軍も熱心にこのことに取り組みました。出羽さまは勝利を収めたのです。もうひとりの重臣で出羽さまの友人でもある蝦夷《エゾサマ》さまも彼を支持し、三人目の飛騨肥後《ヒダヒゴサマ》さまも支持したのです。

いまからこのあと何が起きたかを簡単に説明いたします。私たちは五年間首を長くしてロシア人を待っていました。六年目(寛政十年(一七九八))に不幸にも出羽さまが亡くなります。ここで反対勢力が力を持ちはじめます。蝦夷さまには、この勢力に立ち向かうだけの力がありませんでした。彼は、二年後(寛政十二年(一八〇〇))に引退に追いつめられました。飛驒肥後さま一人だけになり、ますます立場が弱くなったのです。民衆はロシアとの通商を待ち望んでいましたが、あなた方は来ることなく、騒ぎは静まりました。

あなたが日本に到着してすぐに、将軍は通商に同意することを明らかにしました。しかし一人の狡《ずる》い重臣、出羽さまの敵、つまりはロシアの敵が、将軍を思いとどまらせ、根幹に関する法令に関しては、まず天皇の同意をもらわなくてはならないと言い出したのです。今回は特に新しくキリスト教の強国を受け入れるかどうかに関わる大事な問題だと言うのです。さらに彼は天皇に対して、彼を精神的な皇帝といってもいいと思いますが、将軍が天皇の最後の権力を奪おうとしており、ラクスマンに許可書を渡したときも、天皇には何も知らせなかったと、働きかけたのです。実際に何も知らせなかったのはほんとうのことであり、決断力をお持ちだった出羽さまは、その時天皇に知らせる必要がないと見なしていました。ついに天皇はこの唆《そそのか》しにのり、重要な案件を決定するには、幕府閣僚の同意が必要になったのです。集められた幕府閣僚たちは、この狡い重臣の策略に丸め込まれてしまったのです。彼の名前を私たちに聞かないでください。私たちは彼から厭われています。ただひとつだけ言えることは、将軍はあなた方の味方だということです。しかしいまは内乱が起こらないように、譲歩しているのです。しかし飛驒肥後さまが犠牲になりました。何故ならば天皇に報告しなくてもいいと主張した一人だったからです。あなたもご承知のように、私たちの国では約束はそんなに厳格に守られていません。日本の法律は、外国でも同じでしょうが、狡猾な解釈によっていかようにも変えられるのです(4)」

江戸からやってきた三人の役人の来訪により、この興味深い会話を中断しなくてはならなかったのが、どれだけ残念だったことか。三人は私と会いたいということだったので、彼らを呼んだ。為八郎が彼らと一緒に戻ってきた。彼らとお会いすることがどれだけうれしいか、そしてそれがとても短く、これからまたお会いできないことがどれだけ悲しいかと日本語で話した。

彼らもこれに対して丁重に答え、祖国を愛するすべてのものは、私たちの出発をとても残念に思っていますと言ったあとに、白い扇子を山のように取り出した。私に何か記念に書いてもらうためだった。

私も自分の名前を書くので、彼らも同じように名前を書いて欲しいと頼んだ。

「喜んでお書きしましょう」と彼らは答えた。

彼らは、原田寛蔵《ハラダクワンツォ》(徒目付)、鈴木金右衛門《ソツキキネモン》(御小人目付)、猪岡七左衛門《イノシチゼエモン》(御小人目付)と名乗った(いずれも遠山と共に江戸からやってきた役人)。私が名前を書くと、原田が、日本語が話せるのだから、日本語も書けるはずだ、扇子に何か日本語で書けないかと聞いてきた。そんな才能はもちあわせていない、でも私の思い出に残るような何か格言のようなものを言ってもらえれば、それを書いてみようと答えた。

鈴木は少し考えて、詩を書き留めた。

「ありあけの《アリアケノ》　つれなく見えし《ジョレナノリ》　別れより《ワカレヨリ》　あかつきばかり《アナジョエキバカリ》　憂きものはなし《ウオエキモノワナシ》」(三十六歌仙のひとりで『古今集』の選者のひとり壬生忠岑《みぶのただみね》の短歌、大意は有明の月が無情に別れねばならぬ時を告げるので、それ以来、暁ほどつらくおもわれるものはないようになった)

これは、つまり「夏のある天気のいい日、仲の良い男女が、椅子に座りながら、山から月がのぼるのを待っている」という意味だった。

「すばらしい、月はいつかはのぼるのでしょう」と言うと、彼らは笑い出した。私はそれを扇子に書いた。彼らは感謝の意を示すために、扇子を頭のところに持ち上げ、そしてロシア使節は日本語がしゃべれるだけでなく、書けることを示すために、この珍しいものを江戸に持っていくと語った。これは別に不思議なことではないのです、ロシア人が真剣に日本人を愛しているからできるのですと答えた。最後に彼らは私のところでワインをグラス一杯飲み、どれだけここでロシア人が愛されているかを強調し、私のもとを去っていった。このほかにも他の役人たちは、私の部下たちに名前をサインして欲しいとたくさんの白い扇子を持ってきていた。

機会を窺い為八郎から、幕府の仕組みを知ろうと試みた。

「最高幹部が将軍の意思を思い止まらせたということは、要するに将軍は、独裁者というわけではないのですね」という問いに対して、次のように答えた。

「よろしいですか、幕府の評議会は、最高幹部の五人と次席幹部五人から成り立っていることをあなたは知る必要があります。最高幹部はご老中《ゴロウジャ》、次席幹部は若年寄《ワカトシ》と呼ばれています。このことから『将軍になるより、ご老中になるほうがいい』という諺があるぐらいです。この十人の役人は、権限をもった領主から選ばれ、縁戚でたくさんの関係が結ばれ、それで自分勝手に支配することができるのです」

「京《ミヤコ》には彼らのうちだれか一人がいなくてはならないのですか」

「いいえ、それはご老中ではありません。同じ階級のひとりで、ただたいへん力のある高官です」

「肥前さまは、この評議会のメンバーになることはできるのですか」

「いいえ、評議会には、親藩のような古い日本の領主から選ばれるので、肥前や筑前などのように、ずっと後になって日本の領主になった者たちは、評議会に入ることはできないのです」

「御三家さまというのはどんな意味なのですか」

「この三人を中心に評議会は運営され、国家を統治していくことになるのです。しかし彼らは事業に口出しはしません。将軍の親戚がいつもこの地位に就くことができるのです。つまり越前《エジンケサマ》さま、加賀《カギサマ》さまが、将軍の元で特別な仕事や会計の仕事を行なうのです。

五人(三人の間違いか)の役人が将軍の近い親戚である以上、幕府の中で彼らが、力を持っていることは間違いありません。とはいってもご老中や若年寄が、実際は幕府の中核になっているのです」

高官たちが為八郎を大声で呼んだ。これ以上話を続けることができなかった。最後に、彼は「明日庄左衛門が訪ねるはずです」と言い残した。

通りすがりに為八郎に、ずいぶん前に彼が字引か辞典を持ってきてくれると約束したはずだがと言うと、彼はこれは命にかかわることで、できれば遠慮していただきたいのだがと言いながら、明後日もってくると約束した。

「これが死刑に値するほど厳しく禁じられていることを、ご存じですか」

「知っています。もしあなたに理性があるのなら、時がそんなつまらない恐怖をなくしてくれるはずです」と答えると、彼は笑いだして、こう締めくくった。

「わたしはあなたのことが怖い、あなたと話すことが怖いのです」

「心配しなくてもいいです。ロシア人はあなた方に幸せになる道をおしえてやっているのです。米一粒は慰めのためでないことを知るべきなのです」

「そのかわり味は悪くはありませんがね」と言って、笑いながら別れを告げた。

為八郎に国書に対する返書の翻訳がどうなっているのか尋ねた。

「もう翻訳は終わっています。いま書き写しているところです。明後日には届けられるでしょう。返書は五枚のリストになるはずです」

「そんなに多いのですか」

「奉行と大名は、あなたの質問に対して、敬意を表して文書で返事することを決定したのです」

為八郎は、なにか必要なものがあれば言って下さいと提案してきた。これに対して礼を述べ、彼らの友情に感謝し、何も必要なものはないと答えた。しかし彼の申し出を無下に断らないため、この機会を利用し、コシェレフが大の鳩好きなので、もしできれば、この若者のために、道中退屈しないように、つがいの鳩を一組手に入れてもらえるのなら、たいへん嬉しいのだがと伝えた。

「四組持ってきましょう」と答えてくれた。カムチャツカまでそれを持っていけば、繁殖させることができる、これは喜ばしいことだった。この日六千斤《カチ》(約三六〇〇キロ)の砂糖が届けられた。

四月二日(文化二年三月十六日)
九時、通訳庄左衛門とたくさんの役人と人夫を引き連れ、二人の重臣来訪。荷積み作業が再び開始された。この日、通訳の組織がどうなっているのか詳しく知ることになった。彼らは二つの部門から成り立っている。ひとつは大通詞《おおつうじ》、オランダ語でオーベル・トルキ、そしてもうひとつは小通詞《こつうじ》、オランダ語でウンテル・トルキと呼ばれている。通詞目付、すべての通訳たちの責任者は、五郎助《ゴロスココ》という。大通詞《オーベルトル》も小通詞《ウンテルトル》にも、それぞれ代表がおり、筆頭通詞と呼ばれている。大通詞の筆頭はヤクシロウ（安次郎）で、小通詞の筆頭は庄左衛門である（大通詞四名、小通詞四名が通詞の中心的存在で、この他に稽古通詞、内通詞がおり、およそ五十名の通詞がいた）。小通詞たちの意見は、小通詞筆頭を通して大通詞に表明され、これは今度は筆頭大通詞を通じて、通訳たちの責任者である通詞目付に伝えられ、彼が政府に報告することになる。その他通訳たちの中から毎年二名が選ばれ、議事を記録する任にあたる、これを年番と呼んでいる。（年番はその年の当番というような意味で、長崎奉行とオランダ商館との連絡窓口となっていた。大通詞から一名、小通詞から一名のふたりから成っていた。ちなみに前年の年番の任にあったのは、大通詞中山作三郎と小通詞今村才右衛門、この年の年番は、大通詞名村多吉郎、小通詞馬場為八郎が勤めていた）

庄左衛門が人がいないのを見計らって、彼らが全力をもって通商ができるよう努力すると、繰り返し表明した。そして次のように語った。

「あなたは多吉郎と話すことができます。この人は知恵のある責任者で、そのうえ非常に慎重です。おそらく私たちのうちふたりが、来年江戸に行くことになり（文化三年の江戸番通詞は、大通詞の名村多吉郎、小通詞今村才右衛門の二名であった、二二三、四一一頁参照）、そこで多くのことができると思います。民衆はあなたたちを支持しています。私たちはそのことを南から北へと広めていきます」

ここで私は口を挟んで、北のことについてもっと明確に説明して欲しいと頼んだ。本当のところどんなにいろいろ考えても、私には理解できなかったのだ。彼は大声で笑いだし、「この問題については、決して答えを得ることができないでしょう」と言って、こう付け加えた。

「よろしいですか、私たちは手紙のやりとりを途絶えさせてはならないのです。いつかあなたが死んだり、不在だったりする時にあなたに代わって誰かが、私たちに手紙を書かなくてはならないのです」

これに対して「このためには私は決して死ぬことはできないし、決して不在にもしません」と言うと、彼はちょっと吹き出して、こう答えた。

「そういうことではないのです。あなたについて、誰か他の人がフリードリッヒの名前を使って私たちに報告することができるはずです」

　両国の利益に反することをしている、狡い重臣の名前を教えて欲しいと尋ねた。ながい間、彼は答えをためらっていたが、ついに白状した。

「彼の名前を口にするだけでも汚らわしい。彼の名前はウネメと言います。彼は江戸の近くの田舎にある武蔵の領主です〔老中戸田采女正氏教（一七五四〜一八〇六）のことをさしているのだろう。武蔵守と呼ばれていた戸田氏教は、寛政二年（一七九〇）より老中に就任、松平定信のもとで寛政の改革にあたる。レザーノフが長崎を出航してからおよそ一年後に亡くなった〕。この人でなしは六十歳ぐらい〔実際は五一歳〕です。彼がいくら頭がいいといっても身体は脆弱《ぜいじゃく》です。悪い連中というのは、年取って生き延びることはあまりありません。不安が彼らをダメにしてしまうのです。この話題について他の通訳たちとは話さないでください。さもないとあなたは私を殺すことになってしまいます」私たちの話はここで中断された。

　江戸から来た役人増田藤四郎と末次左吉が艀に乗って、門のところに到着したのだ。彼らは私たちの庭を通り、また私に会いたいと言っているという。まもなく彼らと別れることがどれだけ悲しいかと答えるように伝えた。

彼らは番所にやって来た。そこには荷物の積み込みと発送を監視するために派遣された高官のマカツキが座っていた。私はわざと立ち止まらないで通り過ぎようとした。彼らは私に中に入るように言ってきた。彼らと一緒に座った。彼らは皆から愛され、そして敬愛されていた人々と別れなくてはならないことがどれだけ残念かと繰り返した。とうとう増田は私の手を取り、こう言った。

「あなた方ともお別れすることになりました。しかし江戸には、ロシア人の利益になるような意見を伝えるつもりです」

庄左衛門が私に、これがどれだけ大きな成果であるかを目で合図してきた。彼らに日本語で話しかけると、驚いた彼らは、こう言った。

「江戸でこの会話が聞けないことがどれだけ残念なことか」

ひとりの長崎の役人が、今回の拒絶は、町中に深い悲しみをもたらした、何故ならば老いも若きも皆、ロシア人はいい人たちだと信じているからだと口にした。増田はこの言葉を引き取って、「それは本当の話であって、日本人は全員同じように感じている、大名や奉行だってそうです。それは保証します」

「どうしたらいいのでしょう。あなた方にとっても利益をもたらすはずだった我が皇帝の善良な意思はここでは受け入れてもらうことができなかったのです」と答えた。そして私たちは別れた。

門を通り抜けようと行ってみると、隣の家の二階に女たちが詰めかけ、私を手招きで呼んでいた。一人の老婆が、窓のところから私に深々とおじぎをしながら、他の女たちにも同じようにするように命じ、こう語りかけてきた。

「私は八十歳になります、あなたを拝見するためにやって来ました。(ひとりの大きな娘を示しながら)これは私の孫娘です、そしてこちらがひ孫娘たちです。(ふたりの娘を手でつかまえながら)みんなあなたの出発を残念がっております。もう私たちはあなたにお目にかかることはないでしょう」

そしてまた足元にひれ伏すようにして、子供たちに深々とおじぎするように命じた。私は日本語で感謝の言葉を述べて、これに対して何の恩恵もしめすことができないことがとても悲しいと言った。

一日中不思議な光景ばかりだ！

夕方六時、たくさんの大きな番船が町の方に入り込んできた。すべての番船で鉦《タンバリン》が鳴らされていた。これは何の船団なのかを警固兵に尋ねると、筑前の番船が肥前の番船と交代するためのものだという。この二つの領主がここでの警固を毎年任されているのだ。

四月三日(文化二年三月十七日)

庄左衛門と他の通訳、高官の山田《ヤマダサマ》と増田《マスダ》来訪、再び荷積みの作業が開始される。いつオランダ語に訳された回答が入手できるのか尋ねると、「明日には間違いなく」と庄左衛門が答えた。昼食前に荷積みの作業はすべて終わった。お互いに言葉を掛け合うことができないまま、別れた。

庄左衛門から、象牙が一斤《カチ》三ターレルで、一角《ウニコール》(いるかに似た海獣、一角の牙からつくった生薬)が一斤《カチ》十ターラで売られていることを知った。

一二　帰国の途へ

四月四日(文化二年三月十八日)

朝方には残りの荷物もすべて積み込まれた。そして私はいつ艦に移動するのか聞かれたので、「もしも翻訳された返書が今日届けば、明日だ」と答えた。

金モールやビロードを、乾かすという口実で庭に並べるように命じた。すぐにこれは警固兵たちの好奇心をあおり、彼らはすぐに町の知り合いに知らせ、次々に人が集まってきた。

彼らにこう告げた。慈悲深き我が皇帝がここで、私たちのために働いてくれた素朴な日本人に与えることをお許しになった羅紗をはじめこうした品々をまた持って帰らなくてはならないのはなんとも悲しいことである。毎日のように通訳たちを通じて、奉行閣下にお願いしたにもかかわらず、結局は私個人の力では、彼らを説得することができませんでした。私がもう一度ここに来られないことがわかっているのにです。日本人たちの大部分は、彼ら自身日本の法律が理解できない、町の人々は全員私たちが拒絶されたことをたいへん残念に思っていますと、誠意をこめて語るのだった。どうしてなのか、彼らにもまったく説明がつかないという。

こうしている間、彼らは自分の扇子を持ってきてサインするように頼んできた。そして偉大な国から来た使節を記憶を留めおくことを約束した。

部屋の壁に日本語で「ロシア使節は善良な日本人の友情に対して感謝する。決してこれを忘れることはないだろう」と書いた[1]。

これはすぐに広まり、みんな私のサインを見にやって来て、彼らにたいする好意に対してお礼を述べた。

この中に江戸から来た三人の役人もいた。おそらくは荷積みがすべて終わったかどうか検分に来たのだろう。彼らは私のところに別れを告げにやって来て、壁の文字を見て、感謝の意を表し、帳面にそれを書き写した。金モールやビロードはテーブルの上にも広げられていた。役人たちは興味を持ち、そしてこう語った。

「なんと素晴らしく美しいものでしょう」

彼らにどれか好きなものを手にとってみたらいいと勧めたのだが、丁重に、法律で受け取ることが厳しく禁じられていますと答えるばかりであった。

午後五時、大通詞の多吉郎と五郎助が来訪し、オランダ語に訳された国書を持ってきた。そこには、陸から遠く離れたところを通るように、さらにいかなる理由があったとしても、島には決して近寄らず、また投錨してもならないと書かれてあった。彼らにこのような返書が来るとは予想もしなかったことだと答えた。何故ならば私たちはもちろん岸に接岸しようとはおもってもいないし、通過するだけで、狭い湾を通り抜け、もし万が一逆風に遭ったときには投錨することもありうるのだ。

「もちろん、それはよくわかっております。これはそういう意味で書かれたものではありません。ただこの返書を見せればいいだけのことです。日本人たちはこの奉行の丁重な文体から、内容とは関係なく、特別にあなたに敬意を表した書簡であることを理解します」

「ありがとうございます」と述べたあと、私は、それではその意味をはっきりとわかるように付け加えて欲しいと言うと、彼らは江戸から命令書を受け取っており、私の要求がいかに正当であると分かっていても、一字たりとも書き足す権限がないと打ち明けた。

「こんなことはもうだいぶ前にあなたたちが言ってきたことではないですか」

「ここにもう一通、特別に奉行があなたに読むようにと送った手紙があるのです」

「それは何ですか」

「それはあなたが自分の意思で半年も過ごしたのではないことを、あなたの皇帝に証明するものです」

「そんなものは私には必要ありません。私の皇帝はそんなものがなくても自分の臣下を信じます」

最後にドゥーフからの手紙が渡された。それを読み終えて、一体どこにロシアのバタヴィア外交官とドゥーフの親族に書いた手紙があるのか尋ねた。これに対しての彼らの答えは次の通りである。

「第一に、もう一度奉行の手紙をよく読んでください。第二に、ドゥーフは手紙を書くことが許されなかったのです。何故ならば私たちの国では、たとえ友好国の外国人であっても、一通たりとも手紙を書いてはならないという法律があるのです。したがって彼はあなたに、ハーグにいる彼の父に、彼が元気で暮らしていると報告してもらいたいとお願いしているのです」

「もちろん喜んでそれはしますが、彼の父がそんなに喜ぶとは思いませんが」と答えた。

この日の朝、私は通訳の義十郎を通じてドゥーフに手紙を送り、この日のうちに大通詞たちが見ていないふりをしている間に、ドゥーフの父への手紙を受け取っていた。

彼らは金モールとビロードを見つめていた。最後の日にはもらうことができるだろうと、通訳たちが言っていたので、これと二十個の大理石の茶碗を渡すよう、用意していたのですと言った。

「こんなことをしないでもらいたい。あなたは私たちを死に追いやるおつもりなのですか」

私はこの諫《いさ》めがそんなに真剣なものではないと思ったので、これを受け取るよう強く奉行にお願いしてほしい、これらの品々は私が持って帰るに値しないものばかりなのだと言った。私の強い態度を見て譲歩したのか、彼らはこの話題についてはこれ以上触れようとはしなかった。そして次々に彼らがいかなる手段をとっても努力するので、自分のやるべきことを決して忘れないで欲しいと言ってきた。作三郎は通りがかりに、「あなたになにか記念に差し上げたい」と告げた。こうして私たちは別れた。

彼らが退出したあとで、フリードリッヒが漆の煙草入れを差し出した。作三郎が帰り際彼にこっそりと渡したという。中を開けてみると、金の蓋に私の紋章が描かれていた、それは私の印判を糊ではったものだった。

この日、通訳たちが、いつ艦に乗船するのか聞いてきたので、私は「明日の十時」と答えてあった。奉行は出発にあたって、尊敬の意を表するために、十時に御用船を差し向けるよう手配しているとのことだった。

今日は、艦に十頭の豚、五十四の鶏、酒十六樽、塩十樽、お茶二十フント、酢一樽、煙草二十斤、からし、植物油五プード、卵二百個、鴨十二羽、その他こまごまとしたものが届けられた。そしてすべては無償で、喜んでお届けしますのでなにか必要なものはないかとさらに尋ねてきた。このことがどれだけ私たちを束縛することになったか、私たちは必要なもの以外はなにも要求できなかったのだ。六カ月以上私たちは日本に扶養される身であった。私たちから一カペイカも取らなかったばかりか、航海のためにたくさんの品物をありあまるぐらい供給してくれたのだ。

四月五日（文化二年三月十九日）

朝五時、朝日が昇ったことを知らせるラッパの音で起床する。四つ角のところの門がもう開け放たれているのに気づく。八時前に錠が開けられたことを知って、驚いた。たくさんの日本兵たちが私のところに来て、お茶を飲んでいた。彼らが私たちの出発を残念がっていたのはほんとうだった。多くの兵たちの目に涙が滲んでいたのだ。私たちも心を動かされた。彼らは決してロシア人のことを忘れないと断言した。この後に役人たちが集まり始め、高官たちもやって来た。八時になると庭は人であふれかえっていた。九時半大通詞たちがやって来て、まもなくやって来る検使の小倉源之進と清水藤十郎が返答することになるだろうと告げた。

「あなたの贈り物が私たちの死を招きかねないということは、決して信じてもらえないかもしれません。しかしそれだけ私たちがロシア人のことを好きだという強い疑いがもたれているのです。私たちはこれから幕府に対して自分たちがやろうとしていることが正しいことを証明しようとしています。ただ五郎助だけは別です。私たちは彼のことを信用していません。あなたはだれとでも話すことができます。そしてこれから言うことがじっくりと練り上げられた案であることを確信してもらえると思います。

いいですか、私たちはオランダ人を通じてロシアに手紙を書きます。彼らを通じて私たちはあなたに返事を書くことになります。彼らもまたあなたと日本で会いたいと願っているのです。ご存じでしょうか。二艘の船を派遣してきたのはごく最近のことなのです。オランダとの通商はこの七年間、とても大変な状況にありました。イギリスとの戦争で、オランダは日本に船を送れないでいたのです。たった一艘だけ来航しましたが、それは小さな船で、しかも自分たちのものではなく、アメリカの旗を掲げていたのです（一七九七年にオランダが傭ったアメリカ船エライザ号が来航していた）。その時幕府はあなたの国の味方になったはずです。もしその時、あなたがやって来れば、歓迎されたはずです。ドゥーフに、彼を通して手紙のやり取りをしようと手紙を書いて下さい」

「私はもう書いている、そして彼を通じてあなた方に贈り物が渡るようにお願いしてあります。もっともこの手紙が彼のもとに届いたかどうかはわかりませんが」

「ありがとうございます。あなたは皆のいる前で、高官たちに手紙を渡すことになるかもしれません。もしそこから何か出てくるようなことがあればの話ですが。でも心配なさらないでください。間違いなく、あなたの意に適うかたちで手紙は届けられます。さもなければ嫌疑がかかり、捜索という事態になりかねないでしょうから。事件の半分は、すでにあなたの目の前で起きていたということにお気づきでしたか。民衆の意見は、冗談ではなく、真剣なものです」

人だかりの中で、彼らは気づかれないよう、かわるがわる私とこういう話をしていった。そしてさらにこう語った。

「ずるがしこい大名が死んだとき、またはなにか変化があったときは、すぐに公式に手紙を書きますので、その時はロシア人を二人バタヴィアを経由して派遣して下さい。彼らは出島でオランダ人のふりをして生活することができます。出島の人々はこの秘密を守るでしょう。しかしバタヴィアにいるときはロシア人として暮らしてもらわなくてはなりません」

「なぜ二人なのですか、一人でも十分なのではないですか」と質問をした。

「こんな風に自分たちの習慣に従って話す私たちを許してもらいたいのですが、私たちの国ではそんなに重要なことでなくても一人を信用して任せることはありません。あなたがここに優秀な頭脳を持った人間を派遣してくれれば、その者に私たちはすべてを打ち明けます。オランダ人たちのことは心配ありません。我々の意のままにできます。その時あなたはカムチャツカに移り、そこから日本の海岸に向けて、船を出すのです。

まちがいなく暖かく歓迎されるでしょう。幕府は自分たちの犯した過ちを正すことになるでしょう。交渉が始まり、それは緊急を要するものになるはずです」

「一体どんな利益があるのですか？　あなた方は自分たちの主張を曲げてはいませんか、今回のようにならないためにも、自分たちの意見を貫き通すべきではないでしょうか」と口を挟んだ。

遠くでそば耳を立てて話を聞いていた多吉郎が近寄ってきてこう語った。

「われわれの法律に反したロシア人全員が、帰ることを許されたことをあなたも見てきたはずです。急ぐ必要はありません。そのあとご自身で松前に来て、交渉を始めるのです。この時私たちがいなければ、うまく事は運ばないでしょう。誰にくじがあたるか見ていてください。全員あなたのために働く準備ができています」

私は彼の助言に対して礼を言った。そして彼らの計画が起こりうることだと思った。

やがて役人の代表がやって来て、奉行からの遣いでやってきたので、ふたりの部下と会っていただけないだろうかと頼んできた。

「たいへん光栄なことです」と私が答えると、彼らは私の丁重さに十分に満足して、私のところに来て、奉行からの挨拶と言って、健康を祈り、無事にロシアに戻れるよう、順風が吹けばいい、半年間も幽閉し退屈な思いをさせたことを遺憾に思う、これは彼らのせいではなく、厳しい法律のためだったとか、たくさんの社交辞令をならべたてた。私はこれに対して同じように丁重に振るまった。彼らはドゥーフが書いたロシアのバタヴィア公使に宛てた手紙を渡した。私も彼らにドゥーフに宛てた手紙を手渡した。彼らは通訳を通じてどんな内容なのか聞いてきたが、微笑んでこれが儀礼でしかないと思わせるようにした。私は全くちがうことを言い、通訳たちはそれを書き留めた。一方役人の代表は、立錐《りっすい》の余地もないくらい群がったたくさんの日本人を前にして、次のように語った。厳しい監視のもとで封もしていない手紙には、なにも重要な内容が含まれてないことを確信しているのだが、法律では国家の安全のために大事に保管しなければならないということになっている。彼らはさらに加えて、奉行はこのことで私の申し出に対して拒絶することを遺憾に思っているのだが、ロシアからいかなる贈り物も受け取るわけにはいかない、と私に告げた。大理石の茶碗も同様であるという。どこにも置くところがないということだが、長持を持ってきて、その中に入れ、あとで艦に送り届けるという。自分の失敗を見て私はとても悲しかった。役人の代表は、あいかわらず慇懃《いんぎん》に友情を確信すると述べ、私に別れを告げた。大通詞たちはずいぶんとさびしそうだった。

彼らが言うには、贈り物が拒否されたことで悲しんでいるのではなく、自分たちと奉行ふたりに対してなにか嫌疑がかけられているのではないかと心配になったという。

「あなたはご存じですか。江戸で一人の高官が失脚しました（失脚ではないが、老中太田備中守が文化二年二月二十日に亡くなっている）。当然でしょう。この幕府にも変化がやってきます。役人たちは、どうしてあなたにいろいろなことを教え、滞在中もっときびしく監視しなかったのでしょう。法律が厳しいのにもかかわらず、町ではとても遠慮なく人々は語り合っているではないですか」

十時に筑前藩の役人がやって来て、自己紹介をしたあと、私がいつでも出発できるよう船の用意は整っていますと言った。私は部屋を出た、たくさんの役人たちが庭を埋め尽くしていた。私はひとりひとりに別れを告げて、日本語でかんたんな挨拶をした。それに対して、彼らもとてもあけっぴろげに答えてくれた。最後に私たちはここで働いてくれた作業員たちにもいとまを告げた。口をそろえて私たちの幸せを祈ってくれた。私の衛兵たちが敬礼をした。彼らに、別の船に乗り、真っ直ぐ艦に向かうように命じた。艦では水兵たちが二本マストの上に整列していた。湾は小さな船で埋めつくされていた。出島ではオランダ人たちが、バルコニーに旗を掲げていた[2]。遠くから彼らと別れを告げた。私たちはほとんど互いにあいまみえることはなかった。きれいな小さなボートはあっと言う間に私たちを関船《せきぶね》へ運んでくれた。関船は筑前の領主によって特別に新しいオレンジと白の幟で飾られていた。その真ん中は美しく仕切られ、透き通った薄布が飾られていた。関船の船長は私たちにお茶と煙草をご馳走してくれた。このために肘《ひじ》掛け椅子の反対側の足元に豪華な用具一式がセットされていた。船長はこの船が私のためにいそいで新たにつくられたもので、木材に漆を塗るのが間に合わなかったことを詫びた。

梅ケ崎の役人たちは門のところに立っていて、お辞儀をしたり、戻ってくるように手を振ったりしていた。

私たちは艦に到着した。すぐに入ろうと思ったのだが、大通詞たちは、ちょっと待ってほしいといってきた。また五人の高官が来て、まずタラップを点検したうえで、私を出迎えたいと言っているという。そして彼ら自身は膝をついて私と対面するように座った。一艘の船がやって来て、長崎の役人の責任者が大勢の役人たちを引き連れて艦に入り、そのあとで私も艦に乗り込んだ。彼らに後甲板に行くように言った。その間、錨が引き上げられ、十二時、およそ百艘の挽船が私たちの艦を高鉾湾に曳航してくれた。大小さまざまたくさんの船が私たちの艦の脇や後ろや周りを一緒に航行していた。

二時私たちは錨を下ろした。火薬や武器、二日分の新鮮な食料、カムチャツカのための種、煙草二百巻《クルジョーク》、蜜柑百五十個、日本の子豚一組が積み込まれた(レザーノフは鳩と草花種、小豚を再度要求していた)。そして役人全員と通訳たちが私たちに別れの挨拶をした。ここで私は自分の船室に戻った。大通詞の助左衛門が別れを言うため船室に入ってきた。私と一緒にいるのが彼ひとりだけなのに気づき、瞬間彼はすっかり慌てて、後ずさりした。顔色もすっかり変わった。そのあと彼はふたりの役人と一緒にやって来た。そこで私たちは別れを告げた。

この日は帆を結びつけ、品物を所定の場所に並べた。全員倦《う》むことなく働き続けた。

付録一　日本への外交使節団のためのルミャンツェフから
レザーノフへの指令書(抄訳)

一八〇三年七月十日

一、日本に接近したら、危険な場合を除き、決して長崎以外の港には近寄ってはならない。安全な状態で長崎湾に入港できるはずである。検使船がやってきて、どこから来たのか、誰からの使いであるかなど質問されることになろう。この時は、将軍への国書を持参した使節が、ロシア帝国の首都からやって来たと答えること。碇泊する場所に案内してもらいたいこと、奉行に到着を知らせてもらいたいこと、そして彼から今後どうすべきか指示をもらいたいと聞くように。

二、港のしかるべき施設に案内されないときは、たくさんの部下や通訳を伴った高官が船に乗ってあなたを訪問するだろう。

三、日本の役人たちを迎える場所に絨毯を敷き、その上に彼らを座らせること。彼らは必ずあなたに対して、いろいろな質問をしてくるはずである。その時あなたの答えや質疑のようすを一言ももらさず書き留めるように。どこから来たのか、どこの生まれで、どんな国家で、どんな目的を持ち、何を持参してきたかを聞いてくるはずだ。

四、この時次のように答えること。ロシア帝国から日本の将軍へ国書と献上品を持参した使節である。航海に必要な物だけを積んである。すべてはあなたに委任され、我が皇帝から日本の将軍閣下への国書と献上品は、しかるべき厳粛な儀式のなかで、将軍と謁見したときに渡す。

五、このあと検使たちは、詳細にわたって、品物について質問してくるはずだ。これについてもあなたの答えを書き留めること。いずれにしても彼らはいろいろなことに興味をもつはずである。ロシアとはどんな土地であるか、どれだけ広いのか、国境はどこにあるのか、どんな植物が生育しているか、専制国家なのか、どんな軍隊をもっているのか、どの国が同盟国で、どの国と敵対しているのか、警察はどうなっているのか、どんな法律があって、どんな習慣があるのか、その他もろもろ細かいことを聞いてくるだろう。またあなた自身がどんな立場の人間なのか、使節なのか、どんな官位で、どんな職務についているか、皇帝の国書に何が記されているか、手書きなのか印刷されたものなのか、それをどんな風に保存してきたのかなどを尋ねられるだろう。

六、こうした役人たちの質問に答える時には慎重でなければならない。日本人がすべてのことに対し正確であり、外国人に対しては特に厳しく観察している以上、答えについては記憶に留めておくだけでなく、あとで間違えないためにも常に書き留めておく必要がある。

七、これらのすべての質問に対して、嘘をつかず明確に答えるように。そしてロシアがヨーロッパで最も広い領土をもった国家であること、どこと国境を接しているかを説明し、またロシアが世界の半分を占めており、そのため気候も多種多様であること、ロシアがその勢力によって全ヨーロッパ、中国、トルコ帝国、ペルシア諸国から尊敬をあつめていること、歩兵、騎兵あわせておよそ七十万人の軍隊を持っていること、専制国家として統治されていることなどを説明すること。日本国民がひとりの専制君主を崇めているのと同じように、専制ロシアの君主が大きな力を有していることも伝えなくてはならない。またシベリアやグルジア、カルムイクなどのアジアの領主らも我が君主に服従し、現在は属国のひとつとなっていることも指摘するように。

八、宗教問題に関して、ロシアがスペインやオランダとは全く異なり、宗説や儀式を異にしている旨を説明すべきである。ロシア皇帝がローマ教皇に従属しているかどうか、質問されるだろうが、この時ロシア皇帝はローマ教皇に従ってないばかりか、宗教上特別資格あるものとは認めておらず、世俗的な普通の領主と同じように接していること、ロシアには宗教の支配者たる法王は存在せず、ロシア皇帝は自分より高位のものを認めない、すなわち皇帝自身が宗教上でも支配者であること。皇帝は温厚で勇気を兼ね備え、無限の力を有している、しかしなによりも平穏と平和を愛していること。また皇帝が、全ヨーロッパについてはいかに統治されているかという知識はあるものの、それ以外の国々の統治形態について知りたいと熱望していること、自分の国民にたいするだけでなく、不幸な運命に陥った日本人たちを日本の将軍へ送り届ける配慮を持っていることなどについても詳細に説明しなくてはならない。

九、このあとあなたは、上陸を許可され、しばらくの間、幕府から返事が来るまで、住居を与えられることになろう。この滞在中に、側近の者たちに礼儀正しく、丁寧に、そして日本人たちに優しくふるまい、奉行が言ってくることに忠実に従い、行動するよう命じるように。もしあなたの住居があまりにもひどいものであったり、あなたが望んでいるようなものでないときにも、決して不満をもらしてはならない、なぜならばこうした施設はすべて将軍の指示に基づいて用意されたものと考えるべきである。また同様に、朝廷に案内されるまでは、側近のものたちに豪華な服を着ないように命じるように。謁見の時には側近の者たちは革製の短靴と靴下を履くように命じなければならない。日本の屋敷では床に絨毯が敷かれており、儀礼上ここでは靴を脱がなければならない。

一〇、幕府から最初の返書が来た時、あるいはそれよりも前に、将軍への国書を見たい、そして翻訳したいと尋ねられるだろうが、その時はそれに応じるように。国書が置かれる箱やケースは、一番いい入れ物に入れて保管するように。さらにこの入れ物はあなたの部屋の一番高いところに置くようにし、近づく時は必ず脱帽しなくてはならない。日本人には偉い人々や尊敬に値するものの前で脱帽して立つ習慣がある。この場合は日本の習慣に従うべきである。特に国書が入った箱を入れたケースを開ける時、国書を見せるとき、それに触れるときには特に気をつけるように。もし日本人が国書を運ぶために急使を派遣しないときには、あなたは側近の中からふたりの部下を選び、脱帽させて国書をしかるべき場所へと運ぶよう命じなければならない。ケースは箱のなかに大事にしまっておくように。あなたが朝廷に行く時は、天蓋のついた車(駕籠のこと)に乗ること。我が皇帝への尊敬のしるしとして、駕籠に乗っていかねばならない。これは同様に日本人に尊敬の念を起こさせることになるだろう。

一一、もしもあなたへの待遇がそんなにていねいでないときにも、決してその不満を表にださないように。逆に常に最大の感謝をこめてありがたく受け入れるべきであり、可能な限り満足している態度をとること。朝廷に出向いた時に出会った人々には、礼儀正しく、おだやかに対応しなくてはならない。また常に彼らの助言に従うようにしなくてはならない。たとえあなたのやりかたやヨーロッパでの文化や習慣と相反するときでさえもである。彼らの習慣や風習は多くの点で我々のものと相反している。彼らは自分たちの習慣を重んじ、我々の間で通用することを軽んじている。

一二、皇帝から将軍への献上品については国書に書かれた通りである。大臣や他の高官にたいしてどんな贈物をしなければならないかを探ること。だれに贈物を贈らなくてはならないのか正直に話してくれる日本人たちを見つけ出すように。何故ならば日本では、外国人から贈物をもらえる人が決められているからだ。贈物はウールの織物がよかろう。

一三、将軍の要人たちと接するときは、尊敬の意を表すように。帽子をとり、側近の誰かに渡さなければならない、これらの人物の前では脱帽のまま立つこと。

一四、高官のひとりが、あなたを紹介し、彼があなたと将軍の間で跪《ひざまず》いて座り、あなたの言葉を受け、それを将軍に伝えることになるだろう。あなたは皇帝から命じられたことを伝え、まず我が皇帝が友好的であることを信じてもらうようにすること。国書に書かれたことを受け入れてもらうよう、さらに今後日本にやってくるロシア人たちを保護してもらえるようお願いすること。もし将軍があなたと直接話をすることがあったとしても、それは手短なもので、なにか質問があったとしても、それはあなたを紹介してくれた役人を通して行なわれることになるだろう。彼らは多くの使節たちと、やりとりをしてきている。

一五、また繰り返しになるかもしれないが、日本人のあらゆる習慣に適応することは不可欠である。彼らと我々の相違に驚いてはならないし、それを無視してもならない。

一六、謁見のあとは、影響力を持つと思われる通商関係の役人たちに特に尊敬の念を払うように。彼らになにか贈物をし、一刻も早く国書への返書を貰えるようお願いしなければならない。日本側からの贈物、あるいは国書への返書を受け取る時には、十分に礼を尽くすように。案内してくれた人々に対しては過不足なく、贈物を進呈すること。長崎奉行ともこのように注意深く接しなければならない。彼は日本でロシア人の保護者となる人なのだ。

一七、日本の習慣や儀礼については以上である。日本との貿易に関し、説明したい。

一八、最も重要な任務は、日本と通商を結ぶことである。このために彼らの習慣と折り合いをつけながらそのための手段を探し出し、道を切り開かなくてはならない。最近の事件、バタヴィアの東インド会社の崩壊は、あなたに有利になるはずだ。つまり唯一のライバルが消滅し、貿易の自由化の可能性が生まれたことになるからだ。なおロシア船の長崎入港を許可した証書(信牌のこと)を今回持参することになるが、この権利を今回の一艘だけにとどまることなく、ほかの多くの船にも適応できるよう交渉すること。さらに日本人たちに貿易が直接両国にとって多大な利益をもたらすことを説明し、我々のところから、彼らが毛皮商品、象やせいうちなどの骨、魚、皮革製品、羅紗などを得ることができ、我々はこれと交換に彼から米や、銅の延板、絹などを受け取ることになるだろう。

一九、なにか予期できないことで、彼らが貿易の自由化に同意しないときには、続けて説得を試みる必要がある。また長崎湾に、一艘以上の船を入港させることができない時には、一部は日本人が支配しているものの、アイヌも一部を支配している松前で交易を開くことができるかもしれない、これもうまくいかないときには、現在アレクサンドルと呼ばれている、露米会社の人間が移住しているウルップ島で交易をするという方法が残されている。このようにアイヌを通じて日本の商品を手に入れることもできるし、我々の品物も売ることや交換することができるだろう。

サハリン島に住む住民が単一民族なのか、それとも複数の民族から成るのか、誰がこの島を統治しているのか、島の住民と日本人はどんな関係にあるのか、ここで貿易をはじめるため何が必要かを調査すること。

二〇、アムール河口も注目に値する。ここについて日本人がどんな情報をもっているのかも調べるように。

二一、日本が中国、朝鮮とどんな関係をもっているのか、琉球諸島が、日本に属するのか、朝鮮に属するのかも調査してほしい。もし独立した君主がいるならば、ここで貿易を開くことが可能かどうか、そこで交易をさらに広げることができるかどうかなども調べてほしい。

二二、日本には天皇（精神的な皇帝）が支配していたこと、この部下で軍隊を指揮していたものの一人が、天皇の政権に蜂起し、一七（五）八三年にはこの子孫たちがクボウ（将軍のこと）という名の皇帝を代々継ぐことになった。天皇は、贅沢な生活をしているものの、とるに足らない存在であり、民衆の間では忘れられている。したがってこの天皇に許可を得るために謁見を求めることはムダである。

二三、最後に重要なことは、皇帝と祖国の前に恥じないようあなたが尊厳ある立派な態度をとることである。

付録二　アレクサンドル皇帝の国書翻訳（レザーノフ持参のもの）

（大槻玄沢の『北辺探事補遺』から）

「乍《ながら》おそれ、大日本之国に而《て》天下ごく坊様方へ、おろしやんの天下様より御礼儀とゝ

可申上候、

たひだひまでも、御日本国ニ而《て》天下御九坊様無事ニ而《て》御まもらせ候、乍《ながら》おそれ可申上候、爰元《ここ》おろしやんの天下、国を平府即はしめて、其御汰儀之女天下さたアなル　ゑ賀《エカ》てりな《テリーナ》代らせしよら、天下様ニ而《て》あきなひ致し、賀らんす迄羅国の舟や、ふらんすこくの舟や、あきりすこく羅国の船や、又、いたりやんすこく羅国や、儀じはんすこく羅国や、あきなひヲ仕、

其時ニ、ねめつこくと申国より伊《い》くさひ参申仕候ゆゑ、拙者儀中たちに入、国おさめいまだん索かよりあいす、あきないヲ申致候ゆゑ、瓦と仁きこゑた大日本之トハ、

扨《さて》、又、十二年前おろしやん羅舟ニ而《て》松前様ニ日本人ヲ両人送りとゞけ、其せつ御受取被成《なされ》候ゆゑ、おん祝申候、津いでながらニ而、あきないヲ可度御座候得共、おんゆひすけなきゆゑに、かさねてあきない、ヤヤすけられ候得は、長さきノ国ニ而、船一そう御ゆひつけ被成《なされ》、それにつき御よろび、

又、以、日本無す之国之船、なん風ニ而おろしへん之国へ流来、それを以て、ついでながら日本之国はおうせら通リニ、長さきへおん送り、おろしやん羅天下様よりはたもとしゆとおそばとも申物ニ而《て》くらせ仁幸来れざのふと申、其方ニ而《て》御受取被成可《なされべく》下され候、

大日本之御正くん様ニ而《て》、おそれ乍《ながら》、此度之一通ニ而《て》、其方に天下様可差あくとみなゝゝおもひ奉存候、
それにつき、近国の天下様ヤゝ無つましく致度《いたしたく》候あは、其御方様ニ而を伊かゞ仁奉存、おふせ言、大日本之くほうさまへおそれながら御言つけ斗《なさ》レ得ば、此方之あきんとノ船ニ、加志尾つけ、又は、ありやおつかト申島ニ通り、若《もし》、日本之国トしんへ付候得、御みすてなく御受取被下度《くだされたく》おほしめし、又は、長さきによらず外のみなと而《て》もおほせつけ下され、扨《さて》、又、其方ニ而《て》は、いかよふにおぼしめし被成《なされ》候、私かよふに存候得ば、いかゝ其方ニ而は、御ゆひつけ被下候、
しんかため、とこにてもあきない申被下度《くだされたく》、其方のあきんと、此方のあきんと口、それゆゑに上申先達中、此方之はたもと共、おそはとも申物、其方へ御つかわせ候ゆゑ、天下様之御通、かさねていかゞあきなひヲ可申候よふに、
扨、又、其方の舟、此方へはせん仕候節には、御通仕候間、日本の地に而《て》、とこにても、しん受取下され度、
就夫、此方や大日本之天下様へ、御しん上物、壱つあかねそふに金をきせ、たいないにかられりしかけ、せなかにとけおつけ、こゑにをひとつのおふかゝみ、三品ニは、やま

のけたもの程ねとくめひ、四品には、てつほふ、大小色々、五品には、ほねてこしらゑ、花立共・水入とも、
扨、又、此しろものは、此国にていたしねたんの儀は、たかく無御座物ニ而、其方ニ而御めすらし九と、おん受取被下度申上と、「しろしすこい」の天下ノちやうかニ而、天下之受取三年の誠に、てまいのちき筆ニ而、天下様おかき名は・あれさんとろぎよニ、きんゝゝ
六月三十日
天下様よりぢかゞゞおさしづに而、なは、あれへさんとろ、おろんつふふ、おろしやんの念ニ而、
天下様ノ大はんお、こゝはり」

付録三　アレクサンドル皇帝の国書訳文(ロシア語より)

(加藤九祚訳『初めて世界一周した日本人』より)

「神のお恵みにあずかられ、広大な日本帝国の専制君主であるテンジンクボー陛下よ、

全ロシアの皇帝にして専制者なる私は、陛下の全き健康と長寿と帝位におけるご多幸を願っております。私は、先祖ピョートル一世とエカチェリーナ二世が光栄ある勝利によって領域を広げられた帝国の統治を受け継ぎ、オランダ、フランス、イギリス、イタリー、イスパニア、ドイツが共通した戦禍の中にあるを見て、これら諸国の全体的平和のために友好的な努力を尽すことを自らの義務といたしました。

私の帝国が平穏の中に幸せであることを願い、全世界の諸国、とりわけ近隣諸国との友好関係の樹立のためにあらゆる配慮をいたしております。故女帝エカチェリーナ大帝は日本帝国の尊厳を知り、親善の意を示すため、一七九二年、不幸にも難破して、運命によってわが国の海岸に漂着した日本人を帰国させました。そのとき派遣されたロシア国民は友好的に迎えられ、船一隻の長崎入港が妨げなく許されるとの日本政府の書状を受け取りました。テンジンクボー陛下のこの善意が今も変わらぬことを信じ、また相互間の交流から得られる利益の大きさを考え、さらに世界の他地域の政府の状態を知りたいと思い、数人の日本人を故国に送還させる処置をとりました。彼らは自分の意志ではなく、不幸な運命によって難破し、死を免れ、わが国内で救われたものです。そしてこの機会に、しかるべき尊敬をもって陛下との接見を許されるべく、侍従ニコライ・レザノフというふさわしい臣下を選びました。彼がテンジンクボー陛下に対し、真の尊敬を込めた礼式に則って国書を呈出することを願っております。そして、あらゆる点で陛下に好ましくあるように振る舞い、陛下に次のように伝えてほしいのです。すなわち、不変の原則に基づいて、私は陛下との友好的関係を継続、確保し、テンジンクボー陛下が私の商人たち、さらには陛下の国に隣接するカディヤク、アレウトおよびクリル列島の住民が、長崎一港だけでなく、また船一隻だけでなく、陛下にとって好都合な商品を豊かに積んだ多くの船の出入りを許可してほしいとの私の提案を認めて下さる返礼として、陛下の側からのすべての要求を遂行いたします。私の方としましては陛下の臣民を友好的に受け入れるためにわが国全土を開放します。いかなる基盤において両国臣民が通商に従事するか、私の商民が陛下のどの港に出入りを許されるか、また不幸な運命によって遭難し、わが国の海岸で生命を救われた陛下の臣民をどのような形でお帰しするかについては、私の使節である侍従レザノフに、テンジンクボー陛下の大臣たちと交渉に入るよう依頼しました。この機会を利用し、テンジンクボー陛下に、ゾウの形をした置時計、大鏡、キツネの毛皮、骨製の花瓶、銃器、ピストル、鋼とガラスの製品を贈ります。これらすべてはわが国の工場で作られたものです。値段は高くありませんが、これらが陛下のお気に入るものであり、陛下にとって有用なものがわが国内で見つかることを願っているだけであります。

サンクト・ペテルブルグ
一八〇三年六月三〇日　私の即位三年
アレクサンドル(親署)
伯爵アレクサンドル・ウォロンツォーフ(副署)

付録四「御教諭御書附」

「我国昔より海外に通問する諸国少なからずといへども、事便宜《べんぎ》にあらざるが故に、厳禁を設けて我国の商賈外国に往事をとゞめ、諸外国の賈舶《こはく》も又たやすく我国に来る事を許さず、強て来る海船ありといへども、固く退けていれず、唯唐山《とうざん》、朝鮮、琉球、紅毛の往来する事は、互市《ごし》(交易)の利を必とするにあらず、来る事の久しき、素《もと》より其謂れ有るを以て也、其国の如きは昔より未だ曾《かつ》て信を通ぜし事なし、計らざるに前年我国漂泊の人をいざないて松前に来りて通商を乞、今又長崎に至り好《よし》みを通じ、交易を開かん由を計、既に其事再びに及んで、深く我国に望む所あるも又切なるをしれり、

然りといへども望み乞所の通信、通商の事あり、重《かさね》て爰《ここ》に議すべからざるもの也、我国海外の諸国と通問せざること既に久し、隣誼《りんぎ》を外国に修むる事をしらざるにあらず、其風土異にして事情におけるも又懽心《かんしん》を結ぶに足らず、徒に行李《こうり》(使者)を煩らはしむ、故を以て絶て通ぜず、是我国歴世封疆《ほうきょう》を守るの常法なり、争《いかで》か其国一价《いっかい》の故を以て、朝廷歴世の法を変ずべけんや、

礼は往来を尚《たっと》ぶ、今其国の礼物を請て答へずんば、礼を知らざるの国とならむ、答へんとすれば、海外万里何れの国か然るべからざらん、容《いれ》ざるの勝れるにしかず、互市の如きは其国の有所《あるところ》を以て我なき所に交う、各其理有るに似たりといへども、通じて是を論ずれば、海外無価の物を得て、我国有用の貨を失なはむ、要するに国計の善なるものにあらず、況《いわん》や又軽漂《けいひょう》の民、奸猾《かんかつ》の商物を競ひ、価を争ひ、唯利これ謀つて、やゝもすれば風を壊《やぶ》り俗をみだる、我民を養ふに害ありて、深くとらざる所なり、

互市交易の事なくて唯信を通じ、新《あらた》に好《よし》みを結ぶ、素より又我国の禁ゆるがせになし

がたし、爰《ここ》を以て通ずる事をせず、朝廷の意かくの如し、再び来る事を費す事なかれ」

「長崎奉行申渡」

「先年、松前へ来りし節、すべて通信通商はなり難き事をも一通り申諭《もうしさと》し、国書と唱ふるもの、我国の仮名に似たる書も解しがたき間、持来る事を許さず、第一松前の地は異国の事を官府え申し次ぐ所にあらず、若《もし》此上其国に残りし漂流人を連れ来るか、或は又願ひ申旨などありとも、松前にては決して事通ぜざる間、右の旨あらば長崎に参るべし、長崎は異国の事に預る地なる故に、其議する事もあるべしとて、長崎に至るための信牌を与へし也、然るを今又国王の書を持来る事は、松前に於て申諭したる旨、弁へがたきにやあらん、是偏《ひとえ》に域を異にし、風土の等しからぬ故に、通じがたき事しかり、此度改て政府の旨を請て、申諭す事件の如し、特に船中薪水の料を与《あたえ》、然るに上は我国に近き島々抔《など》にも決て船繋すべからず、早く地方《ぢかた》をはなれ速に帰帆すべし」

訳　注

一　カムチャツカから長崎まで

(1)　ナジェジダ号クロンシュタット出発からの航路について　一八〇三年六月二十日クロンシュタット港を出帆したナジェジダ号は、途中コペンハーゲン、ファルマス(イギリス)、サンタクルズ(カナリア諸島テネリフェ島)、ヌクヒヴァ(南太平洋マルケサス諸島)、ハワイに寄港したのち、一八〇四年七月三日ペトロパブロフスクに到着した。ナジェジダ号には、若宮丸漂流民のうち津太夫、儀平、左平、太十郎の四名の他、ロシアに帰化した善六も乗船していたが、ペトロパブロフスクで下船した。

(2)　ナジェジダ号艦長クルーゼンシュテルン　Ivan Fyodorovich Kruzenshtern(一七七〇～一八四六)。帰国後書かれた『ナジェジダ号とネヴァ号による世界周航の旅』は世界的に知られるようになる。日本でも幕府天文方高橋景保がこの書をシーボルトから入手するために、日本地図を渡したことが発覚し逮捕され獄死したことはあまりにも有名な話(シーボルト事件)。青地盈訳、高橋景保校訂の『奉使日本紀行』は天保十一年(一八四〇)に出された。一九三一年にはドイツ語版より訳された『クルウゼンシュテルン日本紀行』(羽仁五郎訳)が出版されている。

二　長崎来航

（1）　信牌の内容について

「おろしあ国船壱艘長崎へいたるためしるしの事

爾等に諭すむねを承諾して長崎にいたらんと抑切支丹之教ハ我国之大禁也

其像及ひ器物書冊等をも持来事なかれ必害せらる事あらん此旨よく恪遵して長崎にいたりこの子細を

告訴すべし猶研究して上陸をゆるすべき也。夫《それ》かために此一帳をあとふる事しかり。

石川将監

村上大学

此度政府の指揮を奉して給ふ

寛政五丑年　御朱印　信牌　印　六月二十七日」

（引用文の表記は適宜変更している。以下も同様）

（2）　出島のオランダ人たちは、日本の役人を、一般的にバンジョースト(banjoost)と呼んでいた。その中でも最も身分の高い人物は、オッペルバンジョースト(Opperbanjoost)と呼ばれていた。(Opper は「上級」という意)

一八二三年から一八二九年まで長崎に滞在したシーボルトが書いた『江戸参府紀行』によると、出島に出入りしていたオッペルバンジョーストは、およそ十名ほどおり、ひとりにつき、三人の家来がつき、そのうちのひとりはオンデルバンジョースト(Onderbanjoost, Onder は「下級」の意)と呼ばれた見張り役で、もうふたりはいわゆる警察の役目を果たす町役人でバンジョーストと呼ばれていたという。レザーノフも日記のなかで、この出島での役人の呼び方にならい、役人たちをバンジョースト、それらの上役にあたる検使のことをオッペルバンジョーストと呼んでいた。

（3）　この時のやりとりについて（『通航一覧』巻二七五より大意）

（質問）「どこの国のものか」　（答え）「ロシア人です」

（質問）「来航の目的は」　（答え）「ロシア国王より、三通の書簡と献上品を江戸に届けるための使節です」

（質問）「先年蝦夷で渡した信牌は持ってきたか」　（答え）「持ってきてます（これを検使に見せる）」

（質問）「いつロシアを出発して、どんな行路をとり、どこに寄港したのか」　（答え）略

（質問）「持参した書簡を検使に差し出してもらいたい」　（答え）「直接江戸もしくは奉行に差し出すつもりで、いまは渡せない」

（質問）「信牌についてはどうか」　（答え）「これも直接渡したい」

（質問）「祖法にしたがい、武器や火薬を下ろしてもらいたい」　（答え）「承知しますが、夜なので明日下ろしたい」

（ロシア側からの説明）

「十二年前ロシアに漂着した日本船の乗組員四人を連れてきた。九人はロシアに残ったが、乗組員は全部で十六人いた」

（質問）「何故九人はロシアに残ったのか」　（答え）「ロシアに残ることを希望した」

「いま碇泊しているところは、風が吹くと危険なので、早く湾内に入れるようにしてもらいたい」

「これは簡単なことではないが、奉行には報告する」

「明日にでも奉行所へ参上できるか」

「これについては追って沙汰をだす」


レザーノフは日記の他に、この時の質問と答えをメモにしてまとめていた。このメモが書かれた日付は一八〇四年九月二〇日以前とある。このメモの一部を抜粋して紹介する。

(質問)「ロシアの領土の大きさは?」(答え)「およそ世界の半分を占めてます」

(質問)「ロシア帝国と国境を接する国々は?」(答え)略
(質問)「ロシアを統治しているのは誰か」(答え)略
(質問)「ロシアの人口は何人か」(答え)「純粋なロシア人は五千万人いる」

(質問)「ロシアの宗教はなにか」(答え)「ロシアの領土は広大で、さまざまな宗教があるが、国家の宗教はギリシア正教です」

(質問)「あなたはキリスタンか」(答え)「キリスト教徒であるが、ポルトガルやスペインのキリスト教ではなく、ギリシア正教です」

(質問)「あなたのキリスト教と他のキリスト教の違いはなにか」(答え)「違いは大きい、多くのキリスト教は神父に従うが、ロシアでは国王以外の精神的な権力は認められてません。ロシア国王が僧侶たちの支配者です」

（質問）「ロシアに兵士は何人いるのか」　（答え）「七〇万の兵士が常に武装できるようになっており、その中には二〇万の騎馬兵が含まれます。またロシアには多くの海軍艦隊があります。バルチック、黒海、カスピなど海の名前が付けられています。バルチックと黒海艦隊はそれぞれ五〇隻、カスピ艦隊は二五隻の軍艦をもってます」

（質問）「ロシアはどこかと戦争しているのか、同盟国は？」　（答え）「偉大なる先祖が名誉ある勝利により、領土を拡大はしてきたが、世界中の国々と平和に共存することを定めにしています。世界の平和を願い、すべての外国と同等に付き合ってます」

（質問）「ロシアとポルトガルはどんな関係にあるのか」　（答え）「すべての他の国々と同じように通商取引をしています」

（質問）「どんなものを積んできたのか」　（答え）「商品は持ってきておりません。将軍への献上品だけを積んできました」

（質問）「どんな人たちが乗船しているのですか、商人はいますか？」　（答え）「商人はいません。すべて兵士です」

（4）　漂流民の取り調べについて（『通航一覧』巻二七五より大意）

（質問）「どこの国のものか」　（答え）「仙台の者です」

（質問）「仙台のなんという所の者か」　（答え）「寒風沢村の津太夫〔六十一歳〕、宮戸島の左平〔四十二歳〕、室浜の儀平〔四十三歳〕、太十郎〔三十四歳〕です」

（質問）「何年何月仙台を出航したか」　（答え）「寛政五年十一月七日です」

（質問）「ロシアにはいつ頃漂着したのか」（答え）「同年十一月二十七日に遭難し、翌年五月十日ロシアに漂着した」

（質問）「何を積んで出航したのか」（答え）「仙台より江戸に御蔵米を積んで出航しました」

（質問）「そなたたちからロシアに頼んで船に乗ったのか」（答え）「ロシア国王より呼ばれ、日本に帰国したいかと尋ねられたので、帰国したいと答え、今回船に乗ることになりました」

（質問）「船の名と石数は」（答え）「若宮丸、石数は八百石、二十六反帆です」

（質問）「乗組員は何人か」（答え）「十六人で、三人はロシアで亡くなり、残り九人がロシアに残りました」

（質問）「九人は何故ロシアに残ったのか」（答え）「大国のことゆえ、ロシアを出航するときに九人の者たちは居合わせなかったのです。また九人のうち二人は、老衰し手足も不自由で、そのうえ病気でした」

（5）　ドゥーフ（Hendrik Doeff 一七七七〜一八三五）　一七九八年ジャワに渡り東インド会社で働く。翌年来日、一旦バタヴィアに戻ったあと、一八〇〇年再来日、一八〇三年に商館長になる。一八一七年末に離日。日本滞在中にオランダ通詞たちを指導し『蘭日辞典《ドゥーフハルマ》』を編纂した。

（6）　クルーゼンシュテルンもこの時のオランダ人の卑屈な挨拶に批判をしていたが、ドゥーフは著書『日本回想録』の中で次のように弁明している。

「クルーゼンシュテルンは……オランダ人が日本人の礼儀慣習に従っているのを許しがたいことだと考え、それはみずから進んで屈辱を受けるものだと言っている。だが私にはどこにそのいわゆる屈辱があるのか理解しがたい。われわれが日本人に対して行なう挨拶は、日本人が日本人同士でする挨拶と同じなのだ。日本の支配者たちに対しても、日本人以上の敬意を表せとは言われていない。……それに、同類の者として友好を求めて訪れた国の国民に、訪問者の側の慣習に従うことを期待するのは、そもそも無理である。」

（7）　ドゥーフの対応について（『ヅーフ日本回想録』駿南社、一九二八年より）

「レサノッフ氏は政府亜細亜領地評議員及露国駐在和蘭公使の書状を予に渡せしが、此等は皆レサノッフ氏を親切に待遇すること及其計画を幇助することを切に勧告せり。予は此等の書状につきて熟考せし結果、レサノッフ氏に対しては露国の使節として出来得る限り親愛の情を示すこととせり。されど第二の点に関しては、予は欧州の政府よりも日本の実情を熟知するを以て、特に之を考慮すること、又一般外国人に対する態度につきて、豫て予がバタヴィヤより受けたる命令をも考慮に置くこととなせり。

予は日本に在留を許されたる唯一の欧州国家の商館長なり。然して予は其の法度及古来の慣例が、他の欧州国民の入国を厳禁することを知る。今若し我等が露国人の為に仲介の労を執らば、日本人は我等和蘭人に対して如何なる感想を作すべきか。此事が疑深き日本人をして我等に対して疑念を抱かしめざるべきか。恐らく彼等は露国人を拒絶する他の理由をも考出せん。即ち彼等は蘭露両国が日本帝国に対し、共同して陰謀を企つるが為に、我等が露国人の請願を援助するものと確信するに至るべし。此故に予は日露間の一切の交渉及後者の企図につきては全然関係せざることに決心せり。」

（8）　実際にはこの日、長崎奉行成瀬因幡守の名で、江戸の老中戸田氏教ら四名に宛て、ロシア船来航の報告書が出された。ここでは、一、八一人の乗組員と日本人漂流民四名を乗せたロシア船が、九月六日に来航したこと。信牌を持参しており、ロシア皇帝からの国書と献上品を江戸に行き、渡し、通商交渉をするために使節を派遣したという来航の目的、厳重な警戒のもと湾内に引き入れたこと、二、漂流民の出身地といつ漂流したか、詳しくはまた追って報告すること、三、国書は直接渡したいというので検使たちはそれを受け取ることができなかったこと、四、船には鉄砲八七丁、剣七〇腰があったが、船内の装飾用の鉄砲七丁と、役人たちが常備携帯している一二腰の剣以外は、取り上げ預かっていること、五、ロシア人が持ってきた信牌は、私たちのところにあった信牌と引き合わせたところ間違いなく本物であったことが報告されていた。(『通航一覧』巻二七六より)

三　神崎沖にて

(1)　ロシア側は日本側への献上品として、以下のものを持参してきた。

花瓶四セット、食器六セット(いずれもセラミック製)、大鏡七十一、鏡二十五、彩色されたガラス製の食卓十五、織物製のアレクサンドル一世の肖像画、花を生けた花瓶を描いた絨毯画、さまざまな大きさの絨毯、黒ぎつねの毛皮一、尻尾のついたおこじょの毛皮一、錦三百アルシン(二百十三メートル)、ビロード三百五十六アルシン(約二百五十三メートル)、繻子六十四アルシン(四十五・五メートル)、イギリス製羅紗十一反、スペイン製羅紗二反、黒羅紗二十反、象をかたどったブロンズ製時計、骨製小箱五十、皇帝の紋入りコップ百、銃とピストル、短剣とサーベル、鋼のテーブル、燭台、金メッキした銀縁の調味料入れ八、ガラス製水差し十二、クリビンのランプ二、戴冠式の金メダル二十五、銀貨二百、水色の勲章用リボン三十九アルシン(約二十八メートル)、ウラジーミル勲章用リボン百四十二アルシン

（百・八メートル）、鋼製のボタン二セット、『ロシアに住む民族について』二冊、ロシア地図四セット。他に顕微鏡、エレキテル。

（2）　馬場為八郎（一七六九～一八三八）　レザーノフ帰国後、一八〇八年より〇九年まで幕命により松前にわたっている。文化十年から大通詞。文政十二年（一八二九）におきたシーボルト事件に連座して、翌年亀田藩（羽州――現秋田県由里郡）永牢を申し渡され、七十歳で亡くなるまで、およそ八年間牢獄生活をおくることになる。なお養子の佐十郎（一七八七～一八二二）は、ゴローブニンが松前に幽閉されたおり、幕府より派遣され、ゴローブニンについてロシア語を学び、ロシア語の辞書『俄羅斯語小成』、種痘法の医学書の訳本『遁花秘訣』を出したことでも知られている。

（3）　オランダ船船長に託したレザーノフの皇帝宛書簡の訳文が『通航一覧』巻二七七に見られる。

「魯西亜國王え使節役人レザノツトより呈書大意和解
一、殿下の容体を窺ひ、
一、先月カムシカツトカより出船仕《つかまつ》り候処《そうろうところ》、同所近辺にて難風に逢ひ、其末琉球辺に於て亦々難風に逢候得共、両度とも恙《つつが》なく相凌ぎ、当月七日日本長崎津に着船仕、使節役人始其外乗組之者共、一統別条なく罷《まか》り在《ありて》候、
一、江戸拝礼之儀、長崎御奉行所より江戸表へ御伺に相成に付、右御沙汰迄相待罷在候、随而《ついて》は御奉行所より日々食用之品等御差送被下《くだされ》、万端厚く御手当被成下《なしくだされ》、一統之者共感荷仕候、右呈書は長崎御奉行所より蒙御免、此節帰帆阿蘭陀より咬𠺕吧《バタヴィア》表え向差越申候」

四　木鉢にて

（1）『通航一覧』では木鉢について次のように説明している。

「木鉢郷と申す所、余程人家離れ候浜手に、三百坪余の場所相見へ候間、右の場所ぇ丈夫の竹矢来等致し、右竹矢来の内ぇ、少々休息も相成り候腰掛候様成る小屋取り修理、折々右の場所ぇ、昼の内揚げ候様に取極め、尤も右の節、警固等の儀、夫々手当て申し付け候」（巻二七七）

（2）本木庄左衛門（一七六七～一八二二）寛政八年（一七九六）より小通詞、文化六年（一八〇九）より大通詞、オランダ語だけでなく、ドゥーフよりフランス語を、商館荷倉役ブロンホフから英語を学ぶ。文化八年日本最初の英語学書『諳厄利亜《アンゲリア》興学小筌』、十一年に最初の英和対訳辞書『諳厄利亜語林大成』を編集したことでも知られている。

（3）この日の事件に関して、レザーノフは再度上陸を認めるよう奉行に宛て、願い書を送った。（『通航一覧』巻二七八より大意）

「先般も申し上げたように、カムチャツカから当地まで来航する途中に二度台風に遇い、危ういところをなんとかしのぎ、到着することができましたが、このため船のところどころを損傷し、修復をこころみていますが、船底の水漏れが激しく、淦水《あかみず》が溜まり、このままでは出帆できないような状況です。船底の修理のために献上品や、食料品を全部下ろした上で、乗組員も上陸しないと修理ができないのです。このまま淦水が溜まることは、献上品はもちろんのこと、乗組員の人命にも影響を及ぼしかねません。使節もずっと病気がちで、状態は悪くなる一方です。何とぞこの点をお察しいただき、献上品や他の荷物を一旦蔵に入れ、使節と乗組員の一部の上陸をお認めいただけますようにお願いします。そして早急に船底の修理をして、無事にここを出帆できますよう、重ねてお願いいいたします」

（4）江戸からの手紙は、下知状ではなく質問状であった。「慶長の頃、安南、呂宋《ルソン》、柬埔寨《カンボジア》、シャム、阿媽港《マカオ》、占城《チャンパ》、其の外の国々よりも、使節等差越し候儀これあり候、其の節、長崎に於て応対の様子、取扱い方、作法等、若し古き留帳抔に記しこれあり候儀はこれ無き哉」。次に、ロシア人が「阿蘭陀人え応対の様子、格別見下し候趣き」があったかと、ロシア側とオランダ商館側との関係に注意を促し、さらに「船中の用意食物等多分に持参いたし、越年も候程の手当に相見え候哉」とロシア船の食料の準備についてたずねたものだった。

五　梅ヶ崎上陸

（1）梅ケ崎の仮住まいについて、クルーゼンシュテルンはこう書いている。「遂に使節は上陸の許可を得たのだが、その際彼のために指定せられた住宅は相当立派な家であった。しかるに我等の使節の居住地たる梅ヶ崎の護衛警戒の厳重なる、コンスタンティノペルの七塔も之には及ぶまいと思はれる程であった。梅ヶ崎とはこのロシア人の出島たる場所の名であった。その家は海中に突き出たる陸の上にあり、海岸に密接し、南側及び東側は、満潮の際には、海水が窓の下までのぼる程であった。……建物全体を周らすに竹を並べた高き塀(竹矢来)を以ってし、しかも陸に面する側のみならず海に面する側にも波の中をもいとはず、この塀が設けられて居た」『クルウゼンシュテルン日本紀行』

（2）　狂歌師大田蜀山人こと大田南畝が、この日レザーノフと面会していた。

「十一月十八日、初めて梅ヶ崎と申す所へ、昨十七日、ヲロシヤ人十九人程上陸に付き、検使の為め罷り越し、終日、荷物を蔵え運び入れ候を見申し候。使節レサノツト逢ひ申し候。通詞名村多吉郎大田直次郎(南畝の通称)さまと申し候へば、使節も(日本語で)大田直次郎と申してうなづき、右の手を出し、此の方の右の手を握り申し候。是れ初見の礼也。夫より部屋へ通り、椅子によりかかり、此の方、手附山田吉左衛門と同じく椅子により居り候へば、通詞を以て対談、幸太夫事、よく覚へ居り候。夫より仮屋中を見廻り、奇器を見申し候。善き画者これあり、絵を見せ申し候。書をも一冊見申し候。南アメリカ国島々図、人物、草木、鳥獣、船等の図これあり、所々心覚へに書きぬき申し候。カムシカツトの湊(ペトロパブロフスク)もこれあり、大きなる湊と見へ申し候。今日も唐船一艘着、大取込み。早々以上さてさて好奇者は必ず奇事に逢ふ事と、生涯の大幸、大愉快の至りにて、病気も何も平癒いたし候。呵々

十一月廿三日　　　杏花園(南畝の号)

大田定吉(南畝の息子)殿」

(『大田南畝全集』第一九巻、( )内引用者)

（3）　文化元年十一月二十一日、同月十二日に江戸から出された一回目の下知状が届いた。

以下全訳を付すが、要点としてはナジェジダ号を港内に引き入れることを認めるが、病人以外は上陸は許さない、警備については厳重にする必要はなく、通常の警備に戻すことを指示している。

「此の度来津候ヲロシヤ船の儀に付き、先達《せんだつ》てより追々申し越され候趣き、承知令《せし》め候、右船、当九月七日、神之島え挽入れ、番船等附置かれ候由、其の他、両御番所(野母と小瀬戸両番所)其の外、手配宜《よろ》

しき時分、湊え挽入れ申すべき旨、先達て申し越し置かれ候処、猶《なお》又いづれも評議の上、湊内は御手薄《おてうす》にも候に付き、一体の儀、当地従《よ》り差図に及び候迄は、其の儘《まま》神之島え船繋り致させ候心得の由、追つて御勘定奉行方迄、申し越され候えども、ヲロシヤ船の儀は、信牌をも持参致し、願ひの主意も粗《ほぼ》相分り、疑はしき筋も相見えざる事に候間、右の通り、異船同様、余り厳重の取扱ひ等いたし候儀は、穏かならざる事にて、彼の国のものども気請《きうけ》宜しかるまじく、殊に此の節、病人これある由に候へば、早々其の地の湊え挽入れ、警固なども格別厳重には及ばず、一通りに申し付けられ、平和に取扱ひ遣はし候様、致さるべく候、左《さ》候とて、上陸を差許し候訳にはこれ無く候間、追つて申し達す品これある迄は、如何様申し聞け候とも、船中に差置き候様、取計らるべく候。
一、右病人の儀、其の地近辺、木鉢浦内え竹矢来の囲ひを補理、昼の内計り、右の地え揚げ置き、養生致させ候由、先便御勘定奉行迄申し越され候、病人等養生の為め、取計ひ遣はし候儀は、一体え上陸をゆるし候とは筋も違ひ候間、竹矢来など致し候に及ばざる儀、却《かえ》つて穏かならざる筋に候、ヲロシヤ船、其の地え挽入れ候迄、右病人計《ばか》りは、紅毛屋敷又は諸寺院の内か、或ひは仮りに居所補理候て成りとも、上陸致させ養生候様、取計らるべく候、尤《もっとも》湊内の事に候間、夜分は船え帰し候ても、差支《さしつか》へこれあるまじく候、是《これ》又厳重警固等申し付けらるには及びまじく、不取締りの儀これ無きため、役人其の外、少々も差置き、随分《ずいぶん》平和に取扱ひ候様、致さるべく候。
一、警固の儀、右の通り相違し候に付きては、番船等も引取り申さるべき哉、左候とて、一体の御備へ緩《ゆる》み候様にては如何に候、是迄の様子にては、番船など数艘出し候趣き故、余り厳重にすぎ、見付き計り大造に見え候様にては宜しからず候、此の上の儀は、昼夜共役人等差遣はし、油断無く心附けられ、却って其の実、警固の主意に相当り候様、勘弁《かんべん》有るべく候。
一、ヲロシヤ船、湊え引入れ候上は、地方の者共等、弥猥《いよいよみだら》の儀これ無き様、厳重に申し付けられ、見物などに出で候儀等、堅く制し候様、致さるべく候、異国に対され候儀、御国体にも拘わり候事に候間、諸事念入れ申さるべく候、猶追々申し達すべく候。以上」
（4）一回目の下知状が届いた三日後江戸から二回目の下知状が届いた。
ここでは漂流民との交渉を一切禁じているのが注目される。

「魯西亜之儀、先便申越候通、其地之湊挽入《ひきいれ》候はば、彼船江通事、其外往来候者もこれあるべく候得共、右之者共、此度送来候漂流人共江者《は》決て応対等これなく、咄合なと仕儀、堅く相禁し候様いたさるべく候、追て請取候節迄は、糺《ただ》し等之儀もこれなき様存候、且又、彼船中之異国人共万一病死候共、仮にも此方へ葬埋之事相願儀も候らはんや、其儀は決て相ならざる事候、兼て其趣を存ぜらるべく候、船中にて之食料・魚獣其外不自由これなき様厚く心附遣し、此外之儀は臨時之願事等申立候筋も候はば、得と勘弁致され、御国体に不拘《かかわらず》筋は夫々取計遣し候様にと存候、已上」
（5）ナジェジダ号修理のため日本側が用意したのは次のような品々であった。
「一、楠角物二本、一、同曲り木八本、一、同板三十枚、一、杉板七枚、一、杉丸太八本、一、松板十七枚、一、樫木九本、一、銅延板五百枚、一、銅釘七十五斤、一、漉直し紙五十斤、一、唐の土三十斤、一、竹二十七本」。またこの他に帆柱につかうヴェランダ（見張り台）を日本で作ることになった。（『通航一覧』巻二七八）
（6）新暦の正月出島では「阿蘭陀正月」と呼ばれた祝宴が開かれていた。

「阿蘭陀正月とて島の館中にて年々定まれる祝ひ日あり。（中略）この日は館中盛饌を設け為して大いに祝ひ、最も賑はひを尽くす。今その料理の食冊（こんだて）を挙げてここに載す。すべて紅毛蕃（おらんだ）の食事をなすや、箸を用ひずして三叉鑚（ほこ）・快刀子（はあか）・銀匕（さじ）を以てす」（『長崎名勝図絵』巻五下）

六　太十郎自殺未遂事件

（1）　この時治療にあたった吉雄幸載の診断書から。

「一、舌に一寸二歩程、深さ一歩余り。

一、咽、向突疵四歩余りの疵御座候、療治相掛り候へども、舌と申し咽内の儀にて、療治方至て六ケ敷所にて、相成るべき丈《だ》け療用仕《つかまつ》るべく候へども、飲食往来の場所柄故、変性の程、計り難く存じ奉り候」（『長崎志続編』）

（2）　漂流民の即座の引き渡しを求めたレザーノフの手紙の翻訳。

「漂流人津太夫、儀平、左平、太十儀は、魯西亜国に於て、帰朝の儀、年来相願ひ候に付き、此の節、遠海危難の波濤連参り、早速にも御奉行所へ、使節の者召連れ罷り上り候筈の処、其の儀相成らず、今以て、江府より御下知これなきに付、拠《よんどころ》なく数ケ月、私手元へ召置き申候。

然処《しかるところ》、右漂流人の内太十、昨日狂気と相見へ、剃刀を以、自分咽へ突込み候を、同部屋に居合せ候小役魯西亜人、髪剃刀もぎ取り、漂流人共に取静め候故、傷も軽く、命に相係り候程の儀は御座なく候。

随って、右病根相考へ候処、年来の心願相叶《かな》ひ、帰国仕り候上は、早速生国へも罷り越し、親族共へ面話仕り、安否も承るべき儀と存込、罷りあり候処、計らずも御下知御延引に付、案外の仕合せにて、数ケ月、私手元に罷り在り候事故、安心仕らず、此末、如何様の成り行きに相成り候やと、それのみ旦夕苦悩仕り、一図に案じ煩ひ、全く狂気仕り候儀と存じ奉り候。然る上は、外三人迚《とて》も、此の間中、相煩ひ罷りあり候へば、此の上、数日私手元へ召置き候ては、弥《いよいよ》以て病気差重、自然右様の病症に相成り、又候《またぞろ》不慮の儀これあり、自然人命にも相係り候節は、誠危難の遠海、無難に連渡り候詮《せん》もこれなく、歎敷《なげかわしく》奉レ存候ニ付、早々御引渡し申し上げ候はば、何れも安気仕り、病気も平癒仕るべくと存じ奉り候。

之に依つて、右四人の者共、并びに国王より差遣はし候金銭、時計、衣類、其外手廻り等に至る迄、何卒此節、御請取り下され、帰国の上証拠にも相成り候御手印下し置かれ候様、願ひ奉り候、猶又、右四人の者共儀は、誠に御国の御仁徳を慕ひ、帰朝仕り候者共に御座候間、何卒御憐愍《れんびん》御加へ下され候様、重畳願ひ奉り候」(『長崎志続編』)

(3) 電気の実験とはエレキテルの実演と思われる。

(4) この後太十郎は人とほとんど口をきくことがなかったという。

「追々は口中も癒へたれども、飲食更に通らず、絶食三十日ばかりなり、取扱ひもはなはだ当惑なりしが、幸斎、何か工夫のうがい薬をなしけるが、相応にて、それよりは自由に通る事になれり、この手段には、彼の国の医師も我折りし様子なり、又その後は、食事進み過ぎ、色色気を附けしかど、頻りに欲しがり、少しの間もぬすみくひ等致せしには、大ひに困りたり、又その後は、一向好み申さず、脇よりあてがひ次第、兎角に無言にて、床に就き居るまでにて、今日に至れり」(『環海異聞』巻一四より)

七　レザーノフの病

(1)　『魯西亜渡来録』にはこの事件について次のように記している。

「正月八日

一、今日梅ケ崎仮館にて、凧《たこ》揚げ候ところ、風強く糸切れ候て、本籠町の人家へ落ち候につき、町役の者より御奉行所へ持ち出し候故、相改められ候ところ、空船(熱気球のこと)仕懸けにてもこれ有り候や、少々火薬の仕込みもこれ有り候えば、万一火災の程もはかり難く、別して不取締りの儀につき、以来取り扱い申す間敷き旨、御奉行所より通詞を以て仰せ達され候ところ、ヲロシア人畏み奉り候旨御請け申し上げ候こと」

なお、現在長崎の梅香崎郵便局の向かい側に『気球飛揚の地』という碑が立っている。

(2)　オランダ商館長は四年に一度江戸参府することになっていた。この時ふたりの通詞が随行することになっており、江戸番通詞と呼ばれていた。しかし一年後に江戸番通詞として江戸に行くことになったのは、ここでいわれている安富安次郎ではなく、名村多吉郎と今村才右衛門であった。

(3)　老中がロシアとの交渉の代表として目付遠山景晋《かげくに》の派遣を知らせる下知状を送るのは一月六日、そして長崎に到着するのは一月十九日である。通訳たちがどこからこの知らせを入手したのか疑問が残るところである。

(4)　治療を依頼するフリードリッヒの依頼書(大意)。

「この頃使節病気がちにつき、日本医師衆の治療を請い、日本薬も用い、灸治療もしたいので、何とぞ

格別の配慮を賜るようお願いします。　フリードリッヒ」（『通航一覧』巻二八一より）

（５）庄左衛門はレザーノフが日本の医者に治療してもらえるよう奔走していた。フリードリッヒの依頼文書に添え、篠田、池尻両名の医師が治療の必要と、この治療が危険をともなうものではないという誓言する文書を奉行に提出し、その許可を得ていた。（『通航一覧』巻二八一）

（６）この書簡が、幕府側の最終決定といってもいいものであった。

「今度、其の地え来着候魯西亜人ども儀、使節の由申し立て、参府の上、御目見《おめみえ》仕り、国王よりの書翰、献上物をも差上げたき由に候へども、参府は勿論、書翰、献上物差出し候儀も、及ばれ難き御沙汰《ごさた》筋に候、且《か》つ又、以来通信、通商の事、猶更相調《なおさらあいととの》へ難く候事に候、尤《もっとも》右の趣き、オロシヤ人共御教諭《ごきょうゆ》の書付差越しにて、これあるべく候へども、先《さき》何れも心得迄に、此の段、申し達し候。

一、御目付《おめつけ》遠山金四郎事、右御用の為め、其の地え罷り越し候様、申し渡し、旧臘《きゅうろう》（去年十二月）廿八日御暇《おひま》下され、御教諭の書付等、同人持参に候間、其の意を得らるべく候。

一、……―先年、松前にて申し渡しの書付に、書翰等持ち渡らざる様に、委細申し含め候事に候処、如何《いかが》相心得、書翰を持参候哉、其の訳得《わけとく》と相糺《あいただ》し候様、心懸けらるべく候。

一、オロシヤ人、役所え呼出し候節、紅毛かぴたん抔《など》より、聊《いささ》か丁寧《ていねい》にも取扱ひ候様、心得らるべく候。

一、右呼出しの節、オロシヤ人共、踏絵に及ばず、随従の者は四五人を限り候様、心得らるべく候。

一、送来り候漂流人の儀は、御教諭の趣き、納得いたし候上、請取り候様心得らるべく候、願ひの趣き、相済まざる故を以て、若《も》し漂流人を渡し候儀、致し難き旨にも候はば、請取らるに及ばず、召連罷帰り候とも、勝手次第の旨、申し聞せ、貪着《とんじゃく》に及ばれまじく候、若《も》し又、使ひの事に付き、帰国の上、差図次第、重ねて連来るべきなど申し候はば、重ねては請取り候儀、成り難き間、決して入津致すまじく候、是非送り帰したき所存に候はば、紅毛人(オランダ人)を以て、送り越すべき旨、急度《きっと》申し聞せ候心得に、これあるべく候」

(7) ナジェジダ号艦長クルーゼンシュテルンは、この時の通訳の話からレザーノフの江戸行きが不可能になったことを察知したと『世界周航記』に書いている。「二月二十七日(実際は二月二十八日)に通詞が来た時に知った。その時艦の修理がいつ完了するかを知ろうとした。そこで余は、いつでも出帆し得るように準備し、必要な品を供給するよう日本側に催促した」

(8) 一月二十三日、勘定奉行中川忠英と柳生久通から、ロシア船側に「外国より漂流人送来り候節、相渡し候振合《ふりあ》ひに准じ」て、薪水料を給付すること。給付の仕方については、長崎奉行の一存にゆだねる旨を伝えた達(一月十三日付)が送付されていた。

九　警固兵たちとの交流

(1) 寛政以降の日本とオランダの貿易の主要品目は、以下のものであった。(『幕府時代の長崎』より)

輸入品　毛織諸品、木綿織物、龍脳、サフラン、諸薬品、諸顔料、諸染料、象牙、紫檀類、白砂糖、犀角、一角、象皮、籐、時計類、硝子器類、その他雑貨

輸出品　丁銀、棹銅、樟脳、木蠟、青貝漆器、陶器類

(2) レザーノフは、航海中に乗船していたもうひとりの漂流民善六の協力を得て、露日辞典『ロシア文字による日本語辞典』(一八〇四年)、日本語の教科書にあたる『日本語を知るための入門書』(一八〇三年)をつくり、皇帝アレクサンドル一世に献呈するため、日本に発つ前ペトロパブロフスクから、送っていた。この二冊の本(手書き)は、ペテルブルグ東洋学研究所に保管されている。露日辞典には、三四七四語の日本語が収められている。長崎滞在中にレザーノフは、さらに言葉を集め、約五千語からなる『日本滞在中改定増補されたロシア文字による日本語辞典』(一八〇五年)を編纂した。

一〇 日露交渉会談

(1) 前日助左衛門、作三郎は奉行所に呼び出され、以下のように綿密な打合せをしていた。

一、使節と従者の者の座席の事 朱書「用意すること」

一、腰掛けの事 朱書「この儀相成らず」

一、使節および従者の帯剣の事 朱書「随従の者の席までは帯剣は可なり」

一、儀仗兵、鼓兵同席の事 朱書「途中たりとも相成らず。もっとも随従は四、五人までは可なり」

一、役所の門の出入りの事 朱書「当日開門のつもり」

一、書簡箱台など持参の事 朱書「あえて持参したければ、随従の席までは可なり」

一、使節その他の昼食の事 朱書「カステイラ、煎茶差し出すこと」

一、漂流民召し連れの事(ただしその場合は、乗船、その後は途中歩行のこと) 朱書「当日召し連れには及ばず」(『通航一覧』巻二八一より大意)

（2）三人の通訳は、レザーノフとの打合せのあと奉行所に報告。レザーノフの申し出について回答を得る。（『通航一覧』巻二八一に報告書あり）

一、敷居の件と礼の事

朱書「必ずしも二間離れなければならないという事はない。礼の件に関しては、帽子をとり、これを腰のところに持って礼をして、敷居際に相進み、御意を候節は、横に足を出しても可なり」

一、随従の者、何卒両人使節と同伴できるようお願いします。この内通訳できるものもおり、お願いする次第で、通詞たちもこれを願い出ております。

朱書「承知した（右の通り被承届）」

一、国王の紋章のついた旗をもった衛兵をひとり玄関まで召し連れたい。

朱書「承知した（右の通り被承届）」

一、帯剣の件について、使節の席（控室）までは帯剣し、会見の席では剣を外す。

（3）この会談に大田南畝も同席していた。

「因幡守は、豊後守ならびに金四郎に目くばせして、さきより申立る趣かはる事なきにおいては、たとひ長崎に来るとも、書翰等決して持わたるまじき旨、先の年松前におゐてさとしつるを、いかが心得たるにや、此度《このたび》書翰をば持来れるぞと問ふ。

使節答へて、この事は承り候へども、ただ国王の命によりて来れるといふ事を、助左衛門して申す。豊後守、猶たづぬるむねもあるべし、おさをかさねてきくことばは、たがひもやすらんと、かくまのあたりは、めしよせつる也、今日はまづいこふべしといふ。」（「羅父風説」より『大田南畝全集』第一八

巻）

（4） この日遠山と奉行たちは、すべての通訳を集め、レザーノフから提出された要求について協議していた。（『通航一覧』巻二八二より）

捨て切手の事（特別保護証）

「この申し出については相成らずとも、万が一の時は、奉行の申し渡し書を見せれば、日本の地津々浦々まで、申し訳相立ち候の儀ゆえ、その通り心得るべき」

唐寺参拝、薬草摘み、出島訪問の件

　通詞たちより相論相止め候

世話になった人々へ献上品の一部を贈りたいという件

　通詞どもが受け取ることは可なり

　この朱書きの通り申し渡しをもって再度使節と相談したうえ、次のような回答を得たという報告がなされている。

「右ノ次第ヲ以テ段々申諭候処、聊ノ品ニテモ各方面受納の儀御免被ㇾ下先以大慶仕候、然ル上ハ薪水ノ料並びニ綿も無滞拝受可ㇾ致旨、其外にも種々相論候処、此上彼是申候テハ、日本エ奉ㇾ対、却て不敬ニ相当候儀に候ハバ、逸々無ㇾ滞御請可ㇾ奉二申上一左候ハバ明日御役所エ罷出、御三殿エ、篤ト御礼申度旨申出候」

（5） この時肥田豊後守が語った内容は以下の通りである。（『長崎志続編』より）

「去秋以来、計らずも永々滞船致し候処、一同別条なく此度帰帆に及び候段、一段の事に候、船中もいよいよ相厭《いと》い、随分堅固に帰国致す可候、扨《さて》又昨日申立候万一日本の地え風次第又は汐合等にて、暫《しばらく》も相繋る間敷ものにもこれなく、左候とても粗忽《そこつ》の取計ひ等は決て是なく、万々一の節は奉行申渡の書付を見せ候得ば、魯西亜船とは相分り候儀に付、随分安心致す可く候、以来其国の船漂流いたす間敷ものにも是なく、其節は魯西亜に限らず、何れの船にても相労《いたわ》り候儀は国法に候間、心易存可、然《しか》る上は随分船仕舞いたし手廻し出帆致す可候」

（6）　最後の日露会談の模様を大田南畝は次のように書き留めている。

「暁より雨ふりしきりて神なりとどろく。辰の時（午前八時）すぐる頃、府中に出づ。……けふは雨ふり、革の長沓なければ歩行しがたきよしを申せば、使節の随従のものもみな駕籠をかし玉はれり。……両奉行・御目付出座ありてのち、用人横山文平案内して、使節のもの席につき、二人しりへにしたがへり。例の礼をなして座につく。御教諭の書一通、大広ぶたにのせて、御勘定方村田林右衛門ささげ出て、豊後守の前に置。豊後守、御教諭の書よみきりすべき間、そのむね申つたふべきむね、通詞につぐ。さて御教諭のふみをよむ。……

家老西尾儀左衛門、奉行の諭すむねを書しもの、小広蓋にのせ、ささげ出て因幡守の前におく。因幡守、そのむねをのべてよみをはる。……

時に豊後守、長々のいたはりをねぎらひて、船中のものどもに綿二千抱あたふるむねをつたふ。通事そのむねをのぶ。因幡守、船中薪水の料として、米百俵、塩二千俵つかはすべきむねをまうし、通事、そのむねをつとふ。

御目付、去秋より此時にいたるまでおそなはりしは、江戸にても再三うちかへし評議ありて、かくは時をうつせし也といふ事をのぶ。

通事のもの、おろしや人を引てもとのやすみ所にいり、久しくその事をのぶるといへども、すでに献貢のものをうけず、江府にゆく事をゆるされず、交易をゆるされずして、給はり物をうくべきやうなしとて、うけざるなるべし。時うつりて申《さる》(午後四時)の下りになれば、けふはまづまかでで、よく思ひはかるべしとて、いとま給はれば、おろしや人はかへれり」(「羅父風説」より)

一一　通詞たちの秘密工作

(1)　漂流民たちはレザーノフとの別れについて次のように語っている。

「使節、何れもへ、殊の外別れをいたみ申しけるは、本願済み候はば、時々船の往来、面会の事も有るべし、願い叶はず帰帆の上は、とてもこの世にては、出逢う事あるべき様なしとて、自ら足にて地を踏み付け、必ず地下にて逢ふべしとて、落涙したりけり」(『環海異聞』巻十四)

(2)　漂流民が持ち帰った身回り品のリスト。

「一、浦賀切手書附二枚　一、奥州仙台より送状二枚　一、若宮丸銭財布一　一、方針一　一、木綿わた入二　一、同袷五　一、同単物一　一、同半合羽一　一、同襦袢一　一、同帯二筋　一、同股引三足
一、同脚半一足　一、同足袋一　一、同風呂敷一　一、秩父単羽織一　一、同解裏一　一、岸縞解裏一
一、抜綿一　一、毛織小手当一　一、矢立一　一、紙入一　一、鋏一挺　一、伊勢宮御祓一

四人の者、魯西亜国に於て貰物等品々覚
一、金銭八十　一、銀袂時計四　一、日本仕立絹綿入四　一、同羽織四　一、絹襦袢四　一、同股引四足
一、同帯四筋　一、革蒲団大小七　一、同革木綿枕六　一、羅紗襦袢四　一、同合羽四　一、羅紗一反
右は国王より追々貰ひ申し候。
一、金銭六　一、銀銭大小六百九　一、銅銭八　一、衣類道具入箱四　一、羅紗着物四　一、同襦袢三
一、同合羽一　一、同股引七足　一、絹単帯三筋　一、同風呂敷三　一、木綿幷びに麻襦袢二十九　一、同股引十足　一、同風呂敷八　一、麻蒲団五　一、毛織袷三　一、同単帯一筋　一、同股引二足　一、同合羽四　一、めりやす幷びに木綿帽子七　一、同股引幷びに足袋二十四足　一、革袋三　一、同帽子三　一、同沓五足　一、紙入四　一、手貫二　一、毛皮ソーボリ貂皮一枚　一、同袋一　一、椰子水飲二　一、ふらすこ三　一、火打三　一、染木綿二反　一、角木綿二　一、櫛一枚　一、錻ぼたん七　一、鋏二挺　一、剃刀箱一　一、錐二本　一、錫罐一　一、同匙一本　一、硝子瓶一　一、同玉四、一、硝子器一　一、烟管三本　一、針入一　一、鏡二面　一、眼鏡一　一、横文字本一冊　一、世界図並びに船絵十三枚　一、麻地油絵国王夫婦像二枚」

　ロシアから持ち帰ったお金については「銀銭四人前六百九十六、銅銭十四五枚、金銭四人前八十九枚持参」、しかし「金銀銅銭は悉く御役所へ召上られ、右代わり御割合を以て銀子下され置き候由、外《ほか》持道具は最初残らず御召上、追而《おって》御沙汰に及ぶべき旨仰せ渡し置かれ、御引き渡しの節残らず相渡、持参御覧をも経て帰国せり」と(『通航一覧』巻二八二)とある。

(3)　ドゥーフからの手紙の内容は日本語に訳され、すでにこの日、奉行所に報告されていた。

「久々御安否承らず、弥《いよいよ》御安全珍重存じ奉り候、然者《しからば》毎度通詞衆を以て御懇切御伝言の趣、逸々辱承知致し候、其時々に書中を以て御答申候筈に候得共、彼是御手数相掛り候事故、失礼ながら是迄打絶罷在候、さて此節御江戸より漸く御下知これあり候処、御願立之儀も余儀なき次第にて御聞済成せられ難き段御理解御諭被為成候様に薄々承り及び申候、先以黙止がたき御主意には存じ候得共、永々御滞留の甲斐もこれなき段、御心中察し入申候、然しながら此節御奉行所え御出の節は、万端御手厚き御取扱の由、先年よりも毎に外国よりの使節渡来これあり候得共、此節は格別御手厚くなされ候儀、誠に御規模にこのうえなき事に存候

一 風順次第、程なく御出船なされ候由、目出度存候、御船中風順能御無難に御帰船なされべく候、随ては其方え罷出御暇乞も致し度《たく》、再応御願申上候得共、御聞済成せられ難き次第仰渡され候上は、強て御願申上候儀相成らず候付、失礼ながら一書を以て御祝詞申述候

一 ヘトル以下出島在官の者共よりも、書簡を以て御祝詞申入度候得共、数通に相成候に付、下拙より宜御伝申呉候様申聞候、猶々此間は御心頭に掛けられ珍敷品々、贈り下され御深志の程千万辱、永く重宝致すべく候、随て軽微の品々候得共、別紙目録の通、之を進上致シ候、誠に返礼の験迄御座候、御心能御受納下され候に於ては、大慶この上なく存候、且又「ヘイドルヘルク」（ペテルブルグ）ヱ御帰国の上、自然本国より罷り越候阿蘭陀人共も居申候はば、慮外ながら宜く御伝へ下されべく候」

（4） ここで語られていることの真偽については、不明。ラクスマン来航の時の老中で、最終決定を出したのは、松平定信であるが、彼はレザーノフ来訪の時はまだ存命である。出羽様と名のっていた重臣は、水野忠友（一七三一〜一八〇二）であった。水野忠友は、田沼意次の四男を養子に迎え田沼政権を老中として

支えたが、意次失脚後、松平定信に老中を解任された。この後幕政から遠ざかっていたが、寛政八年(一七九六)に再び老中に復帰した。しかし在職中の享和二年(一八〇二)に没している。忠友は、ラクスマン来航の時には要職にはついておらず、レザーノフ来航直前に亡くなっていた。蝦夷様と名のっていた幕臣はいない。この間失脚している重臣は、前述の松平定信である。しかし松平定信と水野忠友が盟友関係にあったとは思えない。田沼と縁戚関係にあった水野と、田沼色を払拭するために寛政の改革を断行した松平とは相反する立場にあったと考えるのが普通であろう。飛騨守を名のり、レザーノフ来航のおり重臣だったのは、当時勘定奉行だった中川忠英であった。長崎奉行からの報告は逐次中川にも送られていたのは事実であるが、中川も松平定信時代、寛政の改革中に目付として幕臣の綱紀粛正にあたっていた。事実関係だけを見るなら、ここで語られていることを全て真実だと考えるのは難しい。しかし何故通訳たちが、このような話をレザーノフにしたのか、通商交渉含め目論見全てを拒絶されたレザーノフに対する慰撫工作だったのか、あるいは真剣にオランダを通じた通商を意図していたのか、判断に苦しむところである。

一二　帰国の途へ

(1)　梅ケ崎の蔵の柱に『日本の御厚恩、難有《ありがたし》』とレザーノフが書いたと、大田南畝が『大田直次郎談話』の中で書いている。(「羅父風説」より『大田南畝全集』第一八巻)

(2)　大田南畝は、通詞のひとり今村金兵衛から聞いた話として「阿蘭陀《オランダ》の加比丹《かぴたん》此度《このたび》、魯西亜出帆の翌々日、阿蘭陀通詞をまねき、阿蘭陀人は阿蘭陀の料理の卓、日本人へは日本料理にて、大饗をせしといふ。夜八ツ時(午前二時)頃まで、物くひ、酒のみ、歌うたひ、裸体なりてさはぎし也。是は魯西亜交易の御免なきを悦びて、祝ひの心とみえたり」と『瓊浦雑綴』(『大田南畝全集』第八巻)に書いている。

解　説――それぞれのその後

レザーノフ長崎来航は、日露両国が初めて本格的に交渉のテーブルについた、日露交流史の一頁をかざる事件となった。本書を読めばわかるように、この交渉は、その後の日露関係を予見するかのように、両国にとって、間合いの悪さが最後まで後を引き、後味の悪い結果となっている。しかしこの事件は、序章にすぎなかったのだ。レザーノフが何の成果も得ることなく長崎を出航してから一年半後に新たなドラマの幕がきっておとされる。

文化三年(一八〇六)九月十日、ロシア船ユノナ号が、樺太のクシュンコタン(久春古丹――アニワ湾内の大泊)に突如現れ、松前藩の番所を襲撃する事件が起きる。ロシア船は米や塩などの食料品を略奪したあと、蔵を焼き払った。さらに翌文化四年四月、今度はアヴォス号を伴ったユノナ号は、千島列島の日本基地エトロフ島を来襲、ナイボ(内甫)の番屋や蔵を焼き払い、五人の日本人を捕らえる。次いでシャナ(沙那)にあった幕府の会所を襲撃したあと、再び樺太のクシュンコタンに上陸、松前藩の番所を焼き払い、樺太を出たあと、航海中の日本船に襲撃の矛先を向け、略奪、焼き討ちを繰り返す。このあとロシア船は利尻島に上陸し、ここで碇泊中の二隻の廻船の積荷を奪うほか、蔵や番所を焼き払う。海賊まがいの狼藉行為をはたらいた首謀者は、露米会社所属ユノア号艦長フヴォストフとアヴォス号艦長ダヴィドフのふたりであった。

冬の間は樺太と宗谷の間の船が運航しないため、ロシア船最初の樺太襲撃の報が松前藩に伝わるのは、翌文化四年春になってからである。そしてエトロフ襲撃の知らせは、五月になって初めて幕府に届けられる。幕府は警備強化のために、直ちに仙台藩と秋田藩に出兵を命じ、さらに六月六日、若年寄堀田正敦(近江堅田藩主)に蝦夷地の見分として松前派遣を命じた。この時の幕府の派遣団は、三百人以上にのぼっている。この中には、レザーノフが長崎に来航した時の勘定奉行、大目付中川忠英、さらにはレザーノフと会談した目付遠山景晋も加わった。

ロシア船の樺太・エトロフ襲撃事件は日本に大きな衝撃を与えた。人々は通商を求め来航したレザーノフが、日本の対応に怒り、復讐しにやってきたと噂した。しかしこの時レザーノフはすでにこの世を去っていたのだ。

◇

レザーノフはペトロパヴロフスクに戻ったあと、ナジェジダ号を下船し、今回の遠征のもうひとつの目的である北太平洋のロシア領地視察に赴く。ナジェジダ号はクルーゼンシュテルンの指揮のもと、ハワイで別れたネヴァ号と中国の広東で再会したあと、太平洋・インド洋を経由して、一八〇六年八月ロシアに戻っている。

一八〇五年八月アラスカのシトカ島に到着したレザーノフは、露米会社が深刻な食料難に陥っていることを知る。食料不足のため病人ばかりか多数の死者も出ていたのだ。彼は新鮮な食料を確保するために、北米をめざして再び航海に出る。一八〇六年二月シトカ島を出発したレザーノフは、三月末にサンフランシスコ港に到着、ここを支配していたスペイン要塞司令官の厚意により、食料を得たのち、六月シトカ島に戻る。しかしこの間さらに十七名のロシア人が、栄養失調が原因で命を落としていた。北太平洋ロシア領の食料不足は、レザーノフの予想をはるかに越える危険状態にあった。彼はあらためて、日本との通商の必要性を痛感したにちがいない。これがおそらくレザーノフがフヴォストフに樺太・エトロフ島襲撃命令を出す引き金になったと思われる(一八〇六年八月八日)。

レザーノフは、命令書の中で「アニワ湾で日本船を襲撃し、健康な人間を捕虜とし、彼らの所持品ともどもノヴォ＝アルハンゲリスク(シトカ島)に送還すること」、さらに「上陸する必要があるときは、商店から米、塩、魚、商品を略奪し、店を焼き討ちすること」を命じている。しかしこの中でレザーノフは、この襲撃の目的が略奪にあるのではなく、日本との通商を実現するためのショック療法であることを繰り返し説明している。

「(この襲撃が)私たちにとって有益な日本との貿易を実現する目的をもっていることをよく認識してもらいたい。以前日本は貿易に同意しながら、その後今回の使節派遣に際し、幕府のロシアに反対する一派が勢力を伸ばしたという理由だけで、我々との貿易を拒否するという背信行為にでた。

私が知るかぎりでは、民衆はロシアとの貿易を望んでおり、今回の貿易拒否に対して大きな不満を抱いていると私は判断している。そして国内のこうした不満をバネにして、この傲慢な国が、私たちとの通商関係を結ぶしかないと思うようにしたいと考えている。その時初めて日本は、私たちに打撃を与えるような力もなく、私たちの攻撃を受けることもあり得ると気づくはずである。そのうえで私たちの攻撃に対してなんら立ち向かうすべがないことも知るであろう。これに成功すれば、私たちの行為に対して日本政府から提案がなされ、ひいては日本人たちが希望する目的へと近づくことになるだろう」(「資料集・露米会社と北太平洋調査──一七九九〜一八一五」一九九四・モスクワ)

長崎での日露会談のあと、長崎通詞たちがレザーノフに幕府の内情を暴露し、ラックマン来航以降、幕府内でロシアに反対する一派が勢力を伸ばし、その中心人物が老中戸田氏教であり、彼が今回の日露通商を拒否した張本人だと、言っていたことをここで思い起こすべきだろう。日本の民衆はロシアとの貿易を求め、それに反対しているのは幕府の一部にすぎないというレザーノフの認識は、長崎通詞たちに導かれたものとみて間違いない。しかし通詞たちが進言したように、レザーノフはバタヴィア経由で長崎にロシア人をもぐり込ませるという方法をとらなかった。北太平洋の露米会社の食料問題が切迫していたことから、北から真っ直ぐに日本に、しかも武力に訴える方法を選択したのだ。

日露通商を妨げた最大の邪魔者と長崎通詞たちに名指しで非難された老中戸田氏教が病気を理由に辞任したのは、レザーノフが長崎から出航したおよそ一年後、文化三年

(一八〇六)四月のことである。もちろんレザーノフはこの事実を知らなかった。新たに日露関係を築くため、長崎通詞たちが言っていた条件が整った時に、蝦夷を舞台に一挙に緊迫した局面を迎えることになったのだ。

日本への襲撃を決意したレザーノフであったが、彼にはまだ迷いがあった。皇帝から日本襲撃の正式な指令を受けていなかったこともあったろう。一八〇六年九月二十四日フヴォストフに対して、レザーノフは「漁獲期が終わったので、アニワ湾に行っても日本の漁船と遇うこともないだろうから、エトロフ襲撃の命令を撤回する」、そのかわりに「ノヴォ＝アルハンゲリスクに寄港したうえ、アメリカに行くよう」にと、日本襲撃の命令を撤回した。しかしフヴォストフたちは、結果的にはこの撤回指令を無視する。そしてレザーノフも、彼らの襲撃を知ることなく、一八〇七年三月一日、シベリアのクラスノヤルスクで四十三年の波瀾にとんだ生涯をとじることになる。

フヴォストフに襲撃中止の命令を出してすぐ、ペテルブルグをめざしオホーツクを出発したレザーノフは、途中イルクーツクに立ち寄ったあと、氷結した川を横断中に、馬が滑って転び、転倒した際、太ももを氷に刺し、この傷が直接の原因となり、壊疽のため亡くなったのだ。この事故がなくても彼の命はペテルブルグまで持つかどうかわからないほど、四年ちかいなれない長旅で衰弱していた。イルクーツクから露米会社の同僚ミハイル・ブルダコフに宛てた手紙を読むと、レザーノフが自らの死を予期していたことがわかる。(一八〇七年一月二十四日付けの手紙)

「ついにイルクーツクに来た。この町を一目見ただけで、涙が流れてきた。友よ!私の心には、ただ孤独だけがすみついている。ペンを執りながら一日中涙がこぼれてしようがなかった。今日は私たちの結婚記念日なのだよ。私は幸せだったころの情景を生き生きと思い出すことができる。そしてひどく悲しくなって、泣けてきた。……もう私には力が残っていない。日に日に悪化し、衰弱している。あなたのところまでたどり着けるかどうかわからない。もしたどりつくことができなければ、自分自身にけりをつけるつもりだ。しかし途中で死ぬことはできない。ここよりは、父の近くズナメンスキイ修道院(イルクーツク郊外にあった寺院で、レザーノフの義父シェリホフが葬られていた)の方がいい。今日伝令から受け取った母と子供たちの手紙は、私に追い打ちをかけた。彼らは新年に私を待っているという。どうなるか私にはわからない。永遠に会えないような気がする」(「コマンドール」クラスノヤルスク・一九九五)

目的を達することもできず、故郷に残された子どもたちにも会えない、レザーノフにとっては、無念の死であった。しかし彼が蒔いた種は、彼の死後大きな波紋を引き起こすことになった。ロシア船の樺太・エトロフ島襲撃事件の報復手段として日本側がとったロシア船ディアナ号艦長ゴロヴニーン監禁事件(一八一一年)、ゴロヴニーンの釈放を求めるロシアも、蝦夷地を支配していた大商人高田屋嘉兵衛を捕らえ、ペトロパヴロフスクに幽閉する(一八一二年)など、日露関係は緊迫した状況を迎える。これらの事件のすべては、レザーノフの長崎来航が呼び水になっている。

◇

日本にとって、レザーノフの長崎来航は、鎖国政策をとっていた幕府が海外に目を向けざるを得なくなった発端となった事件と見なすこともできる。そしてその先鞭をつけたのは、レザーノフと丁々発止とやりあった長崎通詞たちである。

本書は長崎での日露交渉の裏面を知るうえで貴重な史料となっているが、もうひとつレザーノフとの交渉の窓口となった長崎通詞たちの素顔が生き生きと描かれている点でも興味深いものがある。忠実な官吏としてレザーノフに信頼された大通詞石橋助左衛門、逆に大胆で野心に満ちた言動で、レザーノフから煙たがれた小通詞本木庄左衛門、常にレザーノフの味方のように立ちふるまう馬場為八郎などは、この日記の影の主人公たちだといっていいだろう。この中で、レザーノフ来航に大きな影響を受けた本木庄左衛門と馬場為八郎のふたりがたどるその後の運命は、見事に明暗を分けている。

レザーノフが長崎を出発する日に、通詞目付の名村多吉郎が通訳団を代表して、オランダ船にロシア人を忍び込ませ、長崎に送り込むよう提案したあと「急ぐ必要はありません。そのあとご自身で松前に来て、交渉を始めるのです。この時私たちがいなければ、うまく事は運ばないでしょう。誰にくじがあたるか見ていてください。全員あなたのために働く準備ができています」と予言めいたことを言っている。この名村の予言はロシア船の来襲という思わぬ事件で実現する。そしてこのくじにあたったのが、馬場為八郎であった。馬場は「蝦夷地御用」として文化四年夏、召命され、いったん江戸に上ったあと、文化五年三月江戸を出発し、松前に入り、ロシア船襲撃の事情調査をする。この襲撃事件の首謀者がレザーノフだと見なした幕府が、場合によっては彼と交渉する局面もあるかもしれないと判断し、レザーノフに信頼されていた馬場をこの役に任命したことは十分に考えられる。結局馬場はレザーノフと会うこともなく、文化六年春長崎に戻る。彼はこのあとまもなく小通詞に任じられている。

馬場が長崎を留守にしていた文化五年(一八〇八)八月英国船のフェートン号が長崎港に乱入し、オランダ人を人質にし、食料や貨物を略奪するという事件が起きる。英国船の狼藉を許したことに対して、長崎奉行松平康英はフェートン号が長崎を発った翌日、切腹してその責任をとった。

北からロシアが押し寄せ、さらには南からはイギリスが襲来するという事態を重く見た幕府は、これまで以上に海上警備を強化することはもちろんのこと、オランダ語以外の語学学習の必要性を認め、文化六年(一八〇九)二月、長崎通詞たちの中から、本木庄左衛門(大通詞見習)、末次甚左衛門(小通詞)、馬場為八郎(小通詞)、西吉右衛門(小通詞)、吉雄忠次郎(小通詞末席)、馬場佐十郎(稽古通詞)の六人を選び、ロシア語と英語の学習を命じた。この中で中心的役割を果たしたのが、四十一歳になった本木庄左衛門であった。彼はこの任を受けた直後大通詞に昇格している。次に大通詞になるのは自分だとレザーノフに言っていた彼の予言に偽りはなかった。そして彼は英語学習の責任者として、指導的な役割を果たし、日本で最初の英語の学習書をつくることになる。本木は文化八年(一八一一)に『諳厄利亜興学小筌』、文化十一年(一八一四)に『諳厄利亜語林大成』を完成し、幕府に献呈、英語研究の先駆者となるのである。本木は、この最初の英語学習書をつくるまでの苦労を『諳厄利亜興学小筌』の序文のなかで、次のように書いている。

「字形は和蘭に大同小異なりといへども、更に東西を弁ぜずして、試に暗夜を独行するが如く、一句片言分明ならず、幸に此書を携えて、師とする蘭人に質問し、尚彼が蔵する書とを修業する事にぞなりぬ……絶域数万里の国語を創業することにして、音韻、言語、風俗、事体いよいよ異なれば、いよいよ暁得し難しく……しかりといえども、訳家に生まれながら、命を奉じて、其難しきを難とし、自ら限り廃するときは、国家の稗益に当たらず事を惘へ、日夜尋思専精する……」

野心に満ちた言動で、レザーノフに卑劣漢とも呼ばれたこともあった本木であるが、通詞たちの中で誰よりも、鎖国政策に不満を持ち続けていたことは間違いない。ここで思い出されるのが、自分には自由がないと不満をぶちまけるレザーノフに、本木が「あなたが、自由を束縛されているのは、一時的なことだけですが、私たちは永遠にそれに堪えていかなくてはならないのです。私たちの父や祖父たちは、米を食べるだけを楽しみに生活を送っていたのです。そして私たちや私たちの子どもたちも同じようにこんな生活を送っていかねばならないのです。私たちは感情をもつことさえ禁じられているのです」と熱っぽく語っていたことである。この時ばかりはレザーノフも「庄左衛門のこのあけすけな態度に驚いた」と書き記している。自ら世界を閉ざす日本で暮らしていることへの、怒りにも似たこの激しい言葉の裏には、開かれた世界への痛切ともいえる憧れがあったように思える。英語を学ぶことで、本木はこれまでの欲求不満を解消し、開かれた世界への第一歩を踏み出したといえるかもしれない。

英語以上に早急な学習を要求されていたロシア語を誰よりも先に修得したのは、六人の中で最も若かった、馬場為八郎の甥、のちに彼の養子となる馬場佐十郎であった。彼こそは、日本人で初めてロシア語をものにした通詞であった。

馬場佐十郎は、オランダ語、フランス語、ロシア語、英語と諸国語を操り、オランダ人はもちろんロシア人、イギリス人も驚嘆し、「紅毛読書達人」とも称された語学の天才であった。佐十郎は、早くから頭角をあらわし、その才能を買われ、文化五年(一八〇八)二十二歳のときに江戸に呼び寄せられ、翻訳の仕事に従事する。文化八年に幕府は和蘭書籍和解御用(翻訳局)を設置しているが、これは馬場佐十郎のためにつくられたものだと言われている。ここで佐十郎は、海外の学芸、文化、情報の翻訳に専念する。さらにゴロヴニーンが幽閉されていた時には、松前に派遣され、直接ロシア語を学ぶ機会を与えられている。彼はゴロヴニーンから学んだことをもとにロシア語文典『魯語文法軌範』(六巻)を訳編するほか、『俄羅斯語学小成十一巻』を著し、日本における最初のロシア語学習書を上梓し、ロシア研究の礎をつくることになった。このほかにも多数の語学学習書をものにした馬場佐十郎であったが、文政五年(一八二二)まだ三十六歳という若さで、世を去っている。

早くから期待を一身に集めていた佐十郎を養子に迎え、自分が出来なかったロシア語学習への夢を託していた馬場為八郎は、佐十郎のあまりにも早い死を嘆き悲しんだ。しかし為八郎の悲運は、養子佐十郎の死にとどまらなかったのである。佐十郎の死の翌年に来日したドイツ人医師シーボルトが、彼の人生を大きく狂わせることになる。

文政十一年(一八二八)に起こったシーボルト事件で、シーボルトに国禁の日本沿海実測図や蝦夷地図を渡し、死罪(投獄中に死亡)の判決を受けた天文方高橋景保に、協力したかどで馬場為八郎は捕らえられる。高橋景保は佐十郎の卓越した語学の才能を最初に認め、彼の才能を生かすために和蘭書籍和解御用を設置することを進言した張本人でもあった。佐十郎の死を、誰よりも悲しんだのは高橋だったといわれている。この高橋が、危険を承知で、日本地図と引き換えに欲しがっていたものが、シーボルトが持っていたクルーゼンシュテルンの『世界紀行』オランダ語版だったということも因縁じみている。シーボルトは国外追放、再来日禁止、この事件に連座した馬場為八郎も永牢を言い渡され、東北亀田藩(秋田県)預けとなった。

本書の中でも、為八郎はこの連座事件の前触れとなるような危険を冒している。ドゥーフから預かった新聞や、中国の辞書をこっそりとレザーノフに渡したことが思い起こされる。中でも印象的なのは、次のようなレザーノフとのやりとりである。

日本語の字引が欲しいというレザーノフに馬場が「これが死刑に値するほど厳しく禁じられていることを、ご存じですか」と言うと、レザーノフが「知っています。もしあなたに理性があるのなら、時がそんなつまらない恐怖をなくしてくれるはずです」と答える。この時為八郎は「わたしはあなたのことが怖い」と笑って答えた、とレザーノフは書いている。シーボルト事件への連座は、彼のこうした無防備ともいえる人の善さが災いしたようにも思える。亀田藩預かりになった馬場為八郎は、このあと長崎に戻ることなく、東北の地で七〇歳の生涯を閉じた。

◇

日本に残された本木庄左衛門と馬場為八郎の運命がそうであったように、ロシア側の長崎遠征の主人公であったレザーノフとクルーゼンシュテルンのふたりも、かたや悲運の使節、そしてかたや栄光に包まれたロシア最初の世界一周の成功者として、その後の人生はくっきりと明暗を分けることになった。

黒船に乗ったペリーが来航し、日本が開国を余儀なくされるのは、一八五四年のこと、レザーノフが長崎に来航しておよそ半世紀あとのことである。レザーノフの長崎来航から五十年あまりの間に、さまざまなドラマが演じられていくのである。

参考文献

『文化元子年魯西亜船入津ヨリ出帆迄記録』(長崎県立図書館所蔵)
中山作三郎『魯西亜滞船中日記』(シーボルト記念館所蔵)
野中素校注『魯西亜渡来録』(諫早郷土史料刊行会、一九九四年)
『通航一覧』(復刻版、国書刊行会、一九六七年)巻之二百七十五—巻之二百八十三
小原克紹著、森永種夫校訂『続長崎実録大成(長崎志続編)』(長崎文献社、一九七四年)
石井研堂編『江戸漂流記総集』第六巻「環海異聞」(再編・解題山下恒夫、日本評論社、

一九九三年）
大田南畝「百舌の草茎」『大田南畝全集第八巻』（岩波書店、一九八六年）
「瓊浦雑綴」同右
「瓊浦又綴」同右
「長崎表御用会計私記」『大田南畝全集第一七巻』（岩波書店、一九八八年）
「俄羅斯考」『大田南畝全集第一八巻』（岩波書店、一九八八年）
「羅父風説」同右
長崎滞在の書簡集『大田南畝全集第一九巻』（岩波書店、一九八九年）所収
日蘭学会編『長崎オランダ商館日記』二（雄松堂出版、一九九〇年）
斎藤阿具訳『異国叢書 ヅーフ日本回想録』（駿南社、一九二八年）
クルーゼンシュテルン『奉使日本紀行』（青地盈訳、寺沢一他編『北方未公開古文書集成』第五巻、叢文社、一九七九年）
長崎市役所編『増補訂正 幕府時代の長崎』（名著出版、一九七八年）
内山淳一編『特別展 漂流――江戸時代の異国情報』（仙台市博物館、一九九八年）
神戸市立博物館編『日蘭交流のかけ橋――阿蘭陀通詞がみた世界――』本木良永・正栄

父子の足跡を追って』(神戸市立博物館、一九九八年)
ゴローヴニン『日本幽囚記』上・中・下(井上満訳、岩波文庫、一九四六年)
ウォエンスキ「十九世紀初年日本に於けるロシア使節(一八〇三―五年レザノフ日本派遣)」『史学雑誌』一九―三・四・七、一九〇七年
加藤九祚『初めて世界一周した日本人』(新潮選書、一九九三年)
大島幹雄『魯西亜から来た日本人――漂流民善六物語』(廣済堂出版、一九九六年)
片桐一男『阿蘭陀通詞の研究』(吉川弘文館、一九九七年)
吉田昭次『連座――シーボルト事件と馬場為八郎』(無明舎出版、一九八四年)
杉本つとむ『長崎通詞ものがたり』(創拓社、一九九〇年)
ヨーゼフ・クライナー編『黄昏のトクガワ・ジャパン――シーボルト父子の見た日本』(日本放送協会、一九九八年)
Y. Avdjukov (ed.), Komandor—stranitsi zhizni i dejateljnosti dvora ego imperatorskogo velichestva deistviteljnogo kamergera, rukovoditelja pervoi russkoi krugosvetnoi ekspeditsii Nikoraja Petrovicha Rezanova (Krasnojarsk 1995)
L. Spiridonova (ed.), Rossisko-Amerikanskaja kompanija i izuchenie Tihookeans-

kogo Severa 1799–1815(Moskva 1994)

日本滞在日記《にほんたいざいにっき》　レザーノフ著

2000年8月17日　第1刷発行
2023年7月27日　第3刷発行

訳　者　大島幹雄《おおしまみきお》

発行者　坂本政謙

発行所　株式会社 岩波書店
〒101-8002 東京都千代田区一ツ橋 2-5-5

案内 03-5210-4000　営業部 03-5210-4111
文庫編集部 03-5210-4051
https://www.iwanami.co.jp/

印刷・三秀舎　カバー・精興社　製本・中永製本

ISBN 978-4-00-334791-1　　Printed in Japan

読書子に寄す

——岩波文庫発刊に際して——

岩波茂雄

真理は万人によって求められることを自ら欲し、芸術は万人によって愛されることを自ら望む。かつては民を愚昧ならしめるために学芸が最も狭き堂宇に閉鎖されたことがあった。今や知識と美とを特権階級の独占より奪い返すことはつねに進取的なる民衆の切実なる要求である。岩波文庫はこの要求に応じそれに励まされて生まれた。それは生命ある不朽の書を少数者の書斎と研究室とより解放して街頭にくまなく立たしめ民衆に伍せしめるであろう。近時大量生産予約出版の流行を見る。その広告宣伝の狂態はしばらくおくも、後代にのこすと誇称する全集がその編集に万全の用意をなしたるか。千古の典籍の翻訳企図に敬虔の態度を欠かざりしか。さらに分売を許さず読者を繋縛して数十冊を強うるがごとき、はたしてその揚言する学芸解放のゆえんなりや。吾人は天下の名士の声に和してこれを推挙するに躊躇するものである。このときにあたって、岩波書店は自己の責務のいよいよ重大なるを思い、従来の方針の徹底を期するため、すでに十数年以前より志して来た計画を慎重審議この際断然実行することにした。吾人は範をかのレクラム文庫にとり、古今東西にわたって文芸・哲学・社会科学・自然科学等種類のいかんを問わず、いやしくも万人の必読すべき真に古典的価値ある書をきわめて簡易なる形式において逐次刊行し、あらゆる人間に須要なる生活向上の資料、生活批判の原理を提供せんと欲する。この文庫は予約出版の方法を排したるがゆえに、読者は自己の欲する時に自己の欲する書物を各個に自由に選択することができる。携帯に便にして価格の低きを最主とするがゆえに、外観を顧みざるも内容に至っては厳選最も力を尽くし、従来の岩波出版物の特色をますます発揮せしめようとする。この計画たるや世間の一時の投機的なるものと異なり、永遠の事業として吾人は微力を傾倒し、あらゆる犠牲を忍んで今後永久に継続発展せしめ、もって文庫の使命を遺憾なく果たさしめることを期する。芸術を愛し知識を求むる士の自ら進んでこの挙に参加し、希望と忠言とを寄せられることは吾人の熱望するところである。その性質上経済的には最も困難多きこの事業にあえて当たらんとする吾人の志を諒として、その達成のため世の読書子とのうるわしき共同を期待する。

昭和二年七月

《東洋思想》〔青〕

- 易経 全二冊　高田真治・後藤基巳訳
- 論語　金谷治訳注
- 孔子家語　藤原正校訳
- 孟子 全二冊　小林勝人訳注
- 老子　蜂屋邦夫訳注
- 荘子 全四冊　金谷治訳注
- 新訂 孫子　金谷治訳注
- 荀子 全二冊　金谷治訳注
- 韓非子 全四冊　金谷治訳注
- 史記列伝 全五冊　司馬遷／小川環樹・今鷹真・福島吉彦訳
- 春秋左氏伝 全三冊　小倉芳彦訳
- 塩鉄論　曾我部静雄訳註
- 千字文　小川環樹・木田章義注解
- 大学・中庸　金谷治訳注
- 仁学 ―清末の社会変革論　譚嗣同／西順蔵・坂元ひろ子訳注
- 章炳麟集 ―清末の民族革命思想　西順蔵・近藤邦康編訳
- 梁啓超文集　岡本隆司・石川禎浩・高嶋航編訳
- マヌの法典　田辺繁子訳
- ガンディー 獄中からの手紙　森本達雄訳
- ウパデーシャ・サーハスリー ―真実の自己の探求　シャンカラ／前田専学訳

《仏教》〔青〕

- ブッダのことば ―スッタニパータ　中村元訳
- ブッダの 真理のことば 感興のことば　中村元訳
- 般若心経・金剛般若経　中村元・紀野一義訳註
- 法華経 全三冊　坂本幸男・岩本裕訳注
- 日蓮文集　兜木正亨校注
- 浄土三部経 全二冊　中村元・早島鏡正・紀野一義訳註
- 大乗起信論　宇井伯寿・高崎直道訳注
- 臨済録　入矢義高訳注
- 碧巌録 全三冊　入矢義高・溝口雄三・末木文美士・伊藤文生訳注
- 無門関　西村恵信訳注
- 法華義疏 全二冊　聖徳太子／花山信勝校訳
- 往生要集 全二冊　源信／石田瑞麿訳注
- 教行信証　親鸞／金子大栄校訂
- 歎異抄　金子大栄校注
- 正法眼蔵 全四冊　道元／水野弥穂子校注
- 正法眼蔵随聞記　懐奘編／和辻哲郎校訂
- 道元禅師清規　大久保道舟訳注
- 一遍上人語録 ―付 播州法語集　大橋俊雄校注
- 一遍聖絵　聖戒編／大橋俊雄校注
- 南無阿弥陀仏 ―付 心偈　柳宗悦
- 蓮如文集　蓮如／笠原一男校注
- 蓮如上人御一代聞書　稲葉昌丸校訂
- 日本的霊性　鈴木大拙／篠田英雄校訂
- 新編 東洋的な見方　鈴木大拙／上田閑照編
- 禅堂生活　鈴木大拙／横川顕正訳
- 大乗仏教概論　鈴木大拙／佐々木閑訳
- 浄土系思想論　鈴木大拙
- 神秘主義 キリスト教と仏教　鈴木大拙／坂東性純・清水守拙訳
- 禅の思想　鈴木大拙

ブッダ最後の旅 —大パリニッバーナ経 中村元訳
仏弟子の告白 —テーラガーター 中村元訳
尼僧の告白 —テーリーガーター 中村元訳
ブッダ神々との対話 —サンユッタ・ニカーヤI 中村元訳
ブッダ悪魔との対話 —サンユッタ・ニカーヤII 中村元訳
禅林句集 足立大進校注
ブッダが説いたこと ワールポラ・ラーフラ 今枝由郎訳
ブータンの瘋狂聖ドゥクパ・クンレー伝 ゲンドゥン・リンチェン編 今枝由郎訳
梵文和訳 華厳経入法界品 梶山雄一 丹治昭義 津田真一 田村智淳 桂紹隆 訳注

《音楽・美術》〔青〕

ベートーヴェンの生涯 ロマン・ロラン 片山敏彦訳
音楽と音楽家 シューマン 吉田秀和訳
モーツァルトの手紙 —その生涯のロマン 全二冊 柴田治三郎編訳
レオナルド・ダ・ヴィンチの手記 全二冊 杉浦明平訳
ゴッホの手紙 全三冊 硲伊之助訳
ロダンの言葉抄 高村光太郎訳 高田博厚 菊池一雄 編
ビゴー日本素描集 清水勲編
ワーグマン日本素描集 清水勲編
河鍋暁斎戯画集 山口静一 及川茂 編
葛飾北斎伝 飯島虚心 鈴木重三校注
ヨーロッパのキリスト教美術 —十二世紀から十八世紀まで 全二冊 エミール・マール 柳宗玄 荒木成子 訳
近代日本漫画百選 清水勲編
ドーミエ諷刺画の世界 喜安朗編
デューラー自伝と書簡 前川誠郎訳
蛇儀礼 ヴァールブルク 三島憲一訳
セザンヌ ガスケ 與謝野文子訳
迷宮としての世界 —マニエリスム美術 全二冊 グスタフ・ルネ・ホッケ 種村季弘 矢川澄子 訳
日本洋画の曙光 平福百穂
映画とは何か 全二冊 アンドレ・バザン 野崎歓 大原宣久 谷本道昭 訳
漫画 坊っちゃん 近藤浩一路
漫画 吾輩は猫である 近藤浩一路
ロバート・キャパ写真集 ICPロバート・キャパ・アーカイブ編
北斎 富嶽三十六景 日野原健司編
日本漫画史 —鳥獣戯画から岡本一平まで 細木原青起
世紀末ウィーン文化評論集 ヘルマン・バール 西村雅樹編訳
ゴヤの手紙 全二冊 大高保二郎 松原典子 編訳
丹下健三建築論集 豊川斎赫編
丹下健三都市論集 豊川斎赫編

《歴史・地理》〔青〕

新訂 魏志倭人伝・後漢書倭伝・宋書倭国伝・隋書倭国伝 —中国正史日本伝1— 石原道博編訳
ヘロドトス 歴史 全三冊 松平千秋訳
トゥーキュディデース 戦史 全三冊 久保正彰訳
ガリア戦記 カエサル 近山金次訳
タキトゥス ゲルマーニア 泉井久之助訳註
タキトゥス 年代記 —ティベリウス帝からネロ帝へ— 全二冊 国原吉之助訳
ランケ 世界史概観 —近世史の諸時代— 鈴木成高・相原信作訳
ランケ自伝 林健太郎訳
歴史とは何ぞや ベルンハイム 坂口昂・小野鉄二訳
歴史における個人の役割 プレハーノフ 木原正雄訳
古代への情熱 —シュリーマン自伝— シュリーマン 村田数之亮訳
大君の都 —幕末日本滞在記— 全三冊 オールコック 山口光朔訳
アーネスト・サトウ 一外交官の見た明治維新 全二冊 坂田精一訳
ベルツの日記 全二冊 トク・ベルツ編 菅沼竜太郎訳
武家の女性 山川菊栄
インディアスの破壊についての簡潔な報告 ラス・カサス 染田秀藤訳

ラス・カサス インディアス史 全七冊 長南実訳 石原保徳編
コロンブス 全航海の報告 林屋永吉訳
戊辰物語 東京日日新聞社会部編
大森貝塚 —付 関連史料— E・S・モース 近藤義郎・佐原真編訳
ナポレオン言行録 オクターヴ・オブリ編 大塚幸男訳
中世的世界の形成 石母田正
日本の古代国家 石母田正
クリオの顔 歴史随想集 E・H・ノーマン 大窪愿二編訳
日本における近代国家の成立 E・H・ノーマン 大窪愿二訳
旧事諮問録 —江戸幕府役人の証言— 全二冊 旧事諮問会編 進士慶幹校注
朝鮮・琉球航海記 —一八一六年アマースト使節団とともに— ベイジル・ホール 春名徹訳
ローマ皇帝伝 全二冊 スエトニウス 国原吉之助訳
アリランの歌 —ある朝鮮人革命家の生涯— ニム・ウェールズ キム・サン 松平いを子訳
ヒュースケン日本日記 —1855〜61— 青木枝朗訳
さまよえる湖 全二冊 ヘディン 福田宏年訳
老松堂日本行録 —朝鮮使節の見た中世日本— 宋希璟 村井章介校注
十八世紀パリ生活誌 —タブロー・ド・パリ— 全二冊 メルシエ 原宏編訳

北槎聞略 —大黒屋光太夫ロシア漂流記— 桂川甫周 亀井高孝校訂
ヨーロッパ文化と日本文化 ルイス・フロイス 岡田章雄訳注
ギリシア案内記 全二冊 パウサニアス 馬場恵二訳
西遊草 清河八郎 小山松勝一郎校注
オデュッセウスの世界 フィンリー 下田立行訳
東京に暮す —一九二八〜一九三六— キャサリン・サンソム 大久保美春訳
ミカド —日本の内なる力— W・E・グリフィス 亀井俊介訳
増補 幕末百話 篠田鉱造
明治百話 全二冊 篠田鉱造
幕末明治 女百話 全二冊 篠田鉱造
トゥバ紀行 メンヒェン＝ヘルフェン 田中克彦訳
徳川時代の宗教 R・N・ベラー 池田昭訳
ある出稼石工の回想 マルタン・ナド 喜安朗訳
植物巡礼 —プラント・ハンターの回想— F・キングドン－ウォード 塚谷裕一訳
モンゴルの歴史と文化 ハイシッヒ 田中克彦訳
ローマ建国史 全三冊（既刊上巻） リーウィウス 鈴木一州訳
元治夢物語 —幕末同時代史— 馬場文英 徳田武校注

フランス・プロテスタントの反乱 —カミザール戦争の記録 カヴァリエ 二宮フサ訳

ニコライの日記 —ロシア人宣教師が生きた明治日本 全三冊 中村健之介編訳

マゼラン最初の世界一周航海 長南実訳

徳川制度 全三冊・補遺 加藤貴校注

第二のデモクラテス 戦争の正当原因についての対話 セプールベダ 染田秀藤訳

ユグルタ戦争 カティリーナの陰謀 サルスティウス 栗田伸子訳

岩波文庫の最新刊

三木 清著
構想力の論理 第一
パトスとロゴスの統一を試みるも未完に終わった、三木清の主著。〈第一〉には、「神話」「制度」「技術」を収録。注解＝藤田正勝。（全二冊）
〔青一四九-二〕 定価一〇七八円

ジュリアン・グリーン作／石井洋二郎訳
モイラ
極度に潔癖で信仰深い赤毛の美少年ジョゼフが、運命の少女モイラに魅入られ……。一九二〇年のヴァージニアを舞台に、端正な文章で綴られたグリーンの代表作。
〔赤N五二〇-一〕 定価一二七六円

バジョット著／遠山隆淑訳
イギリス国制論（下）
イギリスの議会政治の動きを分析した古典的名著。下巻では、政権交代や議院内閣制の成立条件について考察を進めていく。第二版の序文を収録。（全二冊）
〔白一二二-三〕 定価一一五五円

大泉黒石著
俺の自叙伝
ロシア人を父に持ち、虚言の作家と貶められた大正期のコスモポリタン作家、大泉黒石。その生誕からデビューまでの数奇な半生を綴った代表作。解説＝四方田犬彦。
〔緑二二九-一〕 定価一一五五円

……今月の重版再開……

川合康三選訳
李商隠詩選
定価一一〇〇円
〔赤四二-一〕

鈴木範久編
新渡戸稲造論集
定価一一五五円
〔青一一八-二〕

岩波文庫の最新刊

グレゴリー・ベイトソン著／佐藤良明訳
精神の生態学へ（中）
コミュニケーションの諸形式を分析し、精神病理を「個人の心」から解き放つ。中巻は学習理論・精神医学篇。ダブルバインドの概念、アルコール依存症の解明など。（全三冊）〔青N六〇四-三〕　定価一二一〇円

イーディス・ウォートン作／河島弘美訳
無垢の時代
二人の女性の間で揺れ惑う青年の姿を通して、時代の変化にさらされる〈オールド・ニューヨーク〉の社会を鮮やかに描く。ピューリッツァー賞受賞作。〔赤三四五-一〕　定価一五〇七円

バジョット著／宇野弘蔵訳
ロンバード街
―ロンドンの金融市場―
一九世紀ロンドンの金融市場を観察し、危機発生のメカニズムや「最後の貸し手」としての中央銀行の役割について論じた画期的著作。改版。（解説＝翁邦雄）〔白一二二-一〕　定価一三五三円

道簱泰三編
中上健次短篇集
中上健次（一九四六―一九九二）は、怒り、哀しみ、優しさに溢れた人間のあり方を短篇小説で描いた。『十九歳の地図』『ラプラタ綺譚』等、十篇を精選。〔緑二三〇-一〕　定価一〇〇一円

……今月の重版再開……

井原西鶴作／横山重校訂
好色一代男
定価九三五円〔黄二〇四-一〕

ヴェブレン著／小原敬士訳
有閑階級の理論
定価一二一〇円〔白二〇八-一〕